U0374432

普通高等学校城市轨道交通专业规划教材

组织委员会

普通高等学校城市轨道交通专业规划教材

编写委员会

普通高等学校“十三五”省级规划教材
普通高等学校城市轨道交通专业规划教材

城市轨道交通 PLC开发与应用

主　编　**段明华**
编写人员（以姓氏笔画为序）
王　怡　邓春兰　李队员
邹正军　余泳逸　欧志新
段明华　赵瑞雪　彭　骏

中国科学技术大学出版社

内 容 简 介

本书全面介绍了现代 PLC 电气控制的电气控制基础、西门子 S7-1200PLC 的硬件和硬件组态、西门子 STEP 7 V L15 编程软件和仿真软件的使用方法等基本知识及使用技巧，并结合城市轨道交通专业教学实际，以 10 多个轨道交通的应用案例介绍了一般 PLC 工控程序的梯形图编程方法和技巧。

本书可作为高校轨道交通类、智能交通类、机电类、电气类、自动控制类等有关专业相关课程教材，也可作为轨道交通行业相关工程技术人员的参考书。

图书在版编目(CIP)数据

城市轨道交通 PLC 开发与应用/段明华主编. —合肥：中国科学技术大学出版社，2021.8
（普通高等学校城市轨道交通专业规划教材）
ISBN 978-7-312-05260-6

Ⅰ. 城… Ⅱ. 段… Ⅲ. ① 城市铁路—轨道交通—电气控制 ② PLC 技术 Ⅳ. ① U239.5 ② TB4

中国版本图书馆 CIP 数据核字(2021)第 147600 号

城市轨道交通 PLC 开发与应用
CHENGSHI GUIDAO JIAOTONG PLC KAIFA YU YINGYONG

出版 中国科学技术大学出版社
安徽省合肥市金寨路 96 号，230026
http://press.ustc.edu.cn
http://zgkxjsdxcbs.tmall.com
印刷 安徽省瑞隆印务有限公司
发行 中国科学技术大学出版社
经销 全国新华书店
开本 787 mm×1092 mm 1/16
印张 15.5
字数 377 千
版次 2021 年 8 月第 1 版
印次 2021 年 8 月第 1 次印刷
定价 42.00 元

总　序

本套教材根据城市轨道交通运营管理、城市轨道交通通信信号技术、城市轨道交通车辆技术、城市轨道交通机电技术、城市轨道交通供配电技术专业的人才培养需要，结合对职业岗位能力的要求，由安徽交通职业技术学院、南京铁道职业技术学院、郑州铁路职业技术学院、上海工程技术大学、沈阳交通高等专科学校、新疆交通职业技术学院、合肥职业技术学院、合肥铁路工程学校、合肥市轨道交通集团有限公司、深圳城市轨道交通运营公司、杭州城市轨道交通运营公司、宁波城市轨道交通运营公司、郑州铁路局等单位共同编写。

本套教材整合了国内主要城市轨道交通运营企业现场作业的内容，以实际工作项目为主线，以项目中的具体工作任务作为知识学习要点，并针对各项任务设计模拟实训与思考练习，实现了通过课堂环境模拟现场岗位作业情景达到促进学生自我学习、自我训练的目标，体现了“岗位导向、学练一体”的教学理念。

本套教材涵盖城市轨道交通运营管理、城市轨道交通通信信号技术、城市轨道交通车辆技术、城市轨道交通机电技术、城市轨道交通供配电技术专业，可作为以上各相关专业课程的教材，并可供相关城市轨道交通运营企业相关人员参考。

普通高等学校城市轨道交通专业规划教材
编写委员会

前　言

"城市轨道交通PLC开发与应用"是轨道交通专业的一门技术应用课程,PLC的开发与应用是实现工业生产、科学研究及其他各个领域自动化的重要手段之一,影响广泛。

为适应全面提高高等职业教育教学质量和培养面向生产、建设、服务、管理第一线需要的高技能人才的要求,本书立足高等职业教育人才培养目标,本着"理论与实践一体化"的原则,在内容安排上力求由浅入深、循序渐进,以实用为宗旨,以应用为目的,以西门子S7-1200PLC为叙述依据,重点介绍电气控制器件、电气控制线路、PLC基础、PLC控制系统设计和综合应用等,并力求图文并茂。

全书共含10章,分别是电气控制系统、S7-1200PLC的基本知识、S7-1200程序设计基础、S7-1200的指令、S7-1200的用户程序结构、PLC控制系统梯形图设计方法、S7-1200的通信技术及应用、精简系列面板的组态与应用、变频器、PLC综合应用案例。

本书内容全面、重点突出、层次清晰、结构新颖、实用性强,可作为高校轨道交通类、智能交通类、机电类、电气类、自动控制类等有关专业相关课程教材,也可作为轨道交通行业相关工程技术人员的参考书。本书第1章由安徽交通职业技术学院王怡编写;第2、8章由安徽职业技术学院铁道学院余泳逸编写;第3章由安徽交通职业技术学院邓春兰编写;第4章由安徽交通职业技术学院彭骏编写;第5章由安徽职业技术学院铁道学院邹正军编写;第6章由安徽交通职业技术学院欧志新编写;第7章由安徽交通职业技术学院李队员编写;第9章由合肥职业技术学院赵瑞雪编写;第10章由安徽交通职业技术学院段明华编写。全书由段明华统稿,并由安徽交通职业技术学院李锐审稿。

由于时间仓促,加上编者水平有限,书中难免有不妥之处,敬请广大读者批评指正。

编　者

2021年4月

目 录

第1章 电气控制系统

1.1 三相交流异步电动机

电动机是利用电磁感应原理实现电能与机械能的相互转换的。把机械能转换为电能的设备称为发电机，把电能转换成机械能的设备叫电动机。电动机可以分为交流电动机和直流电动机两大类。其中交流电动机又可以分为同步电动机和异步电动机，异步电动机包括三相电动机和单相电动机。

交流电动机在日常生产的过程中比较常用，尤其是三相异步电动机。异步电动机的应用非常广泛，在全国电动机总容量中有85%以上是三相异步电动机：在工业方面主要应用于中、小型轧钢设备，机床，轻工机械，起重机械等；在农业方面主要应用于粉碎机、排灌机械及加工机械；在家用电器方面主要应用于电风扇、空调机、洗衣机、电冰箱等；在轨道交通方面主要应用于风机、机车、动车等。

1.1.1 三相交流异步电动机的结构

三相交流异步电动机是一种将电能转换为机械能的电力拖动装置，具有结构简单、运行可靠、价格便宜、过载能力强及使用、安装、维护方便等优点，被广泛应用于工业生产的各个领域。

三相交流异步电动机的外形如图1.1所示，构件分解如图1.2所示。

图1.1 三相交流异步电动机外形图

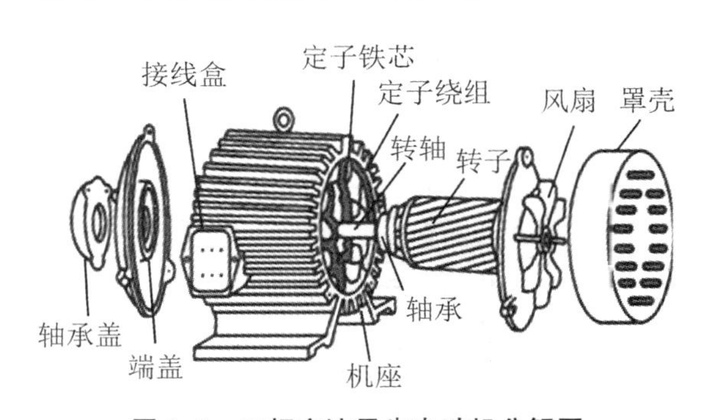

图1.2 三相交流异步电动机分解图

三相交流异步电动机主要由定子、转子两部分组成。其中定子是静止不动的部分，转子是旋转的部分，在定子与转子之间有一定的气隙。

1. 定子

定子由定子铁芯、定子绕组、机座和端盖等组成。机座主要用来支撑电机各部件，因此应有足够的机械强度和刚度，通常用铸铁制成。为了减少涡流和磁滞损耗，定子铁芯用 0.5 mm 厚涂有绝缘漆的硅钢片叠成，铁心内圆周上有许多均匀分布的槽，槽内嵌放定子绕组。

定子绕组分布在定子铁芯的槽内，小型电动机的定子绕组通常用漆包线绕制，三相绕组在定子内圆周空间彼此相隔 120°，共有 6 个出线端，分别引至电动机接线盒的接线柱上。三相定子绕组可以连接成星形或三角形，如图 1.3 所示。其接法根据电动机的额定电压和三相电源电压而定，通常三个绕组的首端分别用 U1、V1、W1 表示，末端分别用 W2、U2、V2 表示。

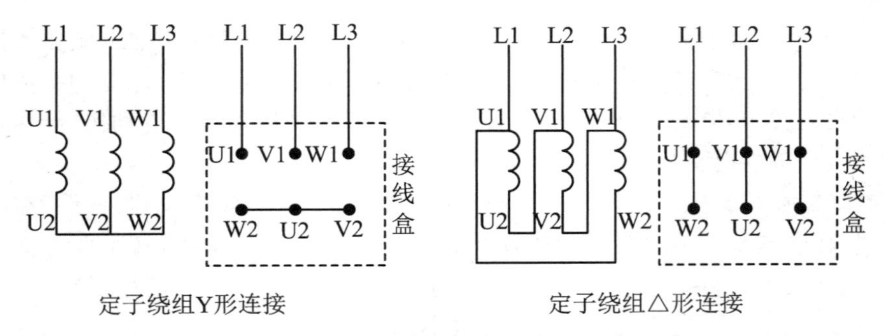

图 1.3　三相交流异步电动机定子绕组的接法

2. 转子

转子由转子铁芯、转子绕组、转轴和风扇等组成。转子铁芯也用 0.5 mm 厚硅钢片叠成圆柱形，压装在转轴上。其外围表面冲有凹槽，用以安放转子绕组。异步电动机按转子绕组形式不同，可分为绕线式和鼠笼式两种。

(1) 绕线式转子。同定子绕组一样，分为三相，而且接成星形。绕组的三个末端接在一起（Y 形），三个首端分别接在转轴三个彼此绝缘的铜制滑环上，再通过滑环上的电刷与外电路的变阻器相接，以便调节转速或改变电动机的启动性能。转子在旋转磁场的作用下，会产生感应电动势或电流。其具有价格较贵，结构复杂的特点；转子加电阻可改变电动机的机械特性，如图 1.4 所示。

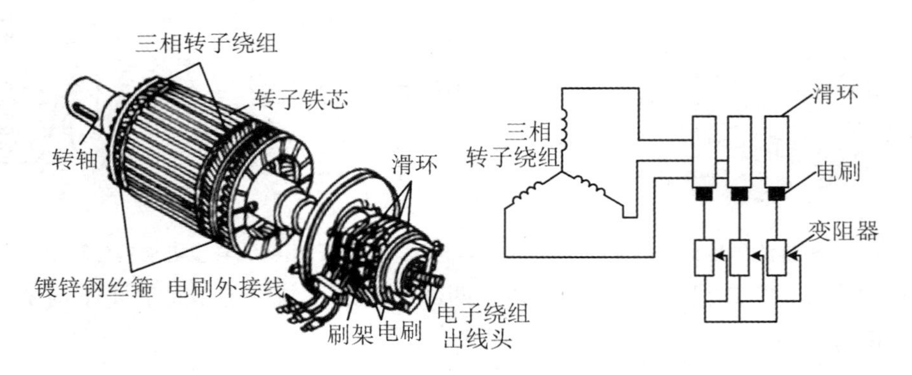

图 1.4　三相交流异步电动机绕线式转子绕组

(2) 鼠笼式转子。铁芯槽内放置铜条，端部用短路环形成一体，或铸铝形成转子绕组。其具有结构简单、工作可靠、价格低廉的特点；但不能人为修改电动机的机械特性，如图1.5所示。

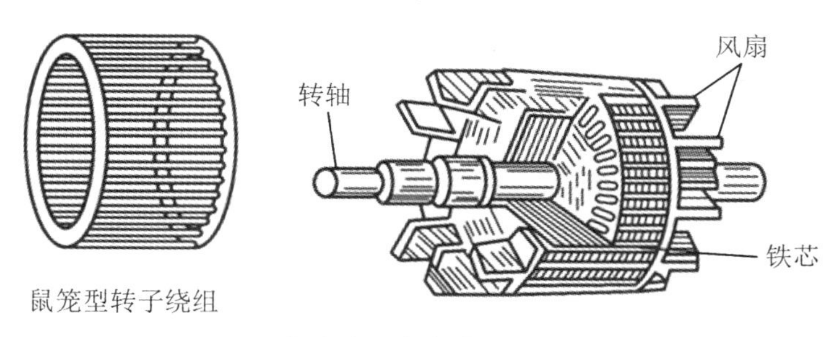

图1.5 三相交流异步电动机鼠笼式转子绕组

1.1.2 三相交流异步电动机的转动原理

1. 演示实验

为了说明三相交流异步电动机的工作原理，我们做如下演示实验。

在装有手柄的蹄形磁铁的两极间放置一个闭合导体，当转动手柄带动蹄形磁铁旋转时，我们发现导体也跟着旋转；改变磁铁的转向，则导体的转向也跟着改变，如图1.5所示

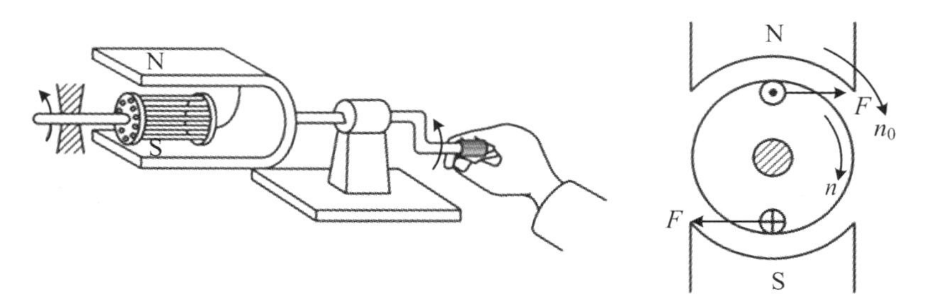

图1.6 鼠笼式转子随旋转磁铁转动

当磁铁旋转时，磁铁与闭合的导体发生相对运动，鼠笼式导体切割磁感应线在导体内部产生感应电动势和感应电流。感应电流又使导体受到磁场电磁力的作用，于是导体就沿磁铁的旋转方向转动起来，这就是异步电动机的基本原理。通过实验我们发现，转子转动的方向和磁极旋转的方向相同。因此，要使三相交流异步电动机旋转，必须有旋转的磁场和闭合的转子绕组，两者缺一不可。

2. 旋转磁场

在对称三相绕组中流过对称的三相交流电时，会产生如图1.7所示的旋转磁场。

(1) 旋转磁场的产生。三相对称绕组指三个外形、尺寸、匝数完全相同，空间位置相隔120°、对称放置在定子槽内的三个相对独立的绕组。随着电流在定子绕组中通过，三相定子绕组中会产生旋转磁场。

$$i_u = I_m \sin wt$$

$$i_v = I_m \sin(wt - 120^\circ)$$
$$i_w = I_m \sin(wt + 120^\circ)$$

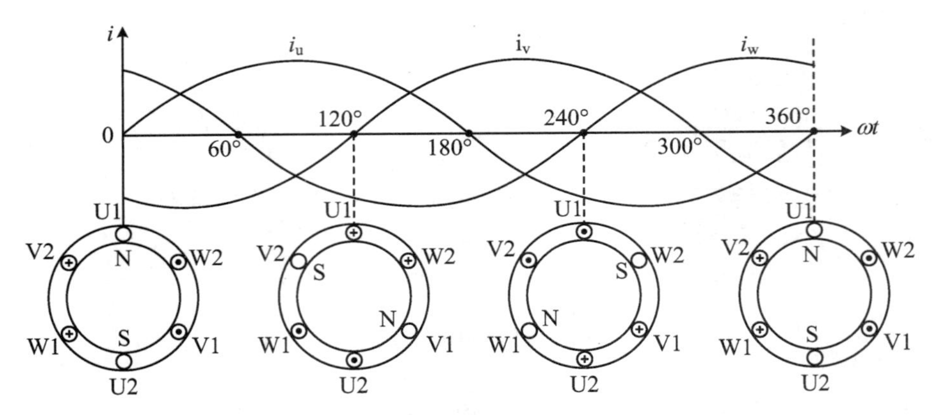

图 1.7　旋转磁场的形成

定子绕组中的电流变化一个周期时，磁场也按电流方向在空间旋转一周。随着定子绕组中三相电流不断地发送周期性变化，合成的磁场也不断地旋转，因此称为旋转磁场。

(2) 旋转磁场的方向。旋转磁场的方向取决于三相电流的相序，改变旋转磁场的方向，只需改变定子绕组的电流相序，即将三根电源线中的任意两根对调，这时旋转磁场的旋转方向也跟着改变。

(3) 旋转磁场的转速。旋转磁场的转速取决于磁场的磁极对数和交流电源频率，两者的关系为

$$n_s = \frac{60 f_1}{P}$$

式中：n_s——旋转磁场的转速(r/min)；f_1——交流电源的频率(Hz)；P——电动机定子绕组的磁极对数。

当 $f_1 = 50$ H_Z时，两者的关系如表 1.1 所示。

表 1.1　磁极对数与磁场转速的关系

P(磁极对数)	1	2	3	4	5	6
n_s(转速)	3 000	1 500	1 000	750	600	500

由表 1.1 可知，旋转磁场的转速与磁极对数有关。

3. 三相交流异步电动机的工作原理

定子三相绕组通入三相交流电后，在定子和转子之间的气隙内会产生一个旋转磁场。根据电磁感应定律，在转子导体中将会产生感应电动势，方向可由右手定则确定。

转子和旋转磁场虽然同向转动，但转子转速不可能达到与旋转磁场相同的转速。如果两者转速相等，转子与旋转磁场之间就没有相对运动，无切割磁感应线运动，则不能产生转子电动势和电流，转子就不会受到电磁力矩的作用。

因此，转子转速与旋转磁场转速要有差别。旋转磁场的同步转速 n_s和电动机转子转速 n 之差称为转差，转差与旋转磁场的转速之比称为转差率，即：

$$s = \frac{n_s - n}{n_s}$$

转差率是异步电动机的一个基本物理量，反映电机的各种运行情况。负载越大，转速越低，转差率越大；反之，转差率越小。转差率的大小可以反映电机的转速大小或负载大小。

1.1.3　三相交流异步电动机的额定值

(1) 额定功率（容量）（W）指电动机在额定运行情况下，电动机转轴上输出的机械功率。

(2) 额定电压（U）指电动机在额定运行情况下，定子绕组端使用的线电压。如标有两种电压值(220/380 V)，说明定子绕组采用三角形或星形连接时应加的线电压值。三角形连接时，定子绕组应接220 V的电源电压；星形连接时，定子绕组应接380 V的电源电压。

(3) 额定频率（f）指电动机在额定运行下，定子外加电源的频率。

(4) 额定电流（I）指电动机在输出额定功率时，定子绕组允许通过的线电流值。

(5) 额定转速（n）指电动机在额定频率、额定电压和电动机轴上输出额定功率时，电动机的转速。

1.2　常用电气控制器件

1.2.1 电气开关

刀开关是指带有动触头（闸刀），并通过它与底座上的静触头（刀夹座）相楔合（或分离），以接通（或分断）电路的一种开关。刀开关又名闸刀，一般用于无需经常切断的闭合的交、直流低压（不大于500 V）电路，在额定电压下其工作电流不能超过额定值。

1. 开启式刀开关

(1) 开启式刀开关是一种结构较为简单的手动电器，刀开关装在上部，由进线座和静夹座组成，熔断器装在下部，由出线座、熔丝和动触刀组成，其结构与电路符号如图1.8和图1.9所示。

(2) 工作原理：夹座作为静触点固定在底板上，闸刀（静触点）上带有速断刀刃以提高分合速度，利用杠杆、手柄和传动机构操作闸刀，将电路接通或分断。多数开关配有灭弧罩，用来熄灭电弧。通常将带电部分装在配电板的背面，操作比较安全。

2. 封闭式负荷开关

(1) 封闭式负荷开关主要由闸刀、夹座、熔断器、速断弹簧、转轴及手柄等组成，装在一个钢板外壳或铸铁外壳内，所以又叫铁壳开关，如图1.10所示。

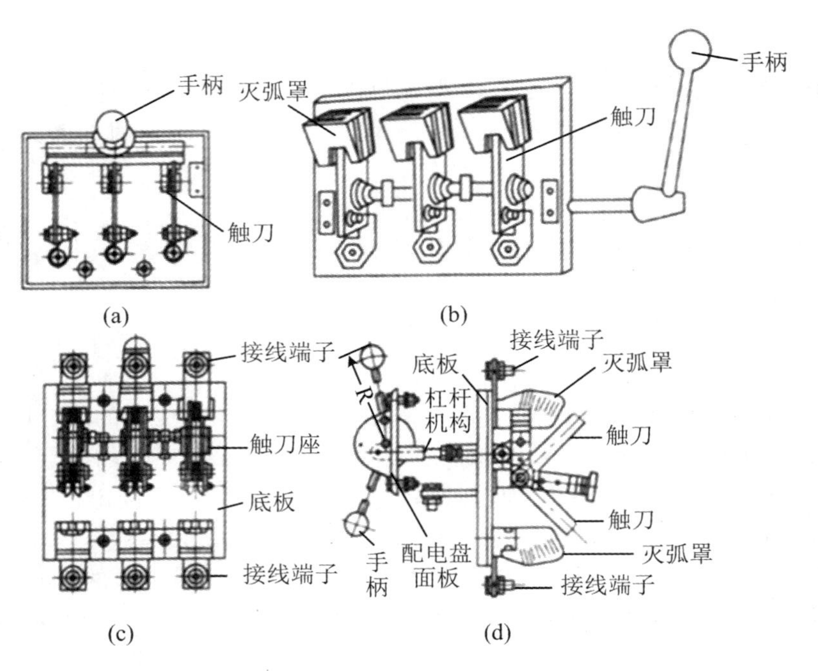

图 1.8　开启式刀开关结构

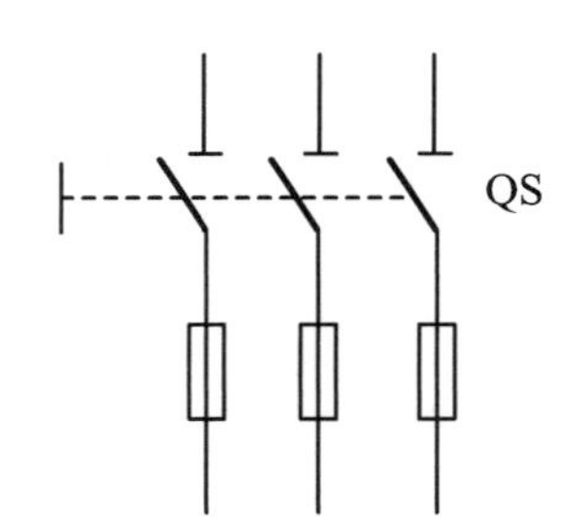

图 1.9　开启式刀开关电路符号

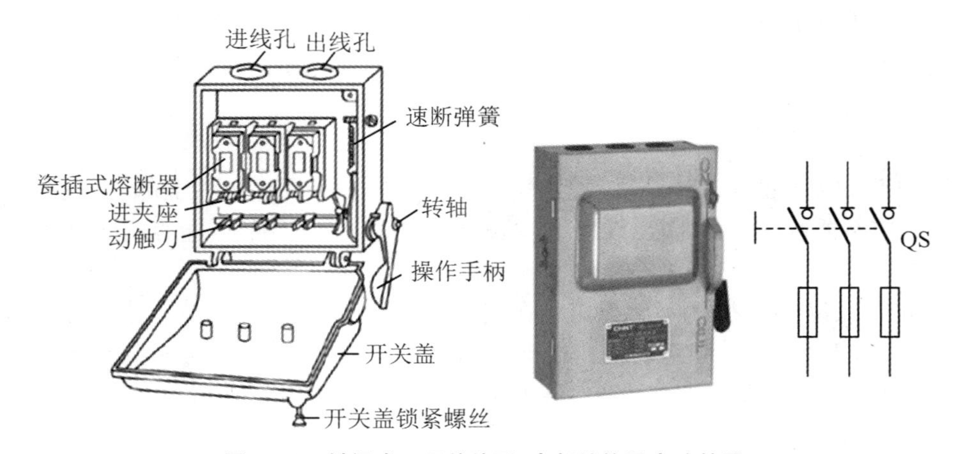

图 1.10　封闭式刀开关外形、内部结构及电路符号

(2) 工作原理：壳内的速断弹簧钩在手柄转轴和底座间，闸刀为 U 型双刀片可以分流；当手柄轴转到一定位置时，速断弹簧的拉力增大，使 U 型双刀片快速从静插座拉开，电弧

因被迅速拉长而熄灭。闸刀与静插座的闭合和断开实现了电路的通、断。铁壳上装有机械连锁装置，当开关通电工作时，壳盖打不开；壳盖打开时，开关无法接通，这种联锁装置确保了安全用电。

3. 低压断路器

（1）低压断路器是低压电力系统中的主要电器设备之一。低压空气断路器又称自动空气开关或空气开关，属于开关电器，是用于当电路发生过载、短路和欠压故障时能自动分断电路的电器，也可用于不频繁启动的电动机或开合电路。低压空气断路器有万能式断路器、塑壳式断路器、小型断路器、漏电断路器等。低压断路器主要由触头系统、保护装置、灭弧装置、操作结构等部件组成。常用的DZ系列低压断路器如图1.11所示。

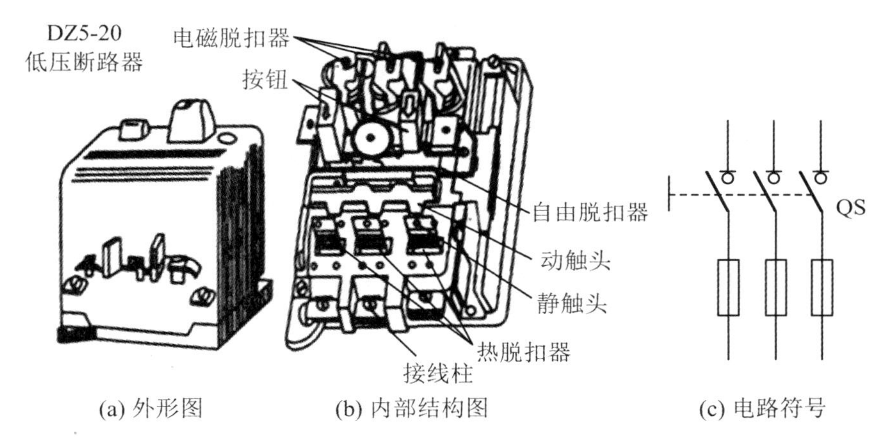

图1.11　DZ系列低压断路器外形、内部结构及电路符号

触头系统一般由动触头、静触头组成。

灭弧装置一般由长短不同的钢片交叉组成灭弧栅，放置在绝缘材料的灭弧室内，采用栅片的灭弧方法。

保护装置在短路、过载、失压等情况下通过各类脱扣器实现保护功能。脱扣器类型按保护功能可分为过电流脱扣器、失压脱扣器和热脱扣器等。

（2）工作原理：当手动或电动合闸后，自由脱扣机构把主触点锁在合闸位置上，主电路接通。过流脱扣器线圈和热脱扣器热元件都和负载串联，当电路发生短路故障或严重过载时，过流脱扣器衔铁吸合，推动自由脱扣机构动作。当电路发生过载情况时，热脱扣器热元件发热，使双金属片弯曲，把自由脱扣机构顶起，主触头断开。分励脱扣器作为远距离控制用，在正常工作时线圈是断电的，当需要远距离控制时，按下按钮，分励脱扣器线圈得电，衔铁吸合，推动自由脱扣器动作，主触头断开。

4. 组合开关

（1）组合开关又叫转换开关，是由多组结构相同的触点组件组合而成的控制电器，属于手动控制电器。组合开关主要由动触片、静触片、转轴、手柄、凸轮、绝缘杆等部件组成。组合开关可使开关快速闭合或分断，能快速动作，从而提高开关的通断能力，使动静触片的分合速度与手柄旋转速度无关，如图1.12所示。

(2) 工作原理:转动手柄时,每层的动触片随转轴一起转动,使动触片与静触片保持接通和分断。为了使组合开关在分断电流时迅速熄弧,开关的转轴上装有弹簧,能使开关快速闭合和分断。

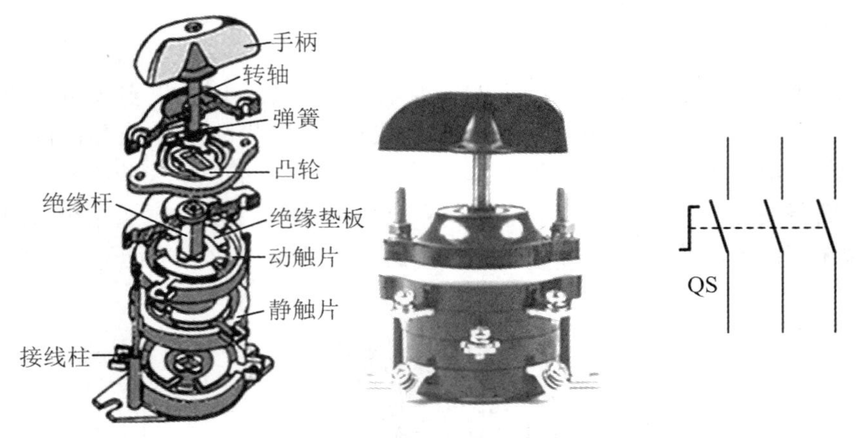

图1.12　组合开关外形、内部结构及电路符号

5. 隔离开关

隔离开关一般指的是高压隔离开关,即额定电压在1 kV及以上的隔离开关,通常简称为隔离开关。它是高压开关电器中使用最多的一种电器。它本身的工作原理及结构比较简单,但是由于使用量大,工作可靠性要求高,所以对变电所和电厂的设计、建立和安全运行的影响均较大。

HL32系列小型隔离开关(如图1.13)适用于交流50 Hz、额定工作电压为230 V/400 V及以下、额定电流不超过100 A的线路,在负载情况下能接通和断开电路。

图1.13　HL32系列隔离开关外形及电路符号

1.2.2　电气元件

1. 熔断器

(1) 结构:熔断器也称为保险丝,是一种安装在电路中保护电路安全运行的电器元件。熔断器广泛用于配电系统和控制系统,主要起短路保护或严重过载保护作用。熔断器主要由熔体、安装熔体的绝缘管或绝缘座组成。其中熔体是控制熔断特性的关键元件。熔体的材料、尺寸和形状决定了熔断特性。

(2) 作用:当电路发生故障时,随着电流不断增大,可能会损坏电路中的某些重要器件。当电流到达熔体熔点(200～300 ℃)时,熔体自行熔断,切断故障电流,起到保护电路安全运行的作用。

(3) 常用的熔断器:插瓷式熔断器常用于 380 V 及以下电压等级的线路末端,作为支配支线或电器设备的短路保护用。

螺旋式熔断器的熔体上端盖有熔断指示器,一旦熔体熔断,指示器马上弹出。分断电流较大,可用于电压等级 500 V 及以下、电流等级 200 A 以下的电路中作短路保护用。

封闭式熔断器的分断能力强,用于电压等级 500 V 以下、电流等级 1 kA 以下的电路中。

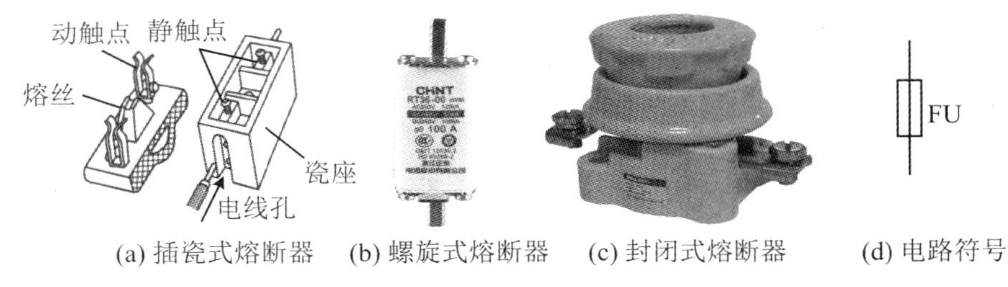

(a) 插瓷式熔断器　(b) 螺旋式熔断器　(c) 封闭式熔断器　(d) 电路符号

图 1.14　熔断器外形及电路符号

2. 按钮

(1) 结构:按钮结构简单,在电器控制电路中用于手动发出控制信号以控制接触器、继电器等。按钮一般由按钮帽、复位弹簧、固定触点、动触点、外壳等组成,如图 1.15 所示。

(2) 作用:一般情况下按钮不能直接控制主电路的通断,主要通过远距离发出手动指令或信号去控制接触器、继电器等电磁装置,实现主电路的分合、功能转换或电气联锁。

(3) 分类:根据触点结构、数量和用途的不同,按钮可分为停止按钮(常闭按钮)、启动按钮(常开按钮)和复合按钮。

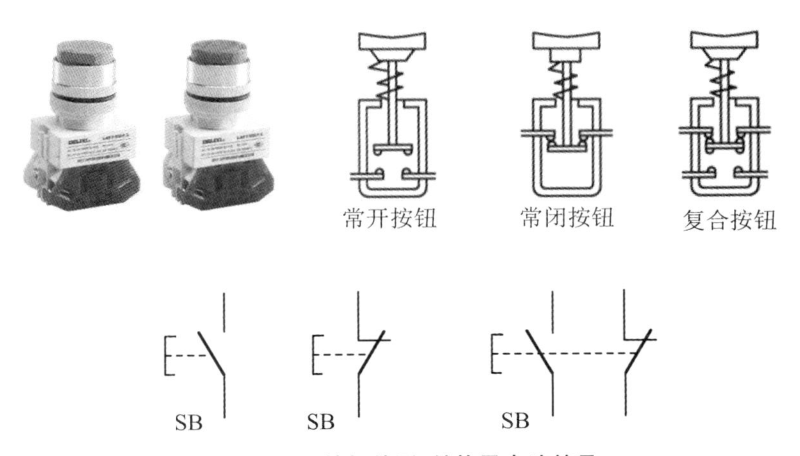

图 1.15　按钮外形、结构及电路符号

3. 接触器

(1) 结构:接触器分为交流接触器和直流接触器,可应用于电力、配电与用电场合。交流接触器是一种应用于交流电源环境中的通断开关,在目前各种控制线路中应用最为广泛,具有欠电压保护、零电压释放保护、工作可靠、性能稳定、操作频率高、维护方便等特点。

接触器一般由电磁机构、触点系统、灭弧系统、反力装置、支架和底座等几部分组成。

电磁机构用来操作触点的闭合和断开，由电磁线圈、铁心和衔铁组成。

触点是接触器的执行元件，用来接通或断开被控制电路，主要包括主触点和辅助触点。主触点用在电流较大的主电路中；辅助触点用于接通或断开控制电路，只能通过较小的电流。辅助触点按其原始状态可分为常开触点和常闭触点。常开触点是指在原始状态时断开，线圈通电后闭合的触点；常闭触点是指在原始状态时闭合，线圈通电后断开的触点。

电流容量在 10 A 以上的接触器都有灭弧装置，常采用纵缝灭弧罩及栅片灭弧装置。

反力装置包括弹簧、传动机构、接线柱及外壳等。

支架和底座用于接触器的固定和安装。

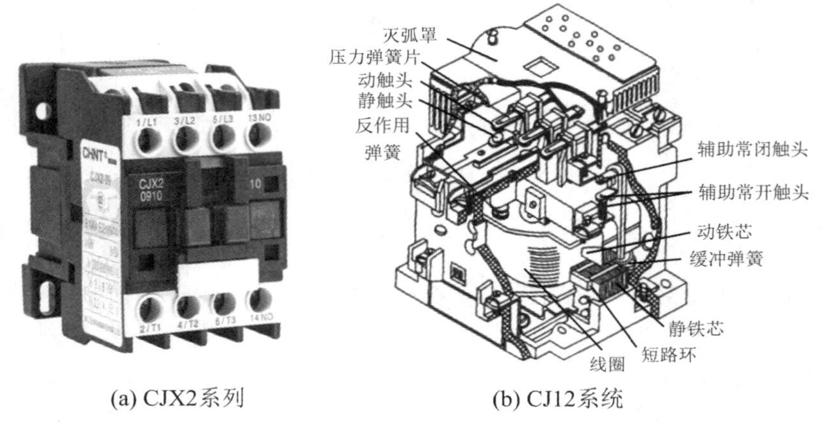

(a) CJX2系列　　(b) CJ12系统

图 1.16　交流接触器

(2) 交流接触器工作原理：线圈通电时，静铁芯产生电磁吸力，将动铁芯吸合，由于触头系统与动铁芯是联动的，因此动铁芯带动动触片同时运行，触点闭合，接通电源。当线圈断电时，吸力消失，动铁芯联动部分在弹簧的反作用力下分离，使主触头断开，切断电源。

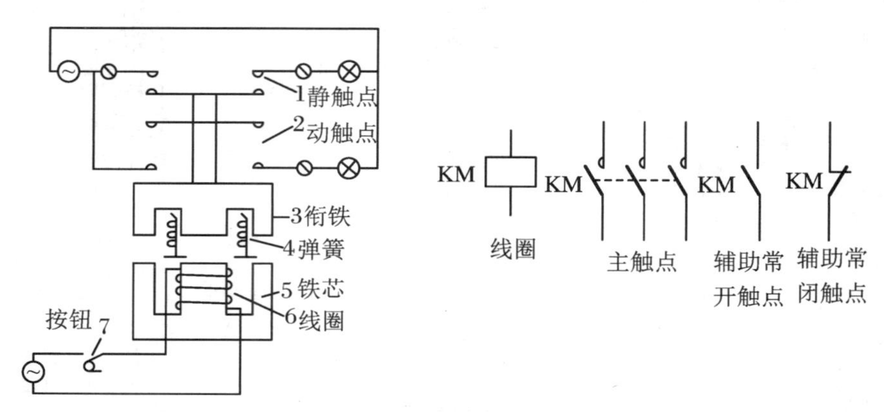

图 1.17　交流接触器工作原理及电路符号

4. 中间继电器

(1) 结构：中间继电器常用于继电保护与自动控制系统中，以增加触点的数量及容量，还被用于控制电路中以传递中间信号。

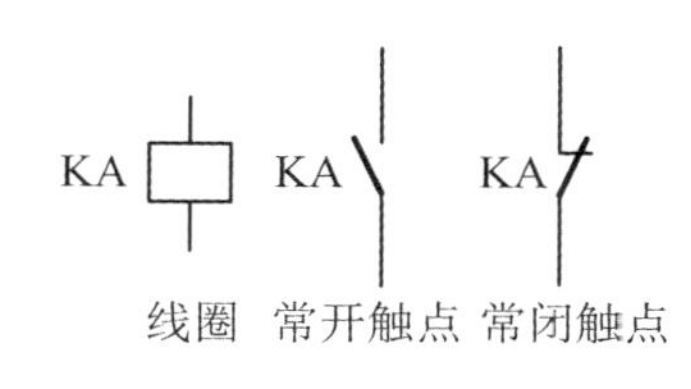

(a) JZC4系列交流中间继电器　(b) JZC1-22Z系列直流中间继电器　(c) 电路符号

图 1.18　中间继电器

中间继电器的结构和原理与交流接触器基本相同。中间继电器与接触器的主要区别是接触器的主触点可以通过大电流,而中间继电器的触点只能通过小电流,因此中间继电器只能在控制电路中使用。中间继电器一般没有主触头,过载能力比较小,需要使用大量的辅助触点。

(2) 工作原理:继电器的工作原理是当某一输入(如电压、电流、温度、速度、压力等)达到预定值时动作,从而改变控制电路的工作状态,以达到控制或保护的目的。在这一过程中,中间继电器主要起到传递信号的作用。中间继电器主要根据被控制电路的电压等级,以及所需触头的数量、种类及容量等要求来进行选择。

5. 热继电器

(1) 结构:热继电器是一种应用比较广泛的保护继电器,具有反时限的保护特性。热继电器主要由热元件、触头系统、动作机构、复位按钮、整定电流装置和温度补偿元件等部分组成。

热元件是热继电器的主要组成部分,由双金属片及围绕在双金属片外面的电阻丝组成。双金属片是由两种热膨胀系数不同的金属片复合而成的,使用时,将电阻丝直接串联在电动机的电路中。

动作机构是利用杠杆传递及弹簧跳跃式机构来完成触头动作的。触头多为单断点弹簧跳跃式动作,一般一个触头动断、一个触头动合。

复位机构有手动和自动两种形式,可根据使用要求自行选择调整。

整定电流装置是通过旋钮和偏心轮来调节整定电流值的。

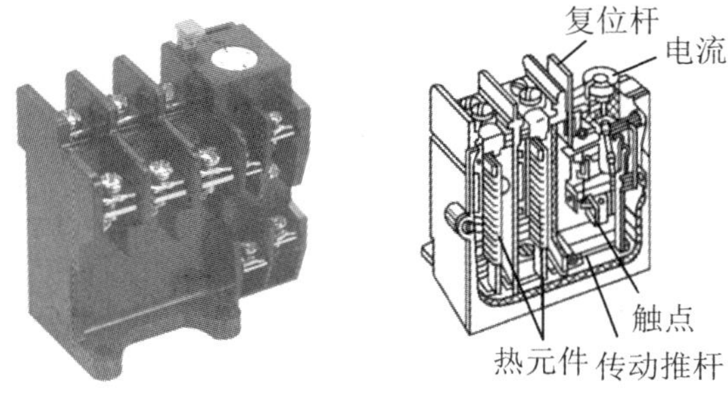

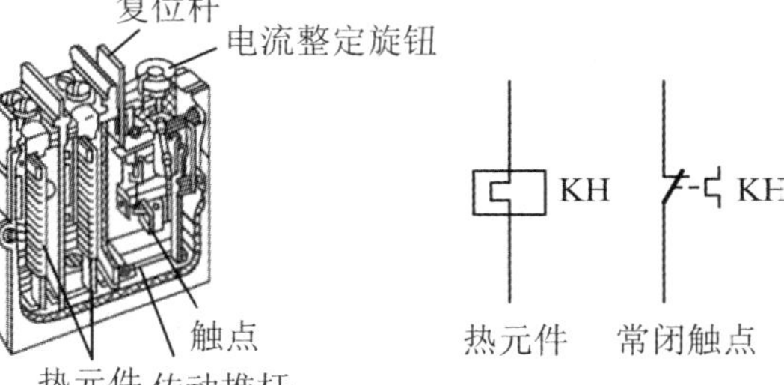

图 1.19　热继电器外形、结构及电路符号

(2) 工作原理：当电动机正常运行时，热继电器的热元件不会产生过多的热量使保护功能动作，常闭触头保持闭合状态。当电动机过载时，热继电器的热元件会产生过多的热量使保护功能动作，常闭触头断开，通过控制电路使电动机断电，从而保护电动机。当故障排除后，应使热继电器复位，才可以重新启动电动机。

6. 时间继电器

(1) 结构：时间继电器是当吸引线圈通电或断电后触点经过一定延时再动作的继电器。它接受控制信号后，到设定时间才开始动作，再把信号传输给下一个电气元件，一般用于弱电回路控制。时间继电器一般由电磁机构、延时机构、通断触点三大结构组成。

(2) 分类：

时间继电器主要有直流电磁式、空气阻尼式、电子式、晶体管式等。

直流电磁式时间继电器用于直流电气控制电路中，只能直流断电延时动作。具有结构简单、运行可靠、寿命长等优点；其缺点是延时时间短。

空气阻尼式时间继电器利用空气阻尼作用获得延时，包括通电延时、断电延时两种。

电子式时间继电器分 R-C 式晶体管和数字式时间继电器。其优点有延时范围宽、精度高、体积小、工作可靠。晶体管式时间继电器以 RC 电路电容充电时电容器上的电压逐步上升的原理为基础。电路有单结晶体管电路和场效应管电路两种。延时方式包括断电延时、通电延时、带瞬动触点延时三种。

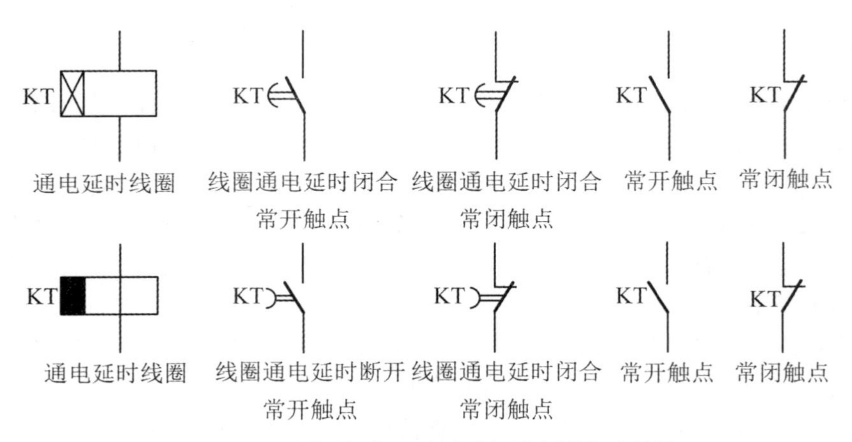

图 1.20　通电/断电延时型时间继电器电路符号

7. 行程开关

(1) 结构及工作原理：行程开关也叫限位开关或者位置开关。它是主令电器的一种，动作原理与按钮没有差别。主要区别在于它不是用手进行按压操作，而是用机械设备的一些运动部件与它的传动部位发送碰撞，促使行程开关的触头动作，从而达到分断或者切换电路的目的。

行程开关主要由触动机构、基座、外壳、开关芯子四部分组成。

触动机构与挡铁接触从而触发开关芯子动作；基座一般用塑料压制，起安装固定作用，并保护开关芯子不受外部因素影响；外壳有金属和塑料两种，壳内装有滚轮连杆、一对动合触头和一对动断触头；开关芯子是核心部件，它根据触动机构的动作实现电路的接通与分断。

(2) 分类:常用的行程开关有按钮式、单轮式和双轮式。

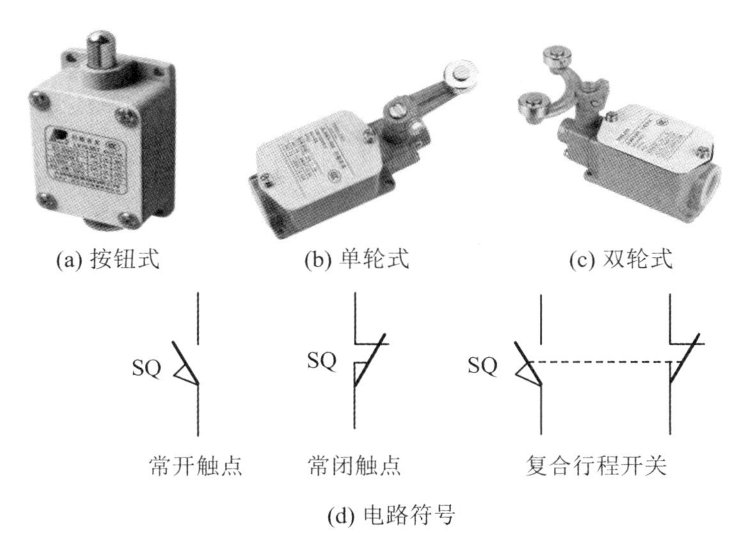

图1.21　行程开关及电路符号

1.3　控制电路

1.3.1　点动控制、自锁控制及混合控制

1. 点动控制电路

(1) 点动控制电路的主要组成元件:点动控制电路主要包括电源组合开关 QS,启动按钮 SB,交流接触器 KM,熔断器 FU1、FU2 等。

(2) 点动控制的定义:点动控制是指按下按钮,电动机运行;松开按钮,电动机停止。

(3) 点动控制电路的工作原理:点动控制电路由主电路和控制电路两部分组成,其中主电路是由电机与部分连接电路组成的,工作电流大;控制电路是控制电器组成的部分电路,工作电流小。启动时,按下按钮 SB,接触器 KM 线圈得电,KM 主触点闭合,电动机 M 转动;停止时,松开按钮 SB,接触器 KM 线圈断电,KM 主触点分断,电动机 M 停止。

2. 自锁控制电路

(1) 自锁控制电路的主要组成元件:自锁控制电路主要包括电源隔离开关 QS,启动按钮 SB1,停止按钮 SB2,交流接触器 KM,熔断器 FU1、FU2 等。

(2) 自锁控制电路的定义:自锁控制电路是指按下启动按钮,电动机运转;松开启动按钮,电动机还保持运转状态。

(3) 自锁控制电路的工作原理:自锁控制电路由主电路和控制电路两部分组成,启动

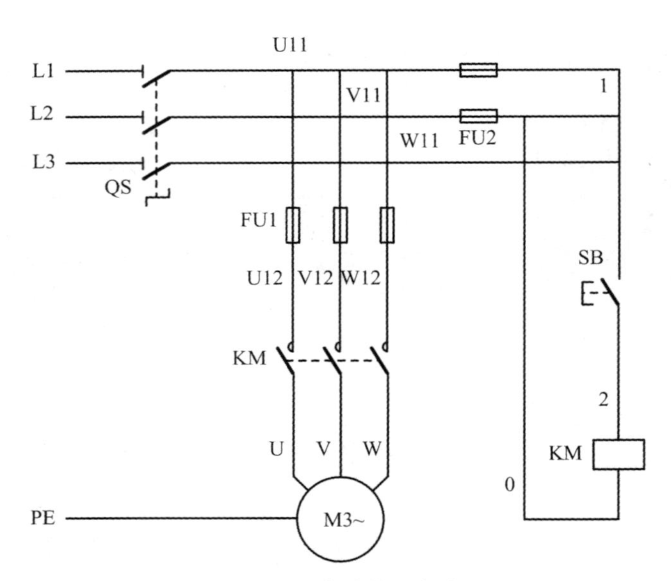

图1.22　点动控制电路

时，按下按钮SB1，交流接触器KM线圈得电，同时KM辅助常开触点与SB1一组常闭触点相串联构成自锁，KM主触点闭合，电动机得电运转；松开按钮SB1，电动机继续运转；停止时，按下停止按钮SB2，切断交流接触器KM线圈回路电源，KM线圈断电，KM主触点断开，电机停止。

具有热过载保护的自锁控制电路在工业生产中也非常普遍。自锁控制电路中电动机需要长时间工作，因此需要对电动机进行过载保护。将热继电器热元件串联接入主电路，常闭触点串联接入控制电路，当电动机过载或长时间连续工作时，对电路进行过载保护。

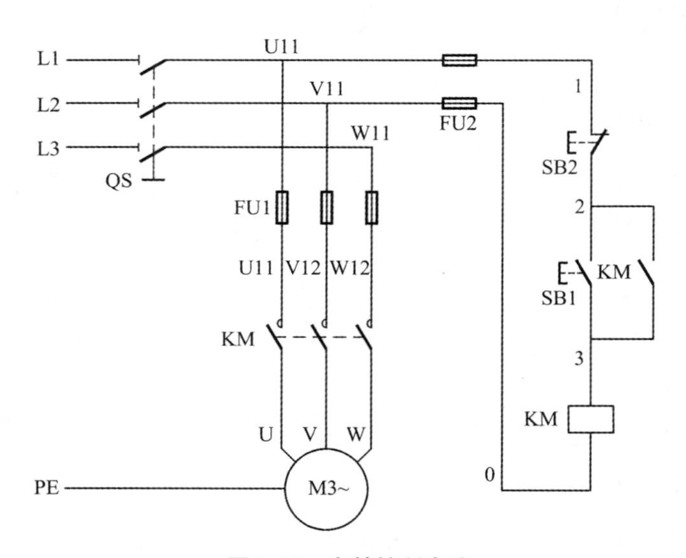

图1.23　自锁控制电路

3. 点动自锁混合控制电路

（1）点动自锁混合控制电路的主要组成元件：点动自锁混合控制电路主要包括低压断

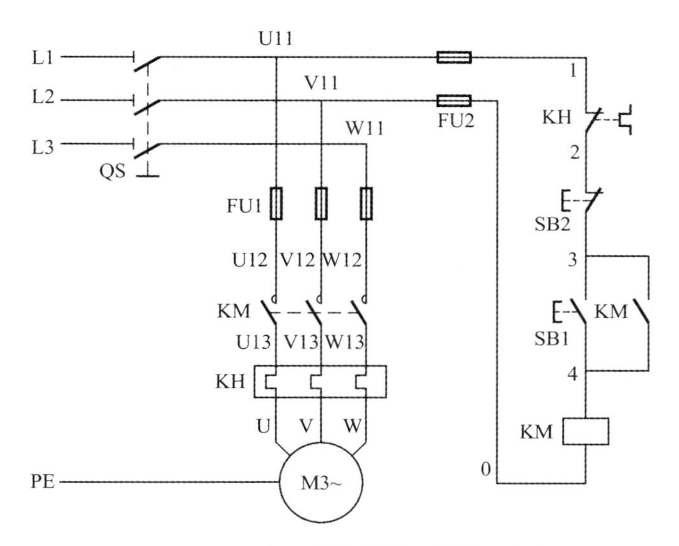

图 1.24　具有热载保护的自锁控制电路

路器 QF,启动按钮 SB1 和 SB3,停止按钮 SB2,交流接触器 KM,热继电器 KH,熔断器 FU1、FU2 等。

(2) 点动自锁混合控制电路的定义:点动自锁混合控制电路是指在自锁电路的基础上增加一个按钮,从而实现点动和自锁两种功能的电路。

(3) 点动自锁混合控制电路的工作原理:

自锁控制:启动时,按下启动按钮 SB1,交流接触器 KM 线圈得电,KM 主触点闭合,自锁辅助常开触点闭合,电动机得电运转;停止时,按下停止按钮 SB2,交流接触器 KM 线圈断电,KM 主触点、自锁触点断开,电机停止。

点动控制:按下点动按钮 SB3,交流接触器 KM 线圈得电,KM 主触点闭合,电动机得电运转;松开 SB3 交流接触器 KM 线圈断电释放,KM 主触点断开,电机停止运转。

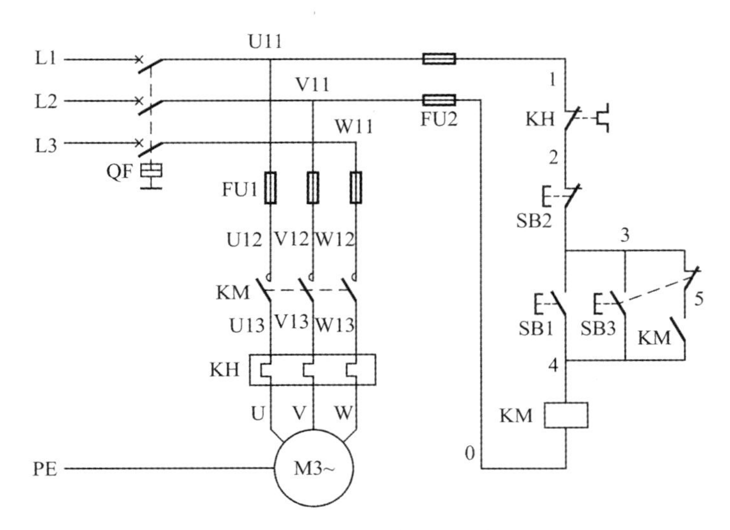

图 1.25　点动自锁混合控制电路

1.3.2　多地控制以及顺序控制电路

1. 多地控制电路

(1) 多地控制电路的主要组成元件：多地控制电路主要包括低压断路器 QF，启动按钮 SB11、SB21，停止按钮 SB12、SB22，交流接触器 KM，热继电器 KH，熔断器 FU1、FU2 等。

(2) 多地控制电路的定义：多地控制电路是指能够在不同的地点对电动机的动作进行控制的电路。

(3) 多地控制电路的工作原理：如图 1.26，SB11、SB12 为安装在甲地的启动按钮和停止按钮；SB21、SB22 为安装在乙地的启动按钮和停止按钮。分析电路可知甲乙两地的启动按钮 SB11、SB21 要并联接在一起；停止按钮 SB12、SB22 要串联接在一起。

甲地启动和停止：按下启动按钮 SB11，KM 线圈得电吸合，KM 接触器自锁触头闭合，KM 接触器主触头闭合，电动机 M 启动连续运转；按下 SB12 按钮，KM 接触器线圈断电，KM 接触器主触头分断，KM 接触器自锁触头分断自锁解除，电动机 M 停止转动。

乙地启动和停止与甲地相同。同理对于三地或多地控制，只要把各地的启动按钮并接，停止按钮串接就可以实现，各地工作原理相同。

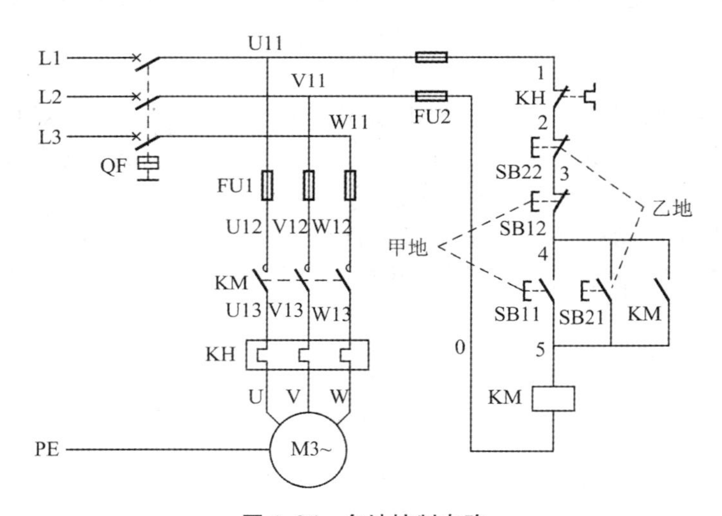

图 1.26　多地控制电路

2. 顺序控制电路

(1) 顺序控制电路的主要组成元件：顺序控制电路主要包括低压断路器 QF，启动按钮 SB1、SB2，停止按钮 SB3，交流接触器 KM1、KM2，热继电器 KH1、KH2，熔断器 FU1、FU2 等。

(2) 顺序控制电路的定义：顺序控制电路指各个电动机按照生产工艺预先规定的顺序启动或停止，从而保证操作过程的合理和工作的安全可靠。

(3) 顺序控制电路的工作原理：下面分别从三个方面介绍两种比较常用的顺序控制电路。

① 技术要求：启动时要求电动机 M1 先启动后电动机 M2 才可以启动；停止时要求两台电动机同时停止。

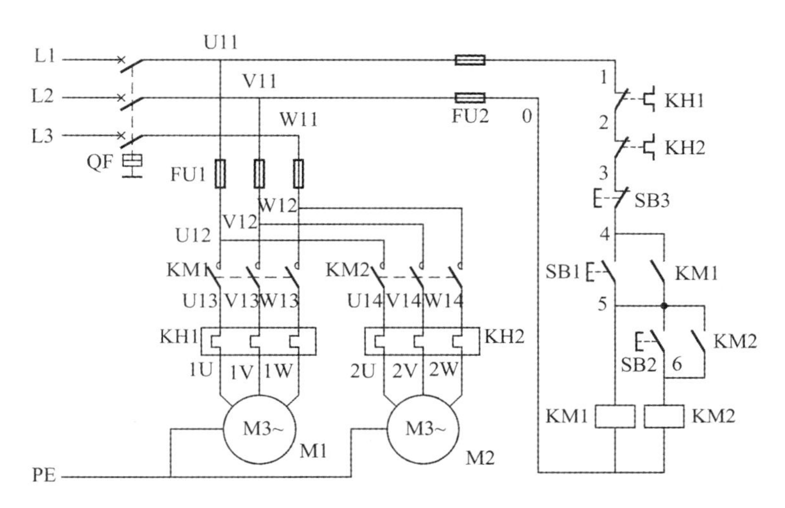

图 1.27　顺序控制电路 1

启动：按下启动按钮 SB1，KM1 线圈得电，KM1 主触头闭合，电动机 M1 启动运转；同时 KM1 辅助自锁触头闭合，实现自锁。当 M1 启动后，按下启动按钮 SB2，KM2 线圈得电，KM2 主触头闭合，电动机 M2 启动运转；同时 KM2 辅助自锁触头闭合，实现自锁。

停止：按下停止按钮 SB3，KM1 线圈断电，KM1 主触头分断，电动机 M1 停止转动；KM1 辅助自锁触头分断，解除自锁。同时 KM2 线圈断电，KM2 主触头分断，电动机 M2 停止转动；KM2 辅助自锁触头分断，解除自锁。

② 技术要求：启动时要求电动机 M1 先启动后电动机 M2 才可以启动；停止时要求 M2 停止后 M1 才能停止。

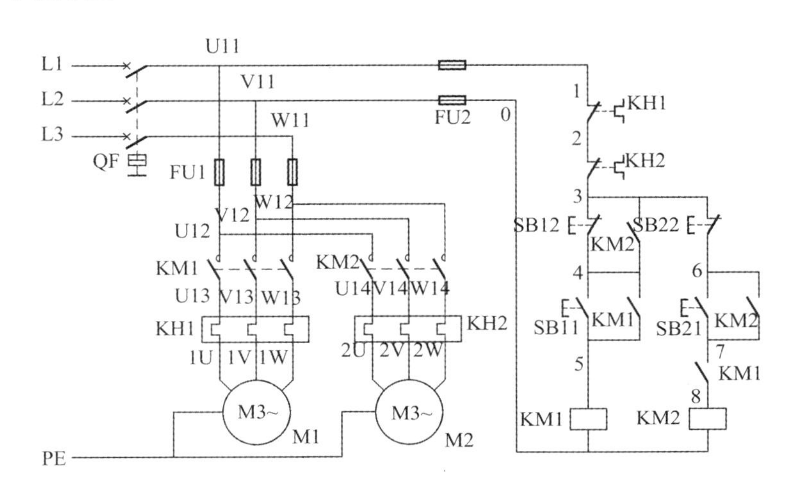

图 1.28　顺序启动控制电路 2

启动：按下启动按钮 SB11，KM1 线圈得电，KM1 主触头闭合，电动机 M1 启动运转；同时 KM1 辅助自锁触头闭合，实现自锁，与 KM2 线圈串联的 KM1 辅助常开触点闭合。当 M1 启动后，按下启动按钮 SB21，KM2 线圈得电，KM2 主触头闭合，电动机 M2 启动运转；

同时 KM2 辅助自锁触头闭合，实现自锁、与 SB12 并联的 KM2 辅助常开触点闭合。

停止：按下停止按钮 SB22，KM2 线圈断电，KM2 主触头分断，电动机 M2 停止转动；同时 KM2 辅助自锁触头分断，解除自锁、与 SB12 并联的 KM2 辅助常开触点分断。电动机 M2 停止后按下停止按钮 SB12，KM1 线圈断电，KM1 主触头分断，电动机 M1 停止转动；同时 KM1 辅助自锁触头分断，解除自锁。

1.3.3 正反转控制电路

（1）正反转控制电路的主要组成元件：正反转控制电路主要包括电源组合开关 QS，启动按钮 SB1、SB2，停止按钮 SB3，交流接触器 KM1、KM2，热继电器 KH，熔断器 FU1、FU2 等。

（2）正反转控制电路的定义：工业生产中，有些生产机械的运动部件要求相反两个方向的运动，需要改变电动机的旋转方向。正反转控制电路就是采用某种方式使电动机实现正反转调换的控制电路。在正反转控制电路中，短路保护、过载保护、欠压保护所用的电器和保护原理与直接启动控制电路相同。

（3）接触器联锁的正反转控制电路工作原理：

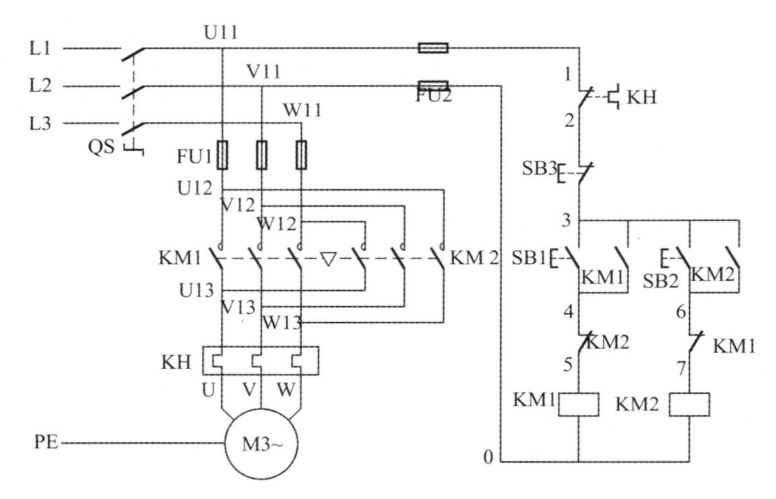

图 1.29　接触器联锁的正反转控制电路

正转：按下启动按钮 SB1，KM1 线圈得电，KM1 主触头闭合，电动机正向转动；与 SB1 并联的 KM1 常开触点闭合，形成自锁；与 KM2 线圈串联的 KM1 常闭触点断开，形成互锁。

停止：按下停止按钮 SB3，KM1 线圈断电，KM1 主触头断开，电动机正向停止转动；与 SB1 并联的 KM1 常开触点断开，自锁解除；与 KM2 线圈串联的 KM1 常闭触点闭合，互锁解除。

反转：按下启动按钮 SB2，KM2 线圈得电，KM2 主触头闭合，电动机反向转动；与 SB2 并联的 KM2 常开触点闭合，形成自锁；与 KM1 线圈串联的 KM2 常闭触点断开，形成互锁。

停止：按下停止按钮 SB2，KM2 线圈断电，KM2 主触头断开，电动机反向停止转动；与

SB2 并联的 KM2 常开触点断开，自锁解除；与 KM1 线圈串联的 KM2 常闭触点闭合，互锁解除。

接触器互锁保证了同一时间里两个接触器只有一个在工作，正转时即使误按了反转按钮，反转接触器也不能动作。

1.3.4　位置控制和自动往返控制电路

1. 位置控制电路

（1）位置控制电路的主要元件：位置控制电路主要包括低压断路器 QF，启动按钮 SB1、SB2，停止按钮 SB3，交流接触器 KM1、KM2，热继电器 KH，行程开关 SQ1、SQ2，熔断器 FU1、FU2 等。

（2）位置控制电路的定义：位置控制电路是利用生产机械运动部件上的挡铁与行程开关碰撞，使触头动作，接通或断开电路，从而实现对生产机械运动部件的位置或行程的自动控制。

（3）位置控制电路的工作原理：

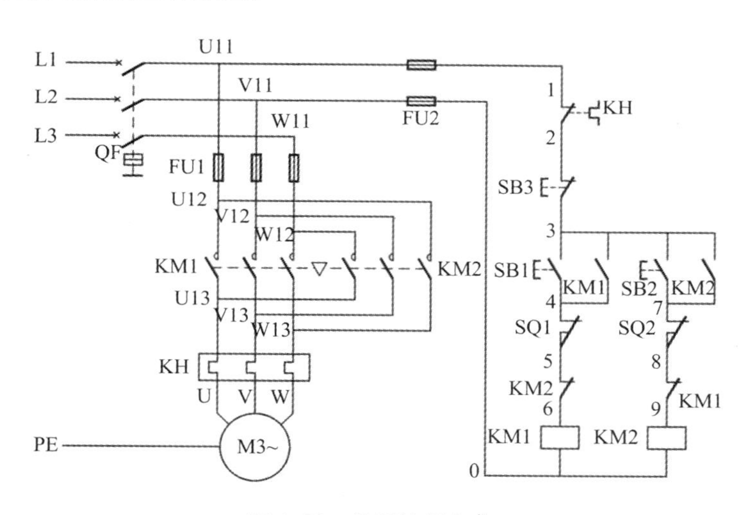

图 1.30　位置控制电路

向前运动：按下启动按钮 SB1，KM1 线圈得电，KM1 主触头闭合，电动机 M 转动，行车前移；同时 KM1 辅助自锁触头闭合，实现自锁；与 KM2 线圈串联的 KM1 辅助常闭触点断开，形成互锁。当移动至限定位置，砸撞末端行程开关 SQ1 时，SQ1 常闭触点断开，KM1 线圈断电、KM1 主触头断开、与 SB1 并联的 KM1 辅助常开触点断开，自锁解除，电机停止转动，行车停止前移。

向后运动：按下启动按钮 SB2，KM2 线圈得电，KM2 主触头闭合，电动机 M 转动，行车后移；同时 KM2 辅助自锁触头闭合，实现自锁；与 KM1 线圈串联的 KM2 辅助常闭触点断开，形成互锁。当向后移动至限定位置，砸撞末端行程开关 SQ2 时，SQ2 常闭触点断开，KM2 线圈断电、KM2 主触头断开、与 SB2 并联的 KM2 辅助常开触点断开，自锁解除，电机停止转动，行车停止后移。

停止：行车前移或后移过程中，未碰撞行车开关之前，可通过按下停止按钮 SB3 结束行程。

2. 自动往返控制电路

工业生产中，有时要求工作台在一定的行程内能自动往返运动，实现连续加工。

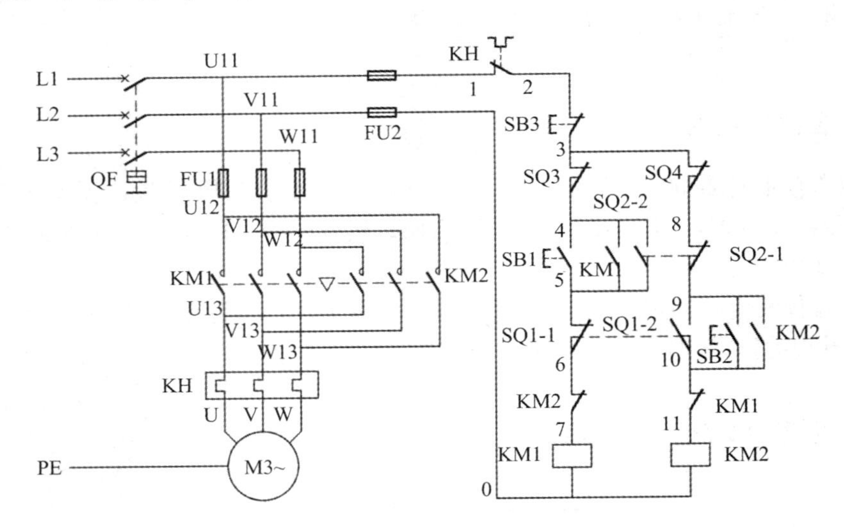

图 1.31　工作台自动往返控制电路

SQ1、SQ2 的作用：自动转换电动机正反转控制电路，实现工作台自动往返行程控制。SQ3、SQ4 的作用：作终端保护，防止 SQ1、SQ2 失灵，工作台越过限定位置造成事故。

工作原理：按下启动按钮 SB1，KM1 线圈得电，KM1 主触头闭合，电动机连续转动，工作台向前移动；KM1 辅助常闭触头断开，实现对 KM2 互锁；KM1 辅助常开触头闭合，实现自锁；工作台向前移动至限定位置，碰撞限位开关 SQ1，SQ1-1 分断，KM1 线圈断电，KM1 主触头断开，KM1 自锁触头断开，KM1 联锁触头闭合。

SQ1-1 分断后，SQ1-2 闭合，KM2 线圈得电，KM2 主触头闭合，电动机连续转动，工作台向后移动；KM2 辅助常闭触头断开，实现对 KM1 互锁；KM2 辅助常开触头闭合，实现自锁；工作台向后移动至限定位置，碰撞限位开关 SQ2，SQ2-1 分断，KM2 线圈断电，KM2 主触头断开，KM2 自锁触头断开，KM2 联锁触头闭合。

SQ2-1 分断后，SQ2-2 闭合，KM1 线圈得电，KM1 主触头闭合，电动机连续转动，工作台向前移动；不断重复上述过程，工作台在限定行程内实现自动往返运动。

按下停止按钮 SQ3，工作台自动往返运动停止。

1.3.5　Y-△形降压启动控制电路

(1) Y-△形降压启动控制电路的主要元件。Y-△形降压启动控制电路主要包括低压断路器 QF，启动按钮 SB1，停止按钮 SB2，交流接触器 KM、$KM_{\triangle}$、KM_{Y}，热继电器 KH，时间继电器 KT，熔断器 FU1、FU2 等。

(2) Y-△形降压启动控制电路的定义：Y-△形降压启动控制电路是指电动机启动时，把定子绕组接成星形，降低启动电压，限制启动电流；待电动机启动后，再把定子绕组改接成三角形，使电动机全压运行。

(3) Y-△形降压启动控制电路的工作原理：

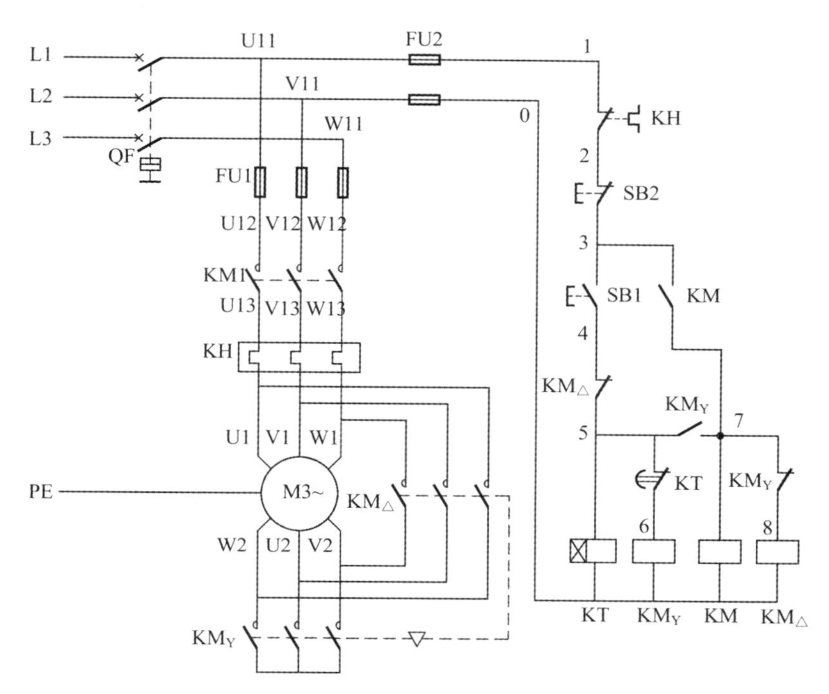

图 1.32　Y-△形降压启动控制电路

启动：按下启动按钮 SB1，KM_Y线圈得电，KM_Y主触头闭合，KM_Y联锁触头断开对 $KM_△$联锁；同时 KM_Y辅助常开触头闭合，KM 线圈得电，KM 主触头闭合，KM 辅助常开触头闭合，此时 KM 和 KM_Y都保持接通，电动机接成 Y 形降压启动。

KM_Y线圈得电后，KT 线圈得电，当到时间继电器 KT 的设定值时，KT 的输出继电器动作，KT 常闭触头分断，KM_Y线圈断电，KM_Y主触头分断，解除 Y 形连接，KM_Y辅助常开触头断开；同时 KM_Y联锁触头闭合后，$KM_△$线圈得电，$KM_△$联锁触头断开，KT 线圈断电，KT 常闭触头瞬时闭合。$KM_△$线圈得电后，$KM_△$主触头闭合，此时 KM 和 $KM_△$都保持接通，电动机接成三角形全压运行。

停止：按下停止按钮 SB2，电动机停止转动。

1.3.6　机床电气控制线路

机床电气控制线路通过对车床、组合机床、桥式起重机等设备电气控制系统的分析，为设备安装、调试、维修奠定基础。机床控制电路包括主电路、控制电路和照明、指示电路等。

下面我们以 CA6140 车床电器控制为例，介绍机床电气控制线路。

主轴启动：按下启动按钮 SB2，接触器 KM1 通电自锁，KM1 主触头闭合，电动机 M1 转动。

冷却泵启动：拨动开关 SA1，因 KM1 常开触点已接通，所以接触器 KM2 线圈得电，KM2 主触头闭合，M2 通电启动。

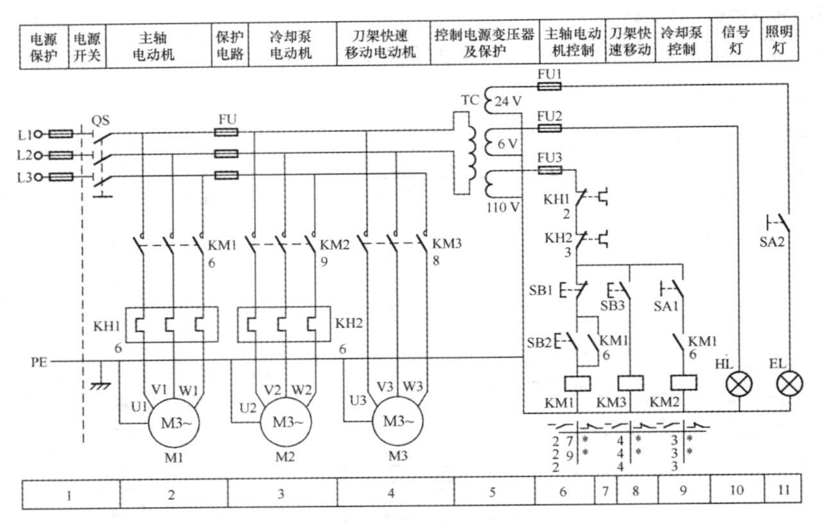

图 1.33 机床电气控制线路

刀架移动:按下启动按钮 SB3,KM3 线圈得电,KM3 主触头闭合,电动机 M3 通电启动;松开启动按钮 SB3,KM3 线圈断电,KM3 主触头断开,电动机 M3 停止转动。

停止:按下停止按钮 SB1,主轴、冷却泵电动机均停止工作。

照明灯工作:车床工作时,接通开关 SA2,照明灯 EL 工作。

1.4 其他常用电气部件

1.4.1 传感器的功能特点

1. 定义

根据国标 GB/T 7665-2005《传感器通用术语》中的定义,传感器是能感受到被测量的信息并按照一定的规律转换成可用输出信号的器件或装置,通常由敏感元件和转换元件组成。

图 1.34 传感器

现代交通系统包括大量的自动化控制系统，这些自动化控制系统都是以检测技术为基础的，而检测系统最核心的单元就是传感器，任何参数的成功检测均离不开传感器，它是检测技术实现的基础。

传感器为各类控制系统提供“眼睛”，广泛分布在地铁空调系统、给排水系统、配电与照明系统、门禁系统、火灾自动报警监控系统、屏蔽门等系统中，以保证地铁良好的运行秩序和舒适的环境。

2．分类

传感器按大类可以分成电阻式传感器、电感式传感器、电容式传感器、压电式传感器、磁电式传感器、热电式传感器、光电式传感器、数字式传感器、光纤式传感器、超声波传感器、热敏传感器、模拟传感器等。

按用途可分为压力敏和力敏传感器、位置传感器、液位传感器、能耗传感器、速度传感器、加速度传感器、射线辐射传感器、热敏传感器等。

按原理可分为振动传感器、湿敏传感器、磁敏传感器、气敏传感器、真空度传感器、生物传感器等。

按输出信号可分为模拟传感器、数字传感器等。

3．功能

传感器是一种把非电学物理量转变成便于利用的电信号的器件，它是现代信息技术的“感觉器官”。与人的感觉器官相比，它具有非常大的优势。正因如此，它被广泛应用于我们生产、生活的各个领域，发挥着非常重要的作用。不同种类的传感器功能不同，我们常将传感器的功能与人类的5大感觉相比拟：

基于光电效应等的光敏传感器——视觉。

基于压电效应、扰变效应等的声敏传感器——听觉。

基于吸附效应的气敏传感器——嗅觉。

基于各种化学效应的化学传感器——味觉。

基于压电效应、热电效应、热敏效应等的压敏、温敏、流体传感器——触觉。

1.4.2　速度继电器的功能特点

1．定义

速度继电器又称反接制动继电器，是一种根据某种输入信号的变化使其自身的执行机构动作的自动控制电器。当感应元件的输入量变化达到某一定值时，执行元件便接通或断开控制电路。

2．工作原理及功能

速度继电器主要是由转子、定子及触点三部分组成。

图 1.35 速度继电器

速度继电器的工作原理：速度继电器由电动机带动时，它的永久磁铁的磁通切割外环的鼠笼式绕组，产生感应电势与电流。此电流与永久磁铁的磁通相互作用产生作用于鼠笼式绕组的力而使外环转动。与外环固定在一起的支架上的顶块使动合触头闭合，动断触头断开。当电动机旋转方向改变时，继电器的转子与定子的转向也改变，这时定子就可以触动另外一组触点，使之分断与闭合。当电动机停止时，继电器的触点即恢复原来的静止状态。

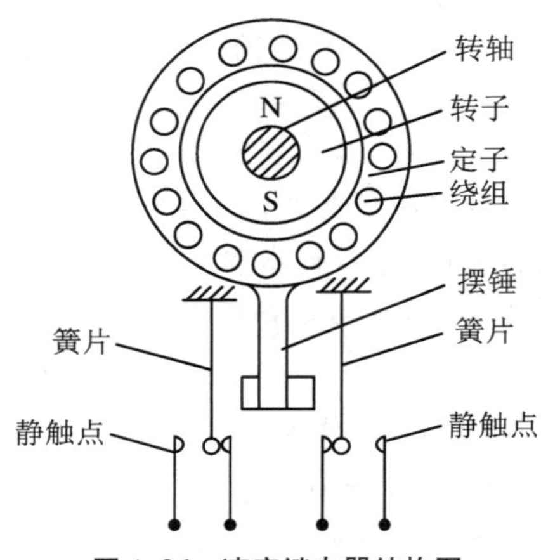

图 1.36 速度继电器结构图

速度继电器的主要功能：速度继电器的作用是依靠速度的大小为信号与接触器配合，实现对电动机的反接制动。由于继电器工作是与电动机同轴的，所以不论电动机正转或反转，电器的两个常开触点就有一个闭合，实行电动机的制动。一旦开始制动，由控制系统的联锁触点和速度继电器的备用闭合触点，就形成一个电动机相序反接（俗称倒相）电路，使电动机在反接制动下停车。而当电动机的转速接近零时，速度继电器的制动常开触点分断，从而切断电源，使电动机制动状态结束。

1.4.3 电磁阀的功能特点

1. 定义

电磁阀是用电磁控制的工业设备，是一种依靠电磁力自动开关的截止阀，属于执行元件，可用于工业控制系统中调控介质方向、流量、速度以及其他一些参数的物品，因此被广泛应用在生产的各个领域中。

(a) 真空电磁阀

(b) 中央空调电磁阀

(c) 燃气电磁阀

图1.37　电磁阀

2. 功能介绍

（1）真空电磁阀：在管道系统中，能够利用电磁原理，实现对管道进行真空处理。同时实现电磁控制，能够对管道系统的整个工作状态产生较大的影响。

（2）中央空调电磁阀：调节中央空调制冷制热的一个关键部件。电磁阀由电磁线圈和磁芯组成，当中央空调启动时，电磁线圈随之产生电磁力促使阀门打开，制冷剂开始流动；在达到设定温度后，电磁阀线圈随之断电，电磁力消失，关闭制冷剂循环，从而起到调节温度的作用。

（3）燃气电磁阀：燃气管道的安全紧急切断装置。它可与燃气泄漏报警系统连接或与消防及其他智能报警控制终端模块等连接，实现现场或远程自动/手动紧急切断气源，确保用气安全。

1.5　实训：安装和操作Y-△形降压启动控制电路

1. 实训目的

（1）学会三相交流异步电动机Y-△形降压启动控制电路的接线和操作方法。

（2）理解三相交流异步电动机Y-△形降压启动控制电路的基本工作原理。

（3）了解时间继电器的作用。

2. 实训工具

低压断路器、熔断器、按钮、热继电器、接触器、时间继电器、电动机、电工通用工具、导线若干等。

3. 实训内容

根据Y-△形降压启动控制电路工作原理连接电路，要求：

（1）按下启动按钮SB1，电动机启动Y形降压运行，时间继电器延时结束，电动机启动

△形全压运行。

(2) 按下停止按钮SB2,电动机停止运行。

实训步骤如下:

(1) 检查元件的好坏,如果不符合要求应予以更换。

(2) 按图1.36进行布线。要求布线横平竖直、整齐、分布均匀、紧贴安装面、走线合理;严禁损伤线芯和导线绝缘;接点牢固,不得松动,不得压绝缘层,不得露铜过长。

(3) 根据电路原理图检查接线的正确性。

(4) 自检后交实习指导教师检查,检查合格后通电运行。

习　题

问答题

(1) 按钮由哪些部分组成?各组成部分的作用是什么?

(2) 行程开关主要由哪些部分组成?各组成部分的作用是什么?

(3) 简述三相鼠笼式异步电动机的主要结构。

(4) 简述三相交流异步电动机的工作原理。

(5) 什么是转差率?在电动机通电启动过程中,转差率如何变化?

(6) 交流接触器由哪些部分组成?简述其工作原理。

(7) 时间继电器根据工作原理可以分为哪些类型?各有什么特点?

(8) 电气控制电路中,熔断器和热继电器各起什么作用?能否互相替换?

(9) 速度继电器主要由哪几部分组成?简述其工作原理。

(10) 什么是行程开关,它与按钮有何区别?

(11) 常用熔断器有哪些种类?简述熔断器在电路中的作用。

(12) 如何选用热继电器?简述热继电器的工作原理。

(13) 电气控制电路的主电路和控制电路各有什么特点?

(14) 什么叫联锁控制?正反转控制电路中,为什么必须要用联锁控制?

(15) 简述低压断路器的主要功能。

(16) 三相交流异步电动机为什么启动电流大?

(17) 电气控制电路的主电路和控制电路各有什么特点?

(18) 如何改变三相交流异步电动机的转向?

(19) 简述"自锁"和"互锁"电路的定义。

(20) 画出自锁控制电路图,分析其工作原理。

(21) 画出双重联锁正反转控制电路图,分析其工作原理。

(22) 画出点动自锁混合控制电路图,分析其工作原理。

(23) 利用断电延时型时间继电器设计三相交流异步电动机的Y-△形降压启动控制电路。

第 2 章　S7-1200PLC 的基本知识

2.1　PLC 控制系统的构成与特点

2.1.1　PLC 系统的基本构成

一个最基本的 PLC 控制系统主要由基本单元、编程设备、编程软件及通信网络设备构成。在需要进行系统扩展时，系统组成还包括信号板、扩展模块及人机界面(HMI)等，如图 2.1 所示。

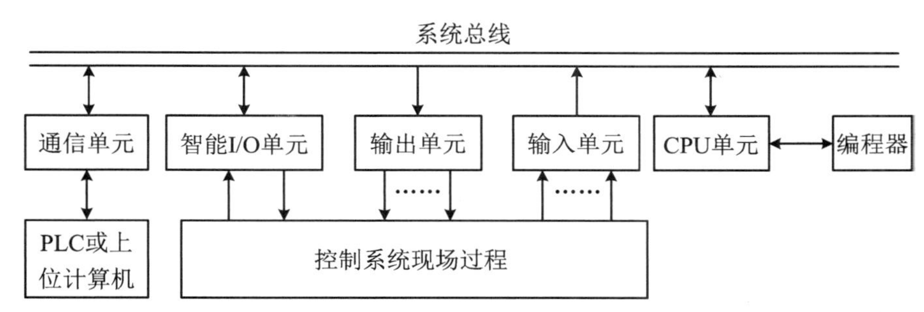

图 2.1　PLC 控制系统的构成

1. 基本单元

基本单元(PLC 的 CPU 模块)也称为主机，为模块化结构，图 2.1 中的微处理器(CPU)、通信单元、输入输出接口单元等硬件都集中在同一模块化装置中。基本单元可以构成一个独立的控制系统。

一个最基础的 CPU 模块如图 2.2 所示，可以作为 PLC 硬件的一部分安装于 DIN 导轨中，执行 PLC 计算功能。

CPU 模块相当于 PLC 的大脑，能根据用户程序逻辑监视输入并更改输出，用户程序包含布尔逻辑、计数、定时、复杂数学运算以及与其他智能设备的通信。

2. 编程设备(个人计算机)

目前广泛采用配置了相应 PLC 生产厂商提供的专用编程软件的个人计算机作为编程设备，仅需将个人计算机与 PLC 其他硬件模块通过软件或硬件的方式连接，即可将控制程序输入至计算模块。

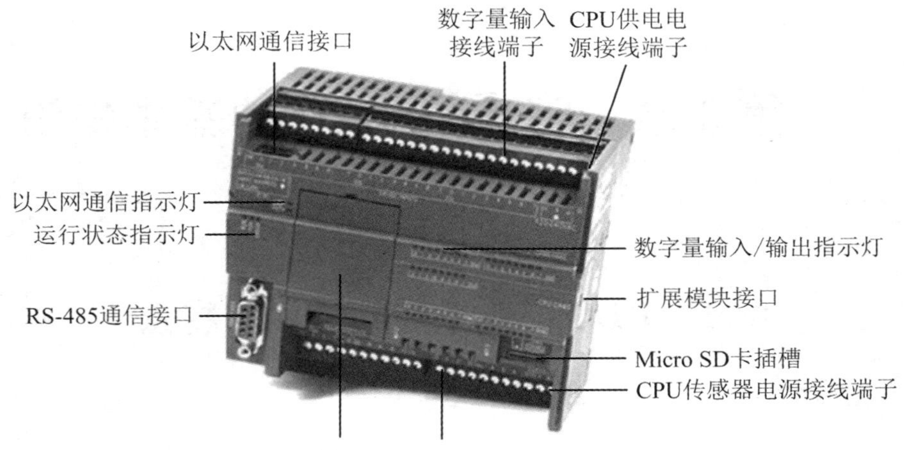

图 2.2　基础 CPU 模块示意图

不同系列的 PLC 一般有不同种类的对应编程软件。如 S7-200 SMARTPLC 使用的编程软件为 STEP 7-Micro/WINSMART，而 S7-1200 PLC 的编程软件则是 TIA 博途中的 STEP 7 Basic（基本版）或 STEP 7 Professional（专业版）。上述西门子软件系统皆可在 Windows 平台上运行，支持语句表、梯形图、函数块图这三种编程语言。

3. 通信网络设备

依靠先进的工业通信网络技术可以迅速有效地收集、传送生产和管理数据。因此，通信网络在自动化系统集成工程中的重要性越来越显著，甚至有人提出“网络就是控制器”的观点。

本教材所介绍的 PLC 设备具有通信联网的功能，它使 PLC 与 PLC 之间、PLC 与上位计算机以及其他智能设备之间能够交换信息，形成一个统一的整体，实现分散集中控制。而实现这一功能的硬件设备就是通信网络模块。

4. 人机界面 HMI

人机界面（Human Machine Interface，HMI）是操作人员与控制系统之间进行对话和相互作用的专用设备。HMI 可以在恶劣的工业环境中长时间连续运行，是 PLC 的最佳搭档。HMI 用字符、图形和动画动态地显示了现场数据和状态，操作员可以通过 HMI 来控制现场的被控对象和修改工艺参数。

此外，HMI 还具有报警、用户管理、数据记录、趋势图、配方管理、显示和打印报表、通信等功能。

HMI 主要可分为文本显示屏和触摸屏两种。目前主流的，也是未来发展方向的设备是触摸屏，如 S7-200 SMART 支持的 Smart700 IE 触摸屏和 Smart10000 IE 触摸屏，还有 S7-1200 配套的第二代精简系列面板（64K 色高分辨率宽屏显示器，尺寸分为 4.3 in、7 in、9 in 和12 in，支持垂直安装，使用 TIA 博途中的 WinCC 组态）。

2.1.2　PLC控制系统的特点

PLC技术之所以能高速发展，除了工业自动化的客观需要之外，主要是因为它具有许多独特的优点，较好地解决了工业领域中普遍关心的可靠、安全、灵活、方便、经济等问题。PLC主要有以下特点：

1. 可靠性高、抗干扰能力强

可靠性高、抗干扰能力强是PLC的重要特点之一。PLC的平均无故障时间可达几十万小时，之所以有这么高的可靠性，是由于它采用了一系列的硬件和软件的抗干扰措施。

（1）硬件方面。PLC采用了微电子技术，大量的开关动作是由无触点的半导体电路来完成的，在结构上充分考虑了工业生产环境的温度、湿度、粉尘、振动等方面的影响。此外，在硬件上也采用了隔离、滤波、屏蔽、接地等抗干扰措施，例如，PLC所有的I/O接口电路均采用光电隔离；CPU等重要部件采用良好的导电、导磁材料进行屏蔽；针对必要模块设置联锁保护、自诊断电路等。

（2）软件方面。PLC采用扫描工作方式，减少了由于外界环境干扰引起的故障；设置故障检测和自诊断程序；设置故障时信息封存措施，禁止任何不稳定的读/写操作。

同时，大型的PLC系统，还可以采用由双CPU构成冗余系统或由三CPU构成表决系统，使系统的可靠性进一步提高。

2. 控制系统结构简单、通用性强

为了适应各种工业控制的需要，除单元式的小型PLC以外，绝大多数PLC均采用模块化结构。PLC的各个部件，包括CPU、电源、I/O等均采用模块化设计，由机架及电缆将各模块连接起来，系统的规模和功能可根据用户的需要自行组合。在硬件设计方面，用户只需确定PLC的硬件配置和I/O通道的外部接线。在PLC构成的控制系统中，也只需在PLC的端子上接入相应的输入、输出信号即可，不需要诸如继电器之类的物理电子器件和大量繁杂的硬件接线线路。

3. 丰富的I/O接口模块

PLC针对不同的工业现场信号，如交流或直流、开关量或模拟量、电压或电流、脉冲或电位、强电或弱电等，都能选择相应的I/O模块与之匹配。对于工业现场的元器件或设备，如按钮、行程开关、接近开关、传感器及变送器、电磁线圈、控制阀等，都能选择相应的I/O模块与之相连接。

另外，为了提高操作性能，PLC还有多种人-机对话的接口模块；为了组成工业局部网络，它还有多种通信联网的接口模块。

4. 编程简单、使用方便

目前，大多数PLC采用的编程语言是梯形图语言，它是一种面向生产、面向用户的编程语言。梯形图与电气控制电路图相似，形象、直观，很容易被广大工程技术人员掌握。当生产流程需要改变时，可以现场改变程序，使用方便、灵活。同时，PLC编程软件的操作和

使用也很简单，这也是 PLC 获得普及和推广的主要原因之一。许多 PLC 还针对具体问题，设计了各种专用编程指令及编程方法，进一步简化了编程。

5. 设计安装简单、维修方便

由于 PLC 用软件代替了传统电气控制系统的硬件，使得控制柜的设计、安装接线等工作量大为减少。PLC 的用户程序大部分可在实验室进行模拟调试，缩短了应用设计和调试周期。在维修方面，PLC 的故障率极低，维修工作量很小；而且 PLC 具有很强的自诊断功能，如果出现故障，可根据 PLC 上的指示或编程器上提供的故障信息迅速查明原因，维修方便。

6. 体积小、重量轻、能耗低

PLC 采用半导体集成电路，结构紧凑、体积小，易于装入机械设备内部，而且能耗低。复杂的控制系统使用 PLC 后，可以大量减少中间继电器和时间继电器的数量，而小型 PLC 的体积仅相当于几个继电器的大小。因此 PLC 是实现机电一体化的理想控制设备。

7. 功能完善、适应面广、性价比高

PLC 有丰富的指令系统、I/O 接口、通信接口和可靠的自身监控系统，不仅能完成逻辑运算、计数、定时和算术运算，配合特殊功能模块还可实现定位控制、过程控制和数字控制等。PLC 既可以控制一台单机、一条生产线，也可以控制多个机群、多条生产线；可以现场控制，也可以远距离控制。在大系统控制中，PLC 可以作为下位机与上位机或同级的 PLC 进行通信，完成数据处理和信息交换，实现对整个生产过程的信息控制和管理。与相同功能的继电器-接触器控制系统相比，PLC 具有很高的性价比。

总之，PLC 是专为工业环境应用而设计制造的控制器，具有丰富的输入、输出接口，并且具有较强的驱动能力。

2.2　PLC 的产生与定义

2.2.1　PLC 的产生

在 PLC 问世之前，工业控制领域中继电器控制占主导地位。继电器控制系统有着十分明显的缺点，体积大、耗电多、可靠性差、寿命短、运行速度慢、适应性差，尤其当生产工艺发生变化时，就必须重新设计、重新安装继电器控制系统，造成时间和资金的严重浪费。1968 年，美国最大的汽车制造商通用汽车公司(GM)，为了适应汽车型号不断更新的需求，以在激烈的汽车工业竞争中占有优势，提出要研制一种新型的工业控制装置以取代继电器控制装置，并提出了著名的十项招标指标，即著名的“GM 十条”：

(1) 编程简单，可在现场修改程序。

(2) 系统的维护方便，采用插件式结构。

（3）体积小于继电器控制装置。

（4）可靠性高于继电器控制系统。

（5）成本较低，在市场上可以与继电器控制系统竞争。

（6）可将数据直接送入计算机。

（7）输出采用交流，可以直接驱动电磁阀、交流接触器等。

（8）可直接用交流电压输入。

（9）通用性强，扩展方便。

（10）程序可以存储，存储器容量可以扩展。

如果说电子技术和电气控制技术是PLC出现的物质基础，那么"GM十条"就是PLC出现的技术要求基础，也是当今PLC最基本的功能。

1969年，美国数字设备公司（DEC）根据美国通用汽车公司的这种要求，研制成功了世界上第一台PLC，并在通用汽车公司的自动装配线上试用，取得了很好的效果。PLC具有体积小、灵活性强、可靠性高、使用寿命长、操作简单以及维护方便等优点，在美国各行业得到迅速推广。从此这项技术迅速发展起来。

这项新技术的成功使用，在工业领域产生了巨大影响，发展极为迅速。日本、德国和法国也先后研制出了可编程序控制器。我国于1977年研制成功了以MC14500微处理器为核心的可编程序控制器。

20世纪80年代，大规模和超大规模集成电路等微电子技术和计算机技术的迅速发展，使得可编程序控制器逐步形成了具有特色的多种系列产品。系统中不仅使用了大量的开关量，也使用了模拟量，其功能已经远远超出逻辑控制、顺序控制的应用范围。

2.2.2　PLC的定义

从硬件上来说，PLC是一种数字运算操作的电子系统，它带有指令存储器、数字或模拟I/O接口，通过事先存储的程序来确定控制功能，属于工控类计算机，专为工业环境下的应用而设计。

从功能上来说，PLC是一种以位运算为主，用于执行逻辑运算、顺序控制、定时、计数和算术操作等面向用户的指令，并通过数字式和模拟式的输入和输出，控制各种类型的机械或生产过程的自动控制装置。

同时，值得注意的是，由于PLC直接应用于工业环境，因此我们对其通信和可扩展功能有明确的要求，即PLC必须具有很强的抗干扰能力、广泛的适应能力和应用范围。这是PLC区别于一般微机控制系统的一个重要特征。

2.3　S7-1200的结构

2.3.1　S7-1200的硬件结构

本教材选用西门子小型模块化PLCS7-1200来讲授PLC。该型号PLC由CUP模块、信号板、信号模块、通信模块和编程软件组成。因各模块都安装在标准 DIN 导轨上，其硬件组成具有系统扩展性好、结构易变、灵活性高等特点。

1. CPU 模块

S7-1200 的 CPU 模块包括微处理器、电源、数字量输入/输出电路、模拟量输入/输出电路、PROFINET 以太网接口、高速运动控制 I/O 等部分，实物如图 2.3 所示。

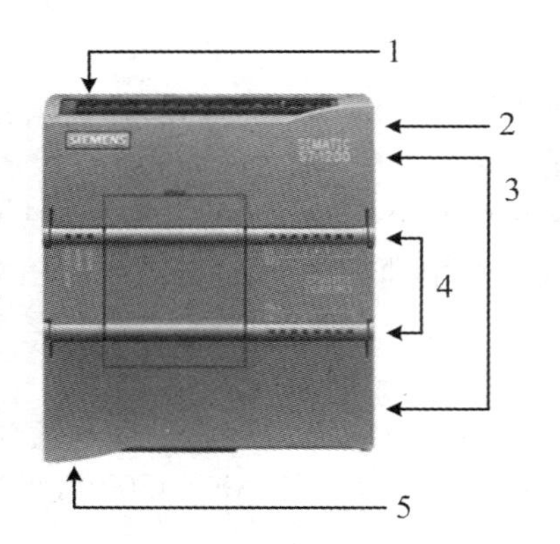

1. 电源接口
2. 存储卡插槽（上部保护盖下面）
3. 可拆卸用户接线连接器（上部保护盖下面）
4. 板载I/O的状态LED
5. PROFINET连接器（CPU的底部）

图 2.3　S7-1200 PLC 的 CPU 模块

其中，CPU 模块里最为关键的硬件是微处理器，它负责 CPU 的核心运算工作，通过接收外部输入信号，稳定进行逻辑运算，执行用户程序，从而刷新系统的输出。

2. 信号板与信号模块

PLC 的工作运行需要外部输入信号作为计算支撑。如 CPU 的逻辑运算需要外部操作指令、现场设备信息等信号。同时，CPU 经由逻辑运算所得的结果也需要以信号的形式传递至外部设备，如接触器、电磁铁、变频器等执行机构，从而完成控制功能。因此，在 PLC 中，信号的传递工作非常重要。CPU 模块本身就具备输入/输出接口，但由于硬件性能、成本等方面的限制，原生接口往往不能满足实际工业生产的需求，为此，我们通过在 PLC 系统中外接信号板或信号模块的方式，扩展可供使用的输入/输出接口数量。

（1）信号板。CPU 模块内可以安装一块信号板作为额外的信号拓展，且不会影响 CPU 的外形和体积。通过信号板可以给 CPU 增加输入/输出接口，该接口类型可以是数字量也可以是模拟量。

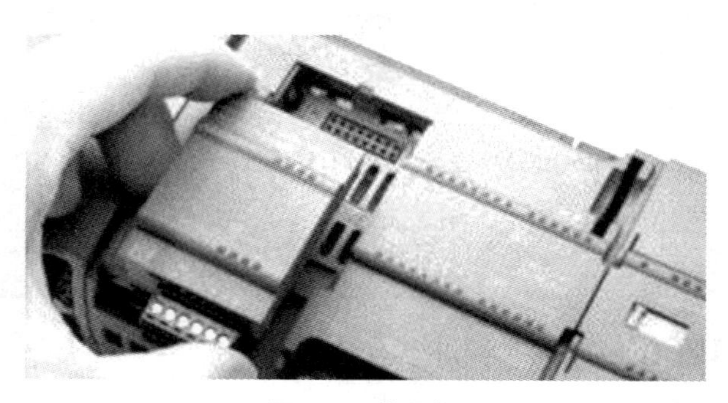

图 2.4　信号板

(2) 信号模块。PLC中信号的使用分为输入与输出,每种接口都有其独立的模块,即可分为输入模块与输出模块,它们合称为I/O模块。具体又可分为数字量输入模块(DI)、数字量输出模块(DQ)、模拟量输入模块(AI)、模拟量输出模块(AQ)。这些细分模块都统称为信号模块(简称SM)。

CPU最多可扩展8个信号模块,从而增加数字量和模拟量的输入、输出点。

其中,输入模块实现接收和采集输入信号功能,输出模块实现控制输出设备和执行器功能。

此外,由于CPU模块内部工作电压与PLC外部输入/输出信号电压的相差过大,外引电压可能会导致PLC内部元器件损坏或工作异常,所以我们在信号模块中,会通过光电耦合器、继电器、光控晶闸管等器件来进行电平转换与隔离,这也是信号模块的另一功能。

3. 通信模块

通信模块用于实现PLC通信联网的功能,它可以使PLC与PLC之间、PLC与上位计算机以及其他智能设备之间进行信息交换,从而实现分散集中控制,如实现远程监控、远程维护、远程报警、故障警报、数据通信等功能,进一步增强了PLC的功能性,增大了PLC的使用领域。

S7-1200 PLC最多可扩展3个通信模块,可使用的模块包括点到点通信模块、PROFIBUS主站模块和从站模块、工业远程通信模块、AS-i接口模块和IO-Link模块。

通信模块安装在CPU模块左侧的导轨架上。

4. 精简系列面板

S7-1200 PLC配套的HMI为第二代精简面板,使用TIA博途中的WinCC组态。其具体参数为:64K色高分辨率宽屏显示器;尺寸可选4.3 in、7 in、9 in和12 in;支持垂直安装;一个RS-422/RS-485接口或一个RJ45以太网接口,一个USB 2.0接口。

5. 编程软件

TIA是全集成自动化(Totally Integrated Automation)的简称,TIA博途是西门子最新的全集成自动化工程设计软件平台。S7-1200用TIA博途中的STEP 7 Basic或STEP 7 Professional编程。

2.3.2　CPU模块

1. CPU硬件概述

(1) S7-1200可以使用梯形图(LAD)、函数块图(FDB)和结构化控制语言(SCL)这三种语言来进行编程。

(2) CPU集成了最大150 KB的工作存储器、最大4 MB的装载存储器和10 KB的保持性存储器。各型号CPU都支持使用SIMATIC存储卡扩展存储器的容量和更新PLC

固件。

(3) 过程映像输入存储器、过程映像输出存储器的容量都为 1024 B。

(4) 集成的数字量输入电路的输入类型为漏型/源型，电压额定值为 DC 24 V，输入电流为 4 mA。

其中，继电器输出的电压范围为 DC 5～30 V 或 AC 5～250 V，最大电流为 2 A。脉冲输出最多 4 路，CPU 1217 支持最高 1 MHz 的脉冲输出，其他 DC/DC/DC 型的 CPU 本机可输出最高 100 kHz 的脉冲，通过信号板可输出 200 kHz 的脉冲。

(5) CPU 都有两点集成的模拟量输入（0～10 V），10 位分辨率，输入电阻大于等于 100 kΩ。

(6) 集成的 DC 24 V 电源可供传感器、编码器和输入回路使用。

(7) CPU 1215C 和 CPU 1217C 有两个带隔离的 PROFINET 以太网端口，其他 CPU 只有一个，传输速率为 10/100 Mbit/s。

(8) 实时时钟的保存时间通常为 20 天，40 ℃时最少为 12 天。

2. CPU 型号比较

目前 S7-1200 有 5 种型号的 CPU（见表 2.1），此外还有故障安全型 CPU，CPU 模块的具体结构如图 2.5 所示。

表 2.1　S7-1200 CPU 型号的比较

特　征		CPU 1211C	CPU 1212C	CPU 1214C	CPU 1215C	CPU 1217C
物理尺寸(mm)		90×100×75		110×100×75	130×100×75	150×100×75
用户存储器	工作	50 KB	75 KB	100 KB	125 KB	150 KB
	负载	1 MB		4 MB		
	保持性	10 KM				
本地板载输入/输出	数字量	6 入/4 出	8 入/6 出	14 入/10 出		
	模拟量	2 路输入			2 点输入/2 点输出	
过程映像大小	输入(I)	1024 个字节				
	输出(Q)	1024 个字节				
位存储器(M)		4096 个字节		8192 个字节		
信号模块(SM)扩展		无	2	8		
信号板(SB)、电池板(BB)或通信板(CB)		1				
通信模块(CM)(左侧扩展)		3				

续表

特　征		CPU 1211C	CPU 1212C	CPU 1214C	CPU 1215C	CPU 1217C
高速计数器	总计	最多可组态 6 个使用任意内置或 SB 输入的高速计数器				
	1MHZ	–				Ib.2 到 Ib.5
	100/80 kHz	Ia.0 到 Ia.5				
	30/20 kHz	–	Ia.6 到 Ia.7	Ia.6 到 Ib.5		Ia.6 到 Ib.1
	200 kHz					
脉冲输出	总计	最多可组态 4 个使用任意内置成 SB 输出的冲输出				
	1MHZ	–				Qa.0 到 Qa.3
	100 kHz	Qa.0 到 Qa.3				Qa.4 到 Qb.1
	20 kHz	–	Qa.4 到 Qa.5	Qa.4 到 Qb.		–
存储卡		SIMATIC 存储卡(选件)				
实时时钟保持时间		通常为 20 天,40 ℃时最少为 12 天(免维护超级电容)				
PROFINET 以太网通信端口		1			2	
实数数学运算执行速度		2.3 μs/指令				
布尔运算执行速度		0.08 μs/指令				

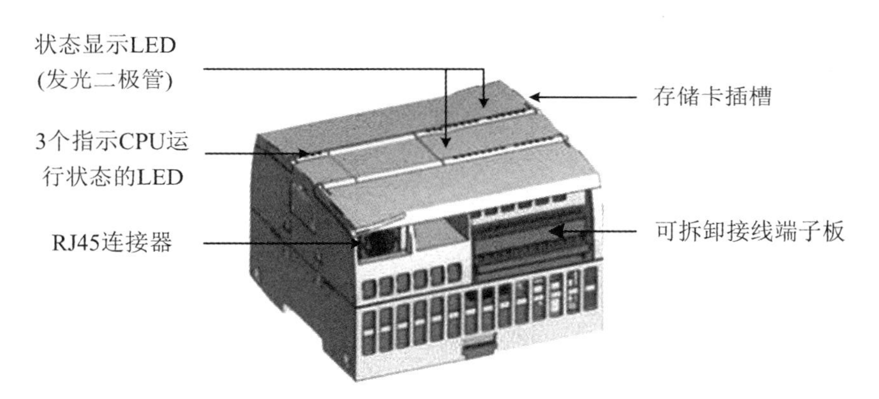

图 2.5　CPU 模块示意图

3. CPU 的外部接线

除了上一小节介绍的 CPU 的不同型号外,每种型号的 CPU 又都可以细分为三种规格:DC/DC/DC、DC/DC/RLY 和 AC/DC/RLY,规格标识印刷在 CPU 模块的外壳上。其含义如图 2.6 所示。

以 DC/DC/DC 型 CPU 为例,其含义为 CPU 模块供电电源为直流电,输入电源类型为直流电,输出形式为晶体管输出。

正因为供电电源、输入电源、输出形式都各不相同,不同规格的 CPU 外部接线也各不相同。

以 1214C AC/DC/RLY(继电器)型 CPU 为例,其外部接线如图 2.7 所示。输入回路

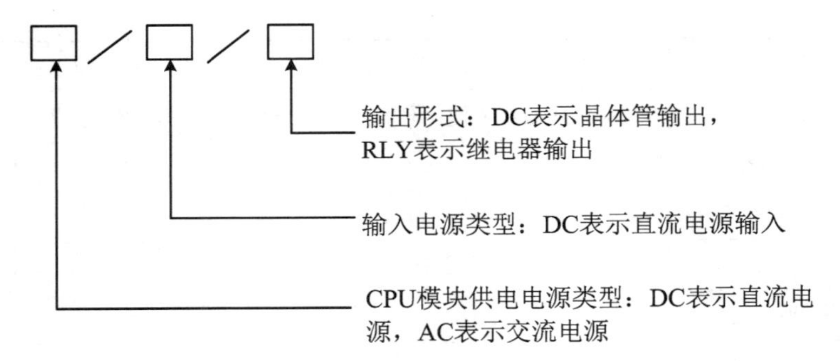

图 2.6　细分规格的含义

一般使用 CPU 内置的 DC 24 V 传感器电源，将输入回路的 1M 端子连接至传感器电源的 M 端子，将内置的 DC 24 V 电压的 L＋端子接到外接触点的公共端。源型输入时将 DC 24 V 传感器电源的 L＋端子连接到 1M 端子。

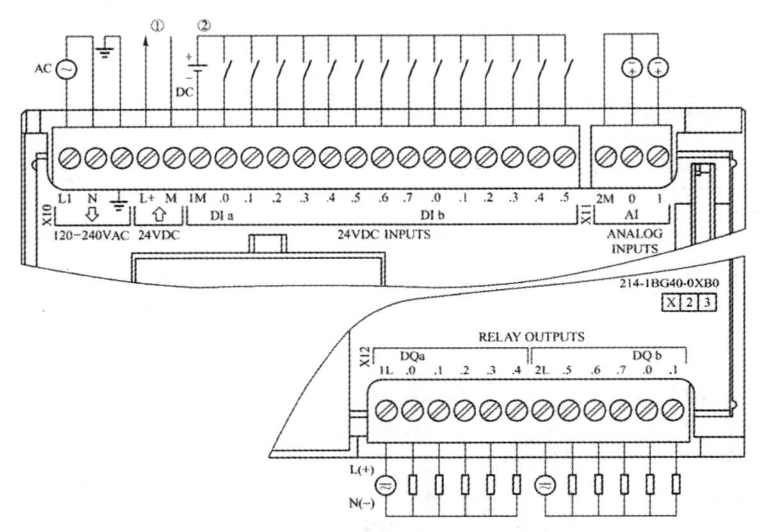

图 2.7　CPU 1214C AC/DC /RLY 的外部接线图

如图 2.7 所示，CPU 1214C AC/DC/RLY 的电源为 AC，即交流电，CPU 1214C DC/DC/RLY 的接线图与它的区别就在于电源电压为符合 DC 供电方式的 DC 24 V。

同理，CPU 1214C DC/DC/DC 的电源、输入回路电压和输出回路电压均为 DC 24 V。输入回路也可以使用内置的 DC 24 V 电源，如图 2.8 所示。

4. CPU 集成的工艺功能

S7-1200 集成的工艺包括高速计数与频率测量、高速脉冲输出、PWM 控制、运动控制和 PID 控制。

(1) 高速计数器。CPU 1217C 有 4 个最高频率为 1 MHz 的高速计数器。其他 CPU 可组态 6 个最高频率为 100 kHz(单相)/80 kHz(互差 90°的正交相位)或最高频率为 30 kHz(单相)/20 kHz(正交相位)的高速计数器。如果使用信号板，信号板的最高计数频率为 200 kHz(单相)/160 kHz(正交相位)。

(2) 高速脉冲输出。CPU 1217C 支持最高 1 MHz 的脉冲输出，其他 DC 输出的 CPU

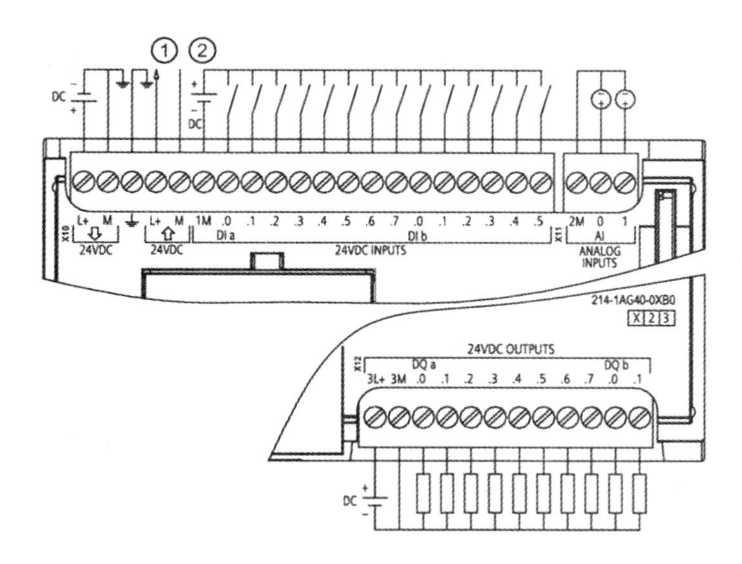

图 2.8　CPU 1214C DC/DC/DC 型的外部接线图

本机最高 100 kHz，信号板 200 kHz。

(3) 运动控制。S7-1200 CPU 的高速输出可以用于步进电机或伺服电机的速度和位置控制。如利用输出脉冲信号，通过轴工艺对象和 PLC open 运动控制指令，控制步进电动机速度、阀位置或加热元件的占空比。

(4) 用于闭环控制的 PID 功能。PID 功能用于对闭环过程进行控制，最多建议控制 16 个回路。STEP7 中的 PID 调试窗口支持 PID 参数自整定功能。

2.3.3　信号板与信号模块

对于信号板，如上文所述，S7-1200 PLC 配备的各型号 CPU 都可以扩展至多 1 块信号板，所有信号板都直接装设在 CPU 正面。

信号模块可以连接到 CPU 的右侧，以扩展其数字量或模拟量 I/O 的点数。CPU 1211C 不能扩展信号模块，CPU 1212C 只能连接两个信号模块，其他 CPU 可以连接 8 个信号模块。

对于通信模块，所有的 S7-1200 CPU 都可以在 CPU 的左侧安装最多 3 个通信模块。

1. 信号板

S7-1200 PLC 配备的各型号 CPU 正面都有一块矩形凹槽，可以扩展至多 1 块信号板，所有信号板都直接装设在 CPU 正面凹槽中，这种安装方式使得信号板的扩展不会增加 PLC 系统的体积。我们通过安装不同型号的信号板，为 PLC 增加不同的功能。如安装数字量输出信号板用以实现高速输出功能。

更换、安装信号板的具体操作为先取下端子盖板，然后将信号板直接插入 S7-1200 CPU 正面的槽内。信号板有可拆卸的端子，因此可以很容易地更换信号板。

目前，S7-1200 PLC 可以选配的有模拟量输入板、模拟量输出板、数字量输入板、数字量输出板、数字量输入/输出板和通信板。

(1) 数字量输入板(SB1221)。数字量输入板安装在CPU模块面板的上方,节省了安装空间,目前只能采用NPN输入接线,其电源可以是24 V DC或者5 V DC。HSC时钟输入最大频率,单相时为200 kHz,正交相位时为160 kHz。

(2) 数字量输出板(SB1222)。数字量输出板目前只能采用PNP输出方式,其电源可以是24 V DC或者5 V DC。脉冲串输出频率为最大200 kHz,最小2 Hz。

(3) 数字量输入/输出板(SB1223)。数字量输入/输出板(SB1223)是2个数字量输入点和2个数字量输出点,输入点只能是NPN输入,输出点是PNP输出,其电源可以是24 V DC或者5 V DC。

(4) 模拟量输入板(SB1231)。模拟量输入板(SB1231)的量程范围为-10～10 V、-5～5 V、-2.5～2.5 V和0～20 mA。

(5) 模拟量输出板(SB1232)。模拟量输出板(SB1232)只有一个输出点,由CPU供电,不需要外接电源。输出电流范围是0～20 mA,对应量程为0～27648,电压范围是-10～10 V,对应量程为-27648～27648。

(6) 通信板(CB1241)。通信板(CB1241)可以作为RS-485模块使用,它集成的协议有自由端口、ASCII、Modbus RTU和USS。自由口通信一般用于与第三方设备通信,USS通信则是西门子PLC与西门子变频器专用的通信协议。

(7) 电池板(BB1297)。电池板主要用于供电,以实现实时时钟的长期备份。

2. 数字量I/O模块

S7-1200 PLC的数字量扩展模块比较丰富,包括数字量输入模块(SM1221)、数字量输出模块(SM1222)、数字量输入/直流输出模块(SM1223)和数字量输入/交流输出模块(SM1223)。

我们通过信号模块输入、输出端子数来区分具体的模块型号,按总点位数可将其分为8点、16点和32点,具体型号见表2.2。通过自行选用具有不同数量输入、输出端子的信号模块,我们可以满足不同的控制需求。

其中,8继电器切换输出的DQ模块的每一点,可以通过有公共端子的一个常闭触点和一个常开触点,在输出值为0和1时,分别控制2个负载。

表2.2 数字量输入/输出模块

型　号	型　号
SM 1221,8输入DC 24 V	SM 1222,8继电器输出(双态),2 A
SM 1221,16输入DC 24 V	SM 1223,8输入DC 24 V/8继电器输出,2 A
SM 1222,8继电器输出,2 A	SM 1223,16输入DC 24 V/16继电器输出,2 A
SM 1222,16继电器输出,2 A	SM 1223,8输入DC 24 V/8输出DC 24 V,0.5 A
SM 1222,8输出DC 24 V,0.5 A	SM 1223,16输入DC 24 V/16输出DC 24 V,0.5 A
SM 1222,16输出DC 24 V,0.5 A	SM 1223,8输入AC 230 V/8继电器输出,2 A

3. 模拟量I/O模块

数字量是PLC使用过程中常用的信号，但是，它只能表示0/1、是/否、开/关之类的间断信号。因此在实际工业生产中，大量存在、使用频繁的某些连续输入量（例如压力、温度、流量、转速等），无法通过数字量来表达，这就需要使用模拟量。

另一方面，PLC的CPU只能处理数字量。因此，应用于PLC控制时，模拟量需要首先经过传感器和变送器转换成标准量程的电流或电压，如4～20 mA的直流电流信号，1～5 V的直流电压信号等。该信号经过滤波、放大后，PLC再使用模拟量输入模块的A-D转换器将它们转换成数字量，经由光耦合器进入PLC内部电路。带正负号的电流或电压在A-D转换后用二进制补码来表示。模拟量输出模块的D-A转换器将PLC中的数字量转换为模拟量电压或电流，再去控制执行机构。

模拟量I/O模块的主要任务就是实现A-D转换（模拟量输入）和D-A转换（模拟量输出）。

A-D转换器和D-A转换器的二进制位数反映了它们的分辨率，位数越多，分辨率越高。模拟量输入/模拟量输出模块的另一个重要的指标是转换时间。

模拟量I/O模块也具有多种类型，可分为SM 1231模拟量输入模块、SM 1232模拟量输出模块和SM 1234 4路模拟量输入/2路模拟量输出模块。具体各模块设备参数如表2.3～2.5所示。

表2.3 SM 1231技术数据

技术数据	SM 1231 AI 4×13位	SM 1231 AI 8×13位	SM 1231 AI 4×16位
产品编号(MLFB)	6ES7 231－4HD32－0×B0	6ES7 231－4HF32－0×B0	6ES7 231－5ND32－0×B0
输入点数	4点输入(AI)	8点输入(AI)	4路输入
类型	电压或电流（差动），可选择，2个为一组	电压或电流（差动），可选择，2个为一组	电压或电流（差动）
尺寸W×H×D(mm)	45×100×75	45×100×75	45×100×75
重量	180 g	180 g	180 g
功耗	1.5 W	1.5 W	1.8 W
电流消耗(SM总线)	80 mA	90 mA	80 mA
电流消耗(DC 24 V)	45 mA	45 mA	65 mA

表2.4 SM 1232技术数据

技术数据	SM 1232 AQ 2×14位	SM 1232 AQ 4×14位
产品编号(MLFB)	6ES7 232－4HB32－0×B0	6ES7 232－4HD32－0×B0
输出点数和类型	2点输出(AQ)	4点输出(AQ)

续表

技术数据	SM 1232 AQ 2×14 位	SM 1232 AQ 4×14 位
尺寸 W×H×D(mm)	45×100×75	45×100×75
重量	180 g	180 g
功耗	1.5 W	1.5 W
电流消耗(SM 总线)	80 mA	80 mA
电流消耗(DC 24 V)	45 mA(无负载)	45 mA(无负载)

表 2.5 SM 1234 技术数据

技术数据	SM 1234 AI 4×13 位/AQ 2×14 位
产品编号(MLFB)	6ES7 234-4HE32-0×B0
输入点数 类型	4 点输入(AI) 电压或电流(差动),可选择,2 个为一组
输出点数 类型	2 点输出(AQ) 电压或电流(差动)
尺寸 W×H×D(mm)	45×100×75
重量	220 g
功耗	2.0 W
电流消耗(SM 总线)	80 mA
电流消耗(DC 24 V)	60 mA(无负载)

2.3.4 通信接口与通信模块

S7-1200 可通过集成的通信接口和增设的通信模块实现联网通信功能,具体硬件设备有以下 5 种:

1. 集成的 PROFINET 接口

PROFINET 是一种基于工业以太网的现场总线(IEC 61158 现场总线标准的类型 10)的开放式的工业以太网标准,可以将工业以太网的应用扩展到控制网络最底层的现场设备。

S7-1200 CPU 集成的 PROFINET 接口可以与计算机、其他 S7 系列 CPU、PROFINETI/O 设备(例如 ET 200 分布式 I/O 和 SINAMICS 驱动器)通信,如图 2.9 所示。

该接口使用具有自动交叉网线功能的 RJ45 连接器,用直通网线或者交叉网线都可以连接 CPU 和其他以太网设备或交换机,数据传输速率为 10/100 Mbit/s。

2. PROFIBUS 通信与通信模块

S7-1200 最多可以增加 3 个通信模块安装在 CPU 模块的左边。

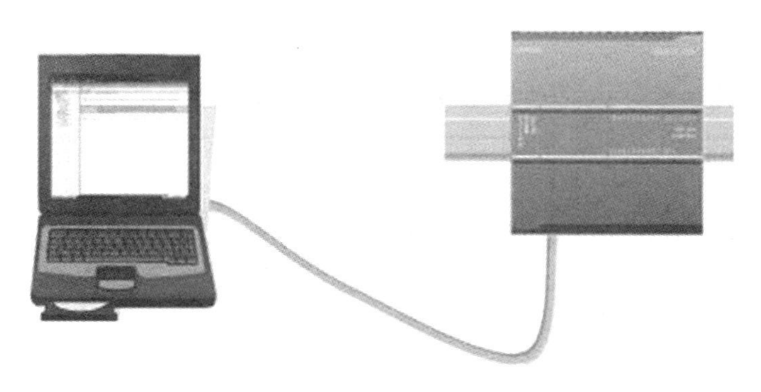

图 2.9　S7-1200 与计算机的通信

PROFIBUS 是国际现场总线标准之一，已被纳入现场总线的国际标准 IEC 61158。

通过使用 PROFIBUS-DP 主站模块 CM 1243-5，S7-1200 可以和其他 CPU、编程设备、人机界面和 PROFIBUS-DP 从站设备（例如 ET 200 和 SINAMICS 驱动设备）通信。CM 1243-5 可以做 S7 通信的客户机或服务器。

通过使用 PROFIBUS-DP 从站模块 CM 1242-5，S7-1200 可以作为智能 DP 从站设备与 PROFIBUS-DP 主站设备通信。

3. 点对点（PtP）通信与通信模块

通过点对点通信，S7-1200 可以直接发送信息到外部设备，例如打印机；从其他设备接收信息，例如条形码阅读器、RFID（射频识别）读写器和视觉系统；与 GPS 装置、无线电调制解调器以及其他类型的设备交换信息。

CM 1241 是点对点串行通信模块，可执行的协议有 ASCII、USS 驱动协议、Modbus RTU 主站协议和从站协议，可以装载其他协议。CM 1241 的 3 种模块分别有 RS-232、RS-485 和 RS-422/485 通信接口。

通过 CM 1241 通信模块或者 CB 1241 RS485 通信板，可以与支持 Modbus RTU 协议和 USS 协议的设备进行通信。S7-1200 可以作为 Modbus 主站或从站。

4. AS-i 通信与通信模块

AS-i 是执行器传感器接口（Actuator Sensor Interface）的缩写，位于工厂自动化网络的最底层。AS-i 已被列入 IEC 62026 标准。AS-i 是单主站主从式网络，支持总线供电，即两根电缆同时作信号线和电源线。

5. 远程控制通信与通信模块

工业远程通信用于将广泛分布的各远程终端单元连接到过程控制系统，以便进行监视和控制。远程服务包括与远程设备和计算机进行数据交换，实现故障诊断、维护、检修和优化等操作。可以使用多种远程控制通信处理器，将 S7-1200 连接到控制中心。使用 CPU 1243-7 LTE 可将 S7-1200 连接到移动无线网络。

2.4 TIA 博途软件

西门子公司的 TIA(Totally Integrated Automation)博途软件是业内首个全集成自动化概念下的自动化软件。TIA 博途软件可以将所有西门子 SIMATIC S7 产品统一集成起来,进行相应的配置、编程和调试。

2.4.1 TIA 博途软件安装

1. TIA 博途软件

TIA 博途是西门子自动化的全新工程设计软件平台,S7-1200 使用 TIA 博途中的 STEP 7 Basic(基本版)或 STEP 7 Professional(专业版)进行编程,使用 WinCC 用于西门子 HMI、工业 PC 和标准 PC 的组态。

TIA 博途中的选件包"STEP 7 Safety Advanced"用于故障安全自动化的组态与编程,支持所有的 S7-1200F/1500F-CPU 和老型号 F-CPU。

SINAMICS Startdrive 用于所有西门子驱动装置的组态、调试和诊断。

2. 安装 STEP7

建议在安装博途软件之前关闭或卸载 360 卫士之类的杀毒软件。安装时,双击文件夹中的"TIA_Portal_STEP_7_Pro_WINCC_Adv_ V15_1.exe"应用程序,开始进行安装。

(1) 点击安装程序,首先出现欢迎对话框,如图 2.10 所示。

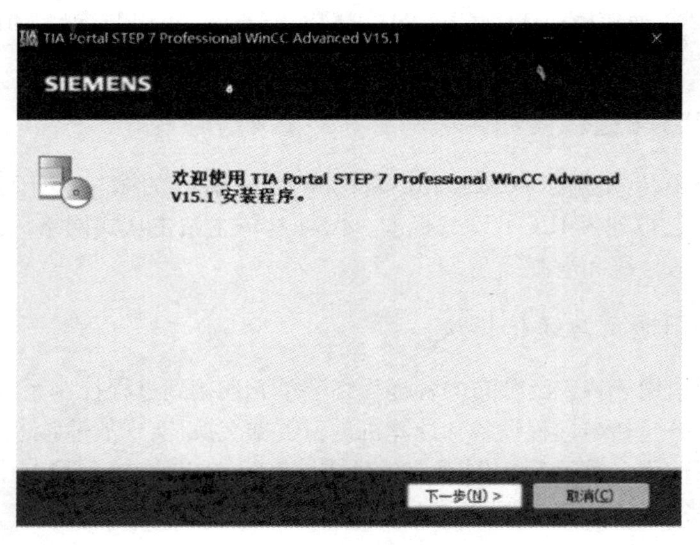

图 2.10 程序安装过程图 1

(2) 单击各对话框的“下一步(N)>”按钮,进入下一个对话框,选择安装语言为默认的简体中文,如图2.11所示。

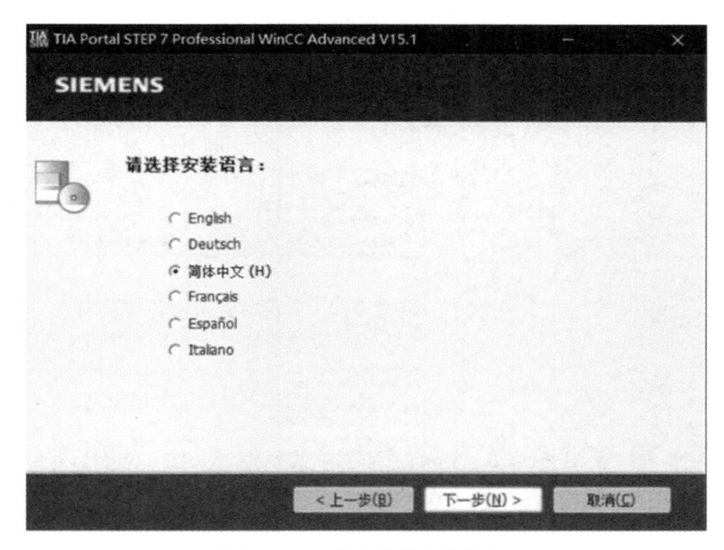

图2.11 程序安装过程图2

(3) 下一对话框将软件包解压至指定的文件夹,可用复选框设置退出时删除提取的文件,如图2.12所示。

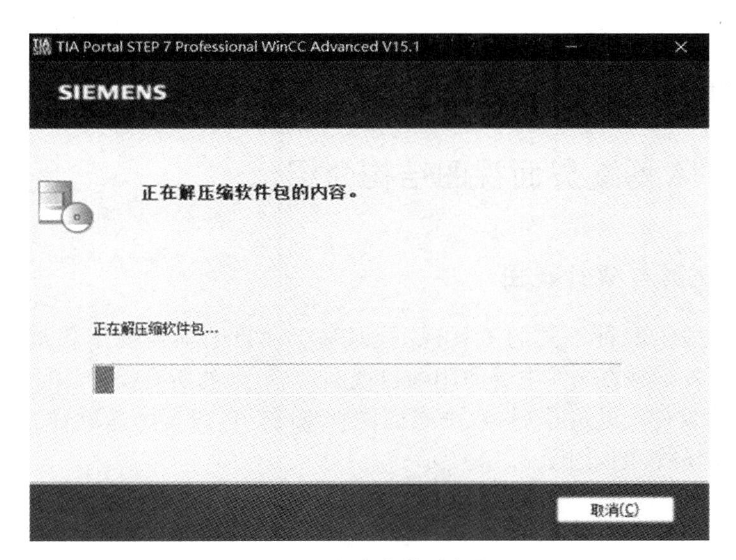

图2.12 程序安装过程图3

(4) 解压结束,开始初始化。在“安装语言”对话框,采用默认安装语言(简体中文)。在“产品语言”对话框,采用默认的英语和中文。在“产品配置”对话框,建议采用默认的“典型”配置和默认的目标文件夹。

(5) 在“许可证条款”对话框,勾选对话框最下面的两个小复选框,接受列出的许可证协议的条款,如图2.13所示。

(6) 在“安全控制”对话框,勾选复选框“我接受此计算机上的安全和权限设置”。

(7) “概览”对话框列出了前面设置的产品配置、产品语言和安装路径。单击“安装”按钮,开始安装软件。

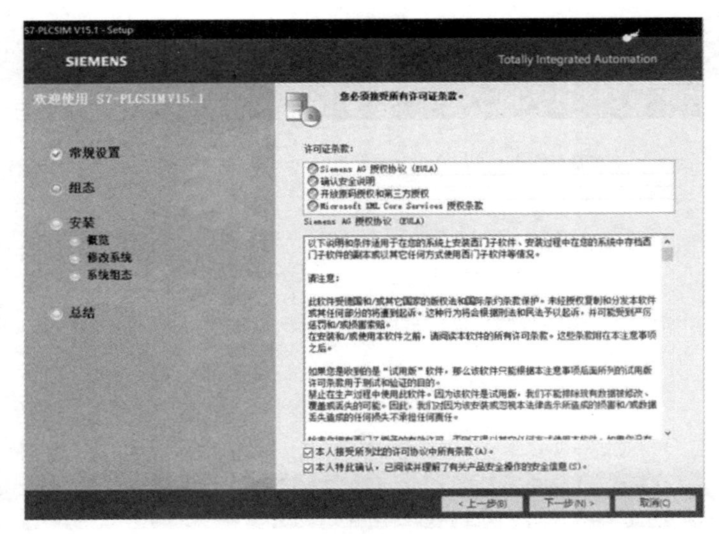

图 2.13　程序安装过程图 4

3. 安装 S7-PLCSIM

双击“S7-PLCSIM V15 SP1.exe”应用程序,开始安装,安装过程与安装 STEP 7 基本相同。

S7-PLCSIM 安装完毕后,学习 S7-1200 PLC 所需的软件就全部准备完毕了。

2.4.2　TIA 博途界面视图结构介绍

1. Portal 视图与项目视图

TIA Portal 提供两种不同的工具视图,即基于项目的项目视图和基于任务的 Portal(门户)视图。本书介绍的软件主要使用项目视图,接下来的所有操作均以此为基准。

在 TIA 博途软件安装完毕后,双击桌面图标,打开 TIA 博途软件,首先会进入启动画面,也就是 Portal 视图,如图 2.14 所示。

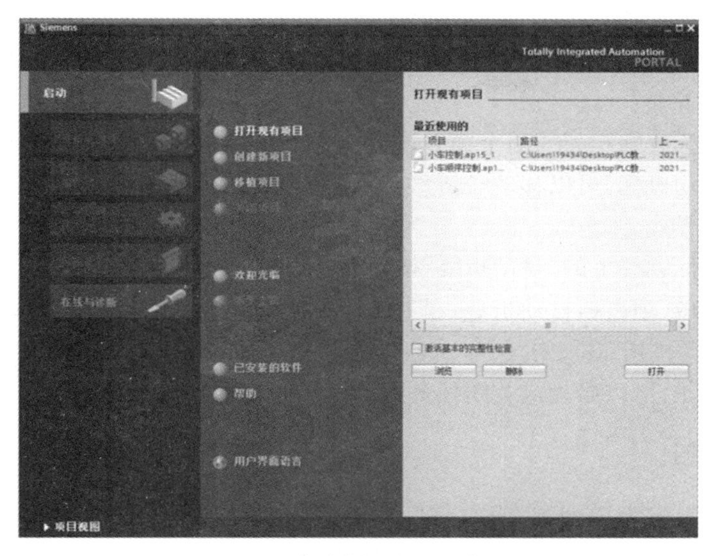

图 2.14　启动界面(Portal 视图)

在软件界面的左下角有“项目视图”按钮，单击该按钮，进入项目视图，如图 2.15 所示。

图 2.15　在项目视图中组态硬件

在项目视图中，单击左下角的“Portal 视图”按钮，可以切换回 Portal 视图。这两个视图都可以实现很多功能，但通常的操作都是在项目视图中完成的。

2. 项目树

图 2.16 中左侧区域为项目树，可以通过它访问所有的设备和项目数据，添加新的设备，编辑已有的设备，打开处理项目数据的编辑器。

项目中的各组成部分在项目树中以树型结构显示，分为 4 个层次：项目、设备、文件夹和对象。项目树的使用方式与 Windows 的资源管理器相似。作为每个编辑器的子元件，项目树用文件夹以结构化的方式保存对象。

单击项目树右上角的◀按钮，项目树及其下方的详细视图消失，同时最左边的垂直条的上端出现▶按钮。单击它打开项目树和详细视图。使用类似的方法同样可以隐藏或显示界面右侧的任务卡。

将鼠标的光标放到相邻的两个窗口的垂直分界线上，出现带双向箭头的⇹光标时，按住鼠标的左键移动鼠标，可以移动分界线，以调节分界线两边的窗口大小。用同样的方法可以调节水平分界线。

单击项目树标题栏上的“自动折叠”按钮▥，该按钮变为▥（永久展开）。此时单击项目树之外的任何区域，项目树自动折叠（消失）。单击最左边的垂直条上端的▶按钮，项目树随即打开。单击▥按钮，该按钮变为▥，自动折叠功能被取消。

用类似的操作，可以启动或关闭任务卡和巡视窗口的自动折叠功能。

3. 详细视图

项目树窗口下方为详细视图栏，打开项目树中的“PLC 变量”文件夹，选中其中的“默认变量表”，详细窗口显示出该变量表中的符号。可以将其中的符号地址拖拽到程序中用红色问号表示的需要设置地址的地址域处。符号地址被拖拽到已设置的地址上时，原来的地址将会被替换。

单击详细视图左上角的▾按钮或“详细视图”标题，详细视图被关闭，只剩下紧靠“Portal 视图”的标题，标题左边的按钮变为▸。单击该按钮或标题，重新显示详细视图。单击巡视窗口右上角的▾按钮或▴按钮，可以隐藏或显示巡视窗口。

4. 工作区

界面正中间区域为工作区，可以同时打开几个编辑器，但是一般只能在工作区显示一个当前打开的编辑器。界面最底边的编辑器栏会显示被打开的编辑器，单击它们可以切换工作区显示的编辑器。

单击工具栏上的◫、⊟按钮，可以垂直或水平拆分工作区，同时显示两个编辑器。

在工作区同时打开程序编辑器和设备视图，将设备视图放大到 200%或以上，可以将模块上的 I/O 点拖拽到程序编辑器中指令的地址域，这样不仅能快速设置指令的地址，还能在 PLC 变量表中创建相应的条目。也可以用上述的方法将模块上的 I/O 点拖拽到 PLC 变量表中。

单击工作区右上角的“最大化”按钮□，将会关闭其他所有的窗口，工作区被最大化。单击工作区右上角的“浮动”按钮□，工作区浮动。用鼠标左键按住浮动的工作区的标题栏并移动鼠标，可以将工作区拖到设定的位置。松开左键，工作区被放在当前所在的位置，这个操作称为“拖拽”。可以将浮动的窗口拖拽到任意位置。

5. 巡视窗口

标有④的区域为巡视（Inspector）窗口，用来显示选中工作区中的对象附加的信息，还可以用来设置对象的属性。巡视窗口有三个选项卡。

（1）“属性”选项卡：用来显示和修改选中的工作区中的对象的属性。巡视窗口左边的窗口是浏览窗口，选中其中的某个参数组，在右边窗口显示和编辑相应的信息或参数。

(2)“信息”选项卡:显示所选对象和操作的详细信息,以及编译后的报警信息。

(3)“诊断”选项卡:显示系统诊断事件和组态的报警事件。

巡视窗口有两级选项卡,图 2.15 选中了第一级的“属性”选项卡和第二级的“常规”选项卡左边浏览窗口中的“以太网地址”,将它简记为选中了巡视窗口的“属性>常规>以太网地址”。

6. 任务卡

图 2.15 中标有⑤的区域为任务卡,任务卡的功能与编辑器有关。通过任务卡可以进行进一步的或附加的操作。例如从库或硬件目录中选择对象,搜索与替代项目中的对象,将预定义的对象拖拽到工作区。

最右边的竖条上的按钮可以用来切换任务卡显示的内容。图 2.15 中的任务卡显示的是硬件目录,任务卡下面标有⑥的“信息”窗格是在“目录”窗格选中的硬件对象的图形、名称、版本号、订货号和对它的简要描述。

单击任务卡窗格上的“更改窗格模式”按钮,可以在同时打开几个窗格和只打开一个窗格之间切换。

2.4.3　项目设置

1. 创建项目

使用 STEP 7 创建 PLC 项目非常简单,一般有两种方法,分别是西门子在其官方入门手册中推荐的 Portal 视图界面创建和国内从业人员习惯用的项目视图界面创建。

(1) 西门子官方推荐方式。

① 在 Portal 视图“开始”(Start)的门户中,单击“创建新项目”(Create new project) 任务。输入项目名称并单击“创建”(Create) 按钮,如图 2.16 所示。

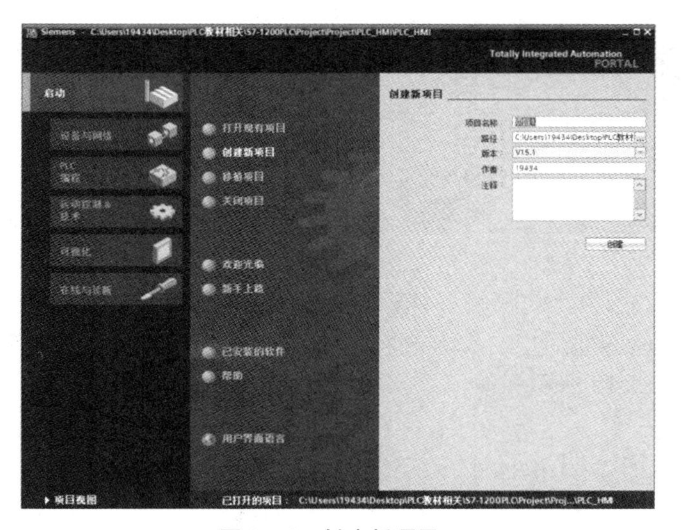

图 2.16　创建新项目 1

② 创建项目后，选择“设备和网络”(Devices & Networks) 门户。单击“添加新设备”(Add new device) 任务，如图 2.17 所示。

图 2.17　创建新项目 2

③ 如图 2.18 所示，在“添加新设备”(Add new device) 对话框中，单击“SIMATIC PLC”按钮。从打开目录中，选择符合项目需求的 CPU。单击“添加”(Add) 按钮，将所选的 CPU 添加到项目中。

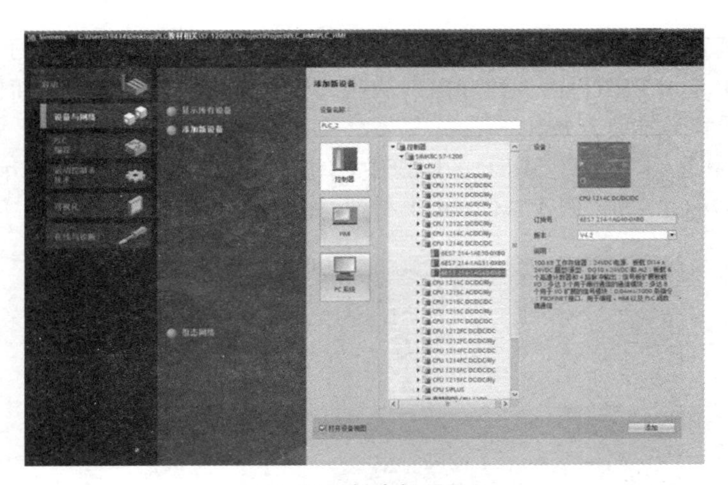

图 2.18　创建新项目 3

需要注意的是，软件中“打开设备视图”(Open device view) 的选项已被选中。在该选项被选中的情况下单击“添加”(Add) 将直接打开项目视图的“设备配置”(Device configuration)。进入如图 2.19 所示界面。

(2) 惯用方式：

① 打开项目视图，点击项目视图中的菜单命令“项目”→“新建”，在出现的“创建新项目”对话框中，设置项目名称，此时单击“路径”输入框右边的...按钮，可以修改保存项目的路径。然后单击“创建”按钮，开始生成项目，如图 2.20 所示。

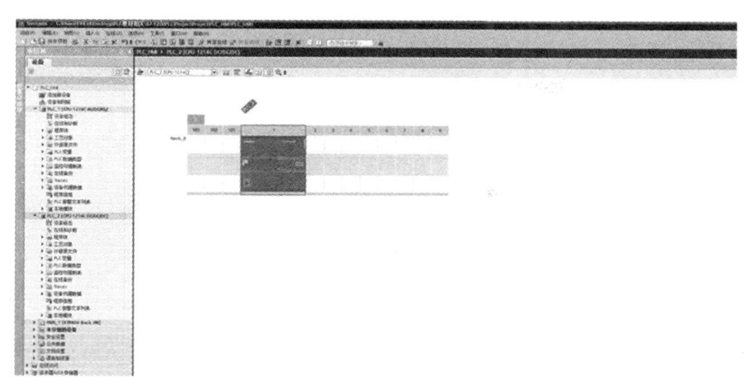

图 2.19　创建新项目 4

图 2.20　创建新项目 5

② 双击项目树中的“添加新设备”，出现“添加新设备”的对话框(见图 2.21)。单击其中的“控制器”按钮，双击要添加的 CPU 的订货号，可以添加一个 PLC。在项目树、设备视图和网络视图中可以看到添加的 CPU。

图 2.21　创建新项目 6

通过上述两种方式，打开界面，成功添加 CPU 和导轨后，就完成了新项目的创建。接下来就可以通过硬件组态，进一步对项目进行设计推进，最终实现设计目标。关于硬件组态的相关内容我们将在第 2.5.3 小节中详细介绍。

2. 打开已有项目

单击项目视图工具栏上的按钮，进入图 2.22 所示的“打开项目”界面，双击界面中列出的最近使用的某个项目，即可打开该项目。或者单击“浏览”按钮，在打开的对话框中打开某个项目的文件夹，双击其中标有的文件，即可打开该项目。

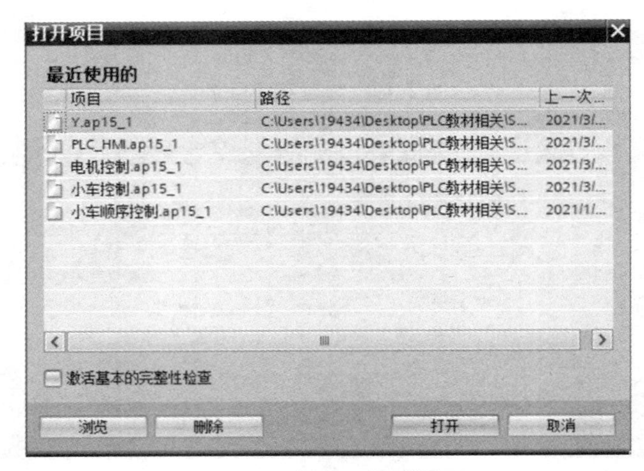

图 2.22　“打开项目”界面

3. TIA 博途 V13 项目的打开与升级

本教材所介绍的，也是目前业界主流的版本为 V15 的 TIA 博途软件，但对于使用 V13 版本软件编程保存的项目，也可以使用 V15 软件升级并打开。

在图 2.22 所示的“打开项目”的界面中，打开一个使用 TIA 博途 V13 保存的项目文件夹，双击其中后缀为“ap13”的文件，单击对话框中的“升级”按钮，数据即可被导入新项目。

4. 保存项目

保存项目的方法如下：

方法①：在项目视图中，选中菜单栏中“项目”，单击“保存”命令，现有的项目即可被保存。

方法②：在项目视图中，选中工具栏中“保存”按钮，现有的项目即可被保存。

5. 设置项目的参数

在完成项目的创建、打开或是导入升级后，我们可以对项目的参数进行设置。需要注意的是，不同于后文硬件组态中硬件设备的参数设置，本节所介绍的是整个项目本身的参数设置。

(1) 语言设置。TIA 博途软件可根据实际需求修改界面及助记符使用语言。具体的操作方式为在项目视图中点击上方工具栏中的“选项”→“设置”，选中工作区左边浏览窗口的“常规”(见图 2.23)即可进行更改。用户界面语言正常为默认的“中文”，助记符为默认的“国际”(英语助记符),一般无需更改。

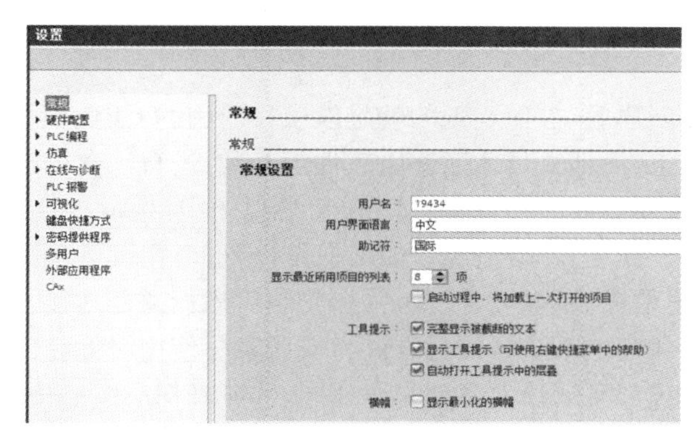

图 2.23　TIA 博途常规参数设置 1

(2) 起始视图。在同一界面下方如图 2.24 所示处,可以修改软件打开时的起始界面,可选项为项目视图、Portal 视图和上次关闭时的视图。

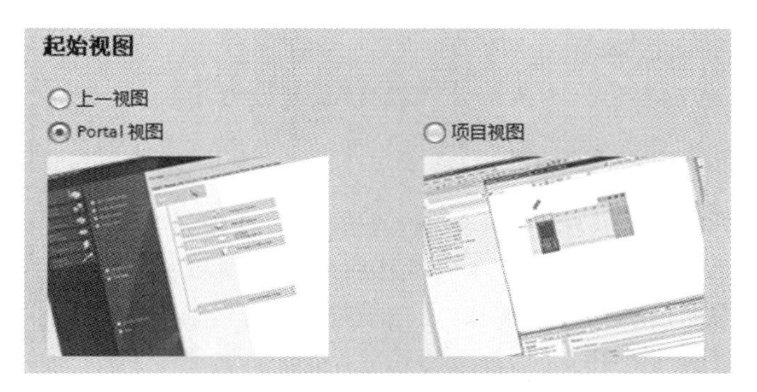

图 2.24　TIA 博途常规参数设置 2

(3) 存储设置。在同一界面如图 2.25 所示处,可以设置项目存储位置,可选择最近使用的存储位置或默认的存储位置。默认的存储位置也可由使用者根据自身需求来修改,只需在选中“指定默认的存储位置设置”后,单击“浏览”按钮,就可以设置保存项目和库的文件夹。

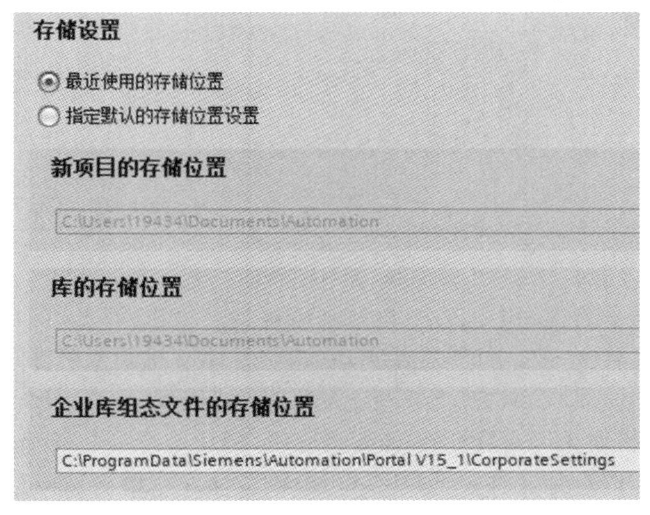

图 2.25　TIA 博途常规参数设置 3

2.4.4 硬件组态

在完成新项目的创建后，首先要做的就是以项目选用的 CPU 模块为基础，进行硬件组态。只有完成硬件组态，设计人员才能够以软件为基础，进行项目的设计编程。

所谓组态，就是在项目界面的设备视图和网络视图中，生成一个与项目预期使用的实际 PLC 硬件设备完全对应的虚拟系统。如根据设计要求，在设备视图中为 CPU 模块配备信号板、信号模块或通信模块等扩展设备，并在安装后进行通信连接，再对模块的参数进行设置，给参数赋值，确保模拟系统与项目设计完成后实际使用时的硬件结构完全相同。

只有确保虚拟系统与实际硬件系统完全相同，才能确保后续的项目编程设计不会产生错误。正因如此，为了防止组态生成的虚拟系统出错，与实际硬件不符，应将组态信息下载到 CPU 中，将 PLC 按组态的参数运行。自动化系统启动时，CPU 比较组态时生成的虚拟系统与实际的硬件系统，检测出可能的错误并用巡视窗口显示。

由于两个系统不兼容时，梯形图的设计可能存在错误，所以软件中可设置当两个系统不兼容时，CPU 是否可以启动。

硬件组态的工作内容可分为两部分：添加模块与设置参数。

1. 在设备视图中添加模块

根据上节内容介绍的方法，创建一个新项目，此时在设备视图中只有我们选择的 CPU 及其机架，如图 2.26 所示，可见位于 1 号插槽中的 CPU 模块。为了满足设计需求，我们可以为其添加新的扩展设备，将信号模块/通信模块装设于工作区机架的插槽上，或将信号板装设至 CPU 模块正面凹槽内。

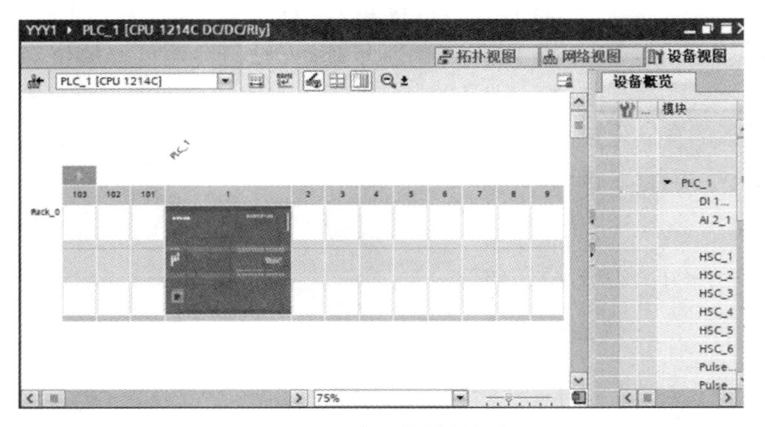

图 2.26 CPU 模块及机架

具体方位为：在项目视图界面右上角找到硬件目录栏目，可见有信号板、通信板、信号模块、通信模块等文件夹，双击打开文件夹后，选中具体所需的模块，即可将其拖至工作区机架插槽内。

以数字量输入模块为例，假设现在需要为 CPU 模块增设一个“16 输入 DC 24 V”数字量输入模块，我们可以打开文件夹“\DI\DI 16xDC 24 V”，单击选中订货号为 6ES7 221-1BH32-0XB0 的 DI 16xDC 24 V 模块，其背景变为深色。根据前文所学的知识，我们知道

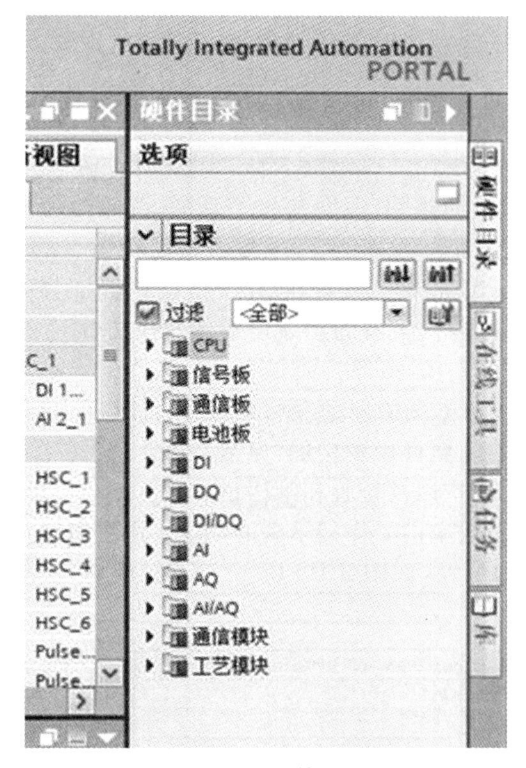

图 2.27　硬件目录

信号模块安装在 CPU 模块的右边，此时该模块 CPU 右边的 8 个插槽四周出现深蓝色的方框，表示只能将选中的模块插入这些插槽。用鼠标左键按住模块不放，移动鼠标，将选中的模块“拖”到机架中 CPU 右边的 2 号插槽中，该模块浅色的图标和订货号随着光标一起移动。同时选中的 2 号插槽出现浅色的边框。此时松开鼠标左键，拖动的模块就会被放置到选中的插槽中，一个新的设备即被添加至虚拟系统中。

这是在设备识图中添加生成扩展模块。同理，用上述方法可以将 CPU、HMI 或分布式 I/O 拖拽到网络视图中，生成新的设备。

放置模块还有另外一个简便的方法。首先，用鼠标左键单击机架中需要放置模块的插槽，使它的四周出现深蓝色的边框。然后，用鼠标左键双击硬件目录中要放置的模块的订货号，该模块便出现在选中的插槽中。

需要注意的是，信号板要安装在 CPU 模块内的矩形插槽中，不要放置于机架上，具体操作方法不变。

此外，还可以将模块插入已经组态的两个模块中间。插入点右边所有的信号模块将向右移动一个插槽的位置，新的模块被插入到空出来的插槽。

设备视图或网络视图中的硬件组件既可以添加，也可以删除，被删除的组件的插槽可供其他组件使用。但是不能单独删除 CPU 和机架，只能在网络视图或项目树中删除整个 PLC 站。

因为通过硬件组态构成的是一个完整的、与实际硬件一一对应的虚拟系统，所以在删除硬件组件后，可能会在项目中产生矛盾，即违反了插槽规则。对此，可通过选中指令树中的“PLC_1”,单击工具栏上的“编译”按钮,对硬件组态进行编译。编译时需进行一致性检查,如果有错误将会显示错误信息,应改正错误后重新进行编译,直到没有错误为止。

2. 组态硬件参数设置

(1) CPU 模块参数设置。

CPU 模块为 PLC 系统的核心,深度参与了系统运行方方面面的工作,因此也存在大量的、涉及系统各方面功能的选项需要设置,为了增强知识点的关联性和系统性,我们将 CPU 集成的 I/O 点参数设置的相关知识放在下一小节与信号模块一并介绍,将 PROFINET 接口、高速计数器和脉冲发生器的参数设置的相关方法也放在后面的相关章节再进行介绍。

① 常规项设置界面。单击选中新建项目默认的“PLC_1”文件夹,右键点击出现选项中的“属性”栏,即可快速进入属性视图中的“常规”选项卡。在常规界面中可见 CPU 的项目信息、目录信息、标识和维护以及校验和等栏目信息。用户可以浏览 CPU 的简单特性描述,也可以在“名称”“注释”等空白处作提示性的标注。用户可以用设备名称和位置标识符来识别设备和设备所处的位置,如图 2.28 所示。CPU 模块的常规参数设置可在该界面完成。

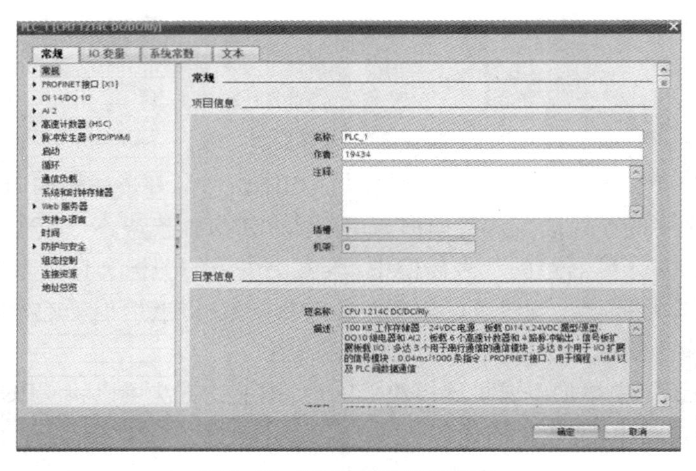

图 2.28 CPU 属性常规信息

② CPU 启动设置。在 CPU 属性常规信息页面的左侧列表栏内,选中“启动”栏,可弹出“启动”参数设置界面,如图 2.29 所示。

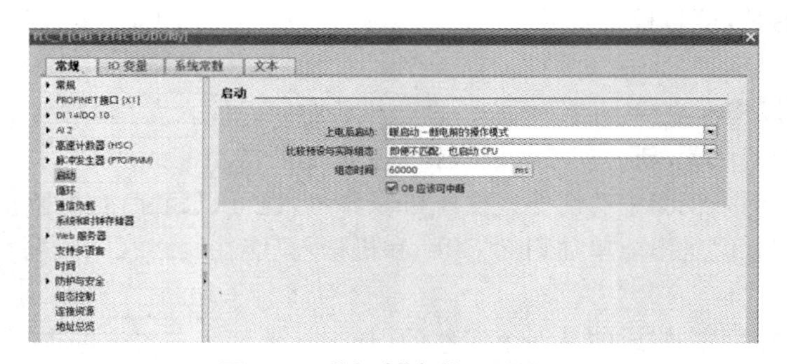

图 2.29 “启动”参数设置界面

在该界面可设置CPU上电后的启动选项,以及处理预置与实际组态不匹配的情况。

CPU的“上电后启动”有三个选项:不启动(仍处于STOP模式)、暖启动-断电前的操作模式和暖启动-进入RUN模式。

暖启动将非断电保持存储器复位到默认的初始值,但是断电保持存储器中的值不变。

“比较预置与实际组态”有两个选项:即便不匹配,也启动CPU和仅兼容时,才启动CPU。如选择第一个选项表示不管组态预置和实际组态是否一致,CPU均启动。如选择第二个选项,则只有组态预设和实际组态一致时,CPU才启动。

在CPU启动过程中,如果中央I/O或分布式I/O在组态的时间段内没有准备就绪(默认值为1 min),则CPU的启动特性取决于“将比较预设为实际组态”的设置。

③ 循环时间设置。在“启动”栏下方是“循环”栏,点击该标签如图2.30所示,出现两个可设置的参数:循环周期监视时间和最小循环时间。

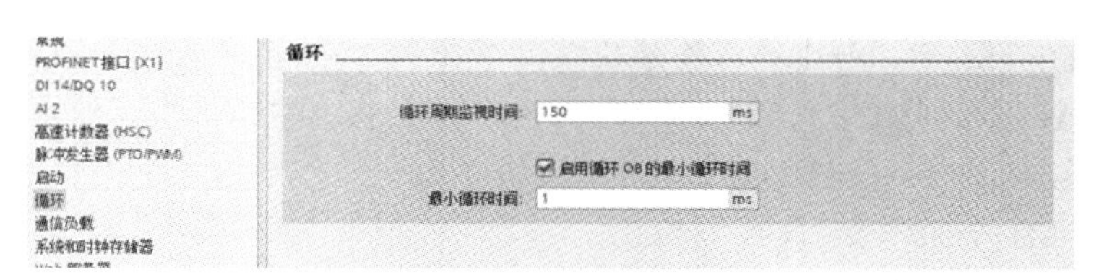

图2.30 循环时间设置

循环时间是操作系统刷新过程映像和执行程序循环OB的时间,包括所有中断此循环的程序的执行时间,其默认值为150 ms。

如果循环时间超过设置的循环周期监视时间,操作系统将会启动时间错误OB(OB80)。如果OB80不可用,CPU将忽略这一事件。如果循环时间超出循环周期监视时间的两倍,CPU将切换到STOP模式。

如果勾选了复选框“启用循环OB的最小循环时间”,即进入对最小循环时间的设置。当CPU完成正常的扫描循环任务的时间小于设置的“最小循环时间”时,CPU将延迟启动新的循环,用附加的时间来进行运行时间诊断和处理通信请求,通过这种方法来保证在固定的时间内完成扫描循环。

简单来说,如果CPU的循环时间超出循环周期监视时间,CPU将转入STOP模式。如果循环时间少于最小循环时间,CPU将处于等待状态,直至达到最小循环时间,然后再重新循环扫描。

如果在设置的最小循环时间内,CPU没有完成扫描循环,则将继续完成正常的扫描工作(包括通信处理),并且不会产生超出最小循环时间的系统响应。

④ 通信负载设置。“循环”栏下方为“通信负载”栏,在此界面中可以设置“由通信引起的循环负荷”,即通信时间占循环扫描时间的最大比例,默认值为20%。该属性用于将延长循环时间的通信过程时间控制在特定的限制值内。

⑤ 系统和时间存储器设置。进入常规设置界面的“系统和时钟存储器”栏(见图2.31),可以设置启用系统存储器字节(默认地址为MB1)和时钟存储器字节(默认地址为MB0),并设置它们的地址值。具体设置方法如图中所示,点击勾选对应的复选框。

当确认将默认的MB1设置为系统存储器字节后,该字节的M1.0~M1.3位就被赋予了实际意义。其具体含义如下:

a. M1.0(FirstScan):仅在刚进入RUN模式的首次扫描时为TURE(1状态),以后为

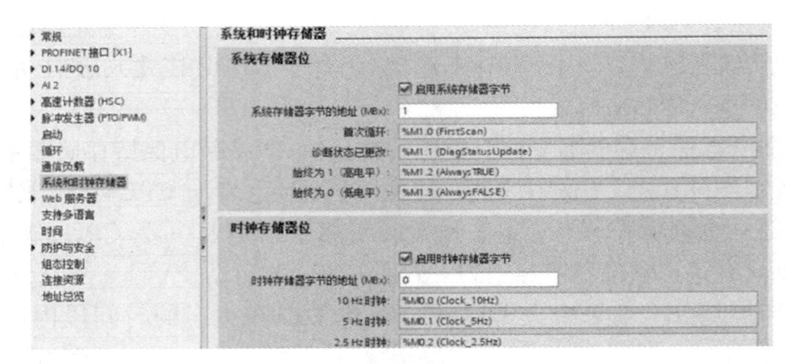

图 2.31　系统与时钟存储器

FALSE(0 状态)。在 TIA 博途中,位编程元件的 1 状态和 0 状态分别用 TRUE 和 FALSE 来表示。首次扫描为 1,之后为 0。

b. M1.1(DiagStatus Update):诊断状态已更改。

c. M1.2(Always TRUE):CPU 运行时,始终为 1。

d. M1.3(Always FALSE):CPU 运行时,始终为 0。

e. M1.4～M1.7 未定义,且数值为 0。

同理,勾选界面中的"启用时钟存储器字节"复选框后,会采用默认的 MB0 作为时钟存储器字节,此时 MB0 字节的各位也被赋予了实际意义。

需要注意的是,系统存储器字节(如前述的 MB0)和时钟存储器字节(如前述的 MB1),一旦被指定并激活就只能作为特殊功能的寄存器使用,而不能作为普通标识位寄存器使用。因为系统存储器和时钟存储器不是保留的存储器,用户程序或通信可能会改写这些存储单元,破坏其中的数据,所以指定了系统存储器和时钟存储器字节后,这两个字节不能再作其他用途,否则将会导致用户程序运行出错,甚至造成设备损坏或人身伤害。

⑥ 实时时钟设置。进入常规设置界面的"时间"栏(如图 2.32),可对设备时钟时区进行设置。如果设备在国内使用,应设置本地时间的时区为"(UTC+08:00)北京.重庆.中国香港特别行政区.乌鲁木齐"。由于我国不实行夏时令,所以无需激活图中所示的夏时令选项复选框。

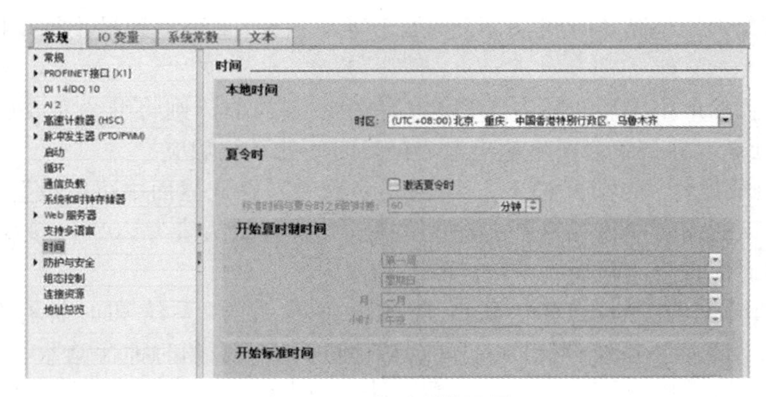

图 2.32　实时时钟设置

⑦ 组态网络时间同步。在完成时区设置后,还需要对具体时间进行同步组态,以获得精准的时间数据。TIA 博途软件中,组态时间同步主要通过网络时间协议(Network Time

Protocol，NTP)完成。NTP是被广泛应用于互联网计算机时钟的时间同步，其通过采用多重冗余服务器和不同的网络路径来保证时间同步的高精度和高可靠性，局域网内的时间同步精度可达1 ms。

需要注意的是，网络时间同步的设置不在CPU模块的属性常规设置页面，具体操作方法为：选中CPU的以太网接口，再选中巡视窗口的“属性>常规>时间同步”，在如图2.33所示的界面中进行操作。组态网络时间同步只需勾选“通过NTP服务器启动同步时间”的复选框，然后设置时间同步的服务器的IP地址和更新的时间间隔，设置的参数下载后即可起作用。

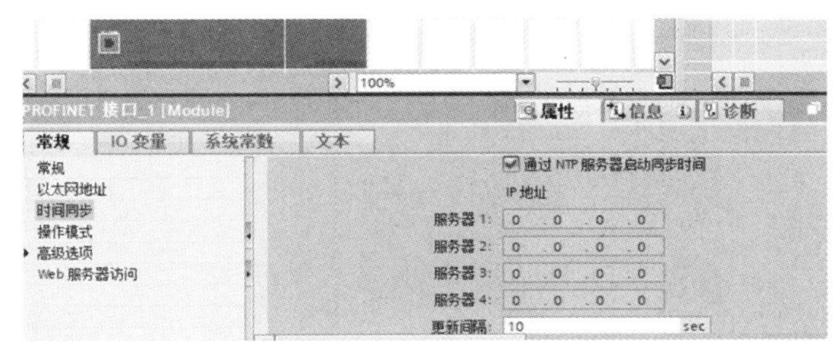

图2.33　组态网络时间同步

⑧ 防护与安全设置。在CPU模块的属性常规设置页面，选中“防护与安全”选项，可进入相关设置界面，如图2.34所示。本教材主要介绍在此界面中如何设置访问权限。

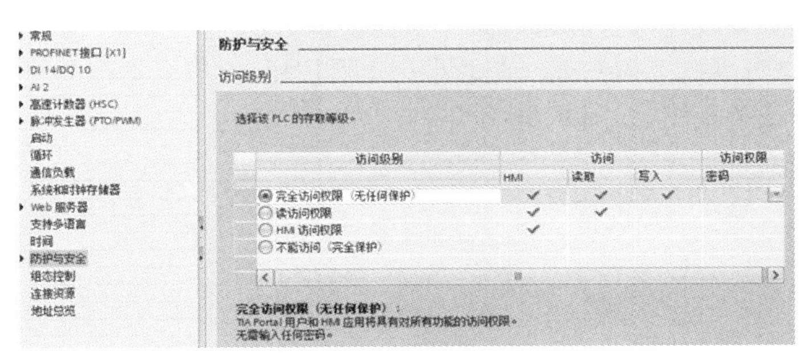

图2.34　防护与安全

如图2.35所示，右边窗口有4个访问级别，选中相应的访问等级，可使项目在其规则下运作。每个访问等级中，绿色的勾表示在没有该访问级别密码的情况下可以执行的操作。如果要使用该访问级别没有打勾的功能，需要输入密码。访问等级一共分为4种：

a. 选中“完全访问权限(无任何保护)”时，不需要密码，具有对所有功能的访问权限。

b. 选中“读访问权限”时，没有密码仅允许对硬件配置和块进行读访问，不能下载硬件配置和块，不能写入测试功能和更新固件。此时需要设置“完全访问权限”的密码。

c. 选中“HMI访问权限”时，用户不输入密码则不能上传和下载硬件配置和块，不能写入测试功能、更改RUN/STOP操作状态和更新固件，只能通过HMI访问CPU。此时至少需要设置第一行的密码，可以在第二行设置没有写入权限的密码。各行的密码不能相同。

d. 选中“不能访问(完全保护)”时，用户没有密码则不能进行读写访问和通过HMI访问，禁用PUT/GET通信的服务器功能。至少需要设置第一行的密码，可以设置第二、三行的密码。

(2) PLC 的 I/O 点参数设置。

① 地址分配。为了方便应对实际生产过程中的特殊情况,S7-1200 PLC 中各项模块普遍都开放了重要参数供工程师修改,比如最为重要,也是 PLC 程序设计中较常使用的地址的修改、诊断功能的激活和取消激活等。

在机架上插入 I/O 模块时,系统会自动为每个模块分配逻辑地址,删除和添加模块不会造成逻辑地址冲突。因此,在工程实践中,修改模块地址是比较常见的现象,如编写程序时,程序的地址和模块地址不匹配,则既可以修改程序地址,也可以修改模块地址。

具体操作界面为设备视图,在工作区旁可见设备概览界面(如图 2.35 所示)。

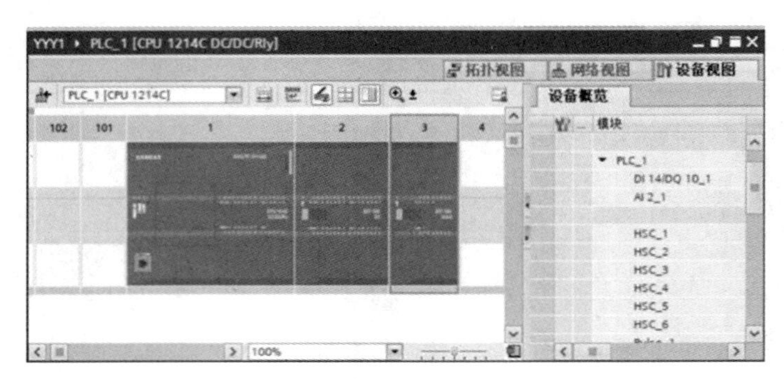

图 2.35　设备概览

单击图中工作区与设备概览界面分界处竖条上向左的小三角形按钮,可将“设备概览”视图完全展开,该分界线也可直接通过鼠标来拖动,以设置“工作区”与“设备概览”界面所占的面积。单击该分界线上向右或向左的小三角形按钮,设备概览视图将会向右关闭或向左扩展,覆盖整个设备视图(如图 2.36 所示)。

拓扑视图　网络视图　设备视图

设备概览

模块	插槽	I 地址	Q 地址	类型	订货号
	101				
PLC_1	1			CPU 1214C DC/DC/Rly	6ES7 214-1HG40-...
DI 14/DQ 10_1	1 1	0...1	0...1	DI 14/DQ 10	
AI 2_1	1 2	64...67		AI 2	
	1 3				
HSC_1	1 16	1000...10...		HSC	
HSC_2	1 17	1004...10...		HSC	
HSC_3	1 18	1008...10...		HSC	
HSC_4	1 19	1012...10...		HSC	
HSC_5	1 20	1016...10...		HSC	
HSC_6	1 21	1020...10...		HSC	

图 2.36　设备概览界面

在设备概览视图中,可以看到 CPU 集成的 I/O 点和信号模块的字节地址(见图2.36)。I、Q 地址是自动分配的,作为示例选用的 CPU 1214C 集成的 14 点数字量输入的字节地址为 0 和 1(I0.0~I0.7 和 I1.0~I1.5),10 点数字量输出的字节地址为 0 和 1(Q0.0~Q0.7、Q1.0 和 Q1.1)。

CPU 集成的模拟量输入点的地址为 IW64 和 IW66,集成的模拟量输出点的地址为 QW64 和 QW66,每个通道占一个或两个字节。DI2/DQ2 信号板的字节地址均为 4(I4.0~I4.1 和 Q4.0~Q4.1)。DI、DQ 的地址以字节为单位分配,如果没有用完分配给它的某个字节中所有的位,剩余的位也不能再作他用。

模拟量输入、模拟量输出的地址以组为单位分配,每一组有两个输入/输出点。

从设备概览视图中还可以看到分配给各插槽的信号模块的输入、输出字节地址。

选中设备概览中某个插槽的模块，可以修改自动分配的 I、Q 地址。建议采用自动分配的地址，不要修改它。但是在编程时必须使用组态时分配给各 I/O 点的地址。

② 数字量输入点的参数设置。数字量输入点的具体参数设置方法如下：

首先，根据输入点自身所在的硬件位置选中对应硬件。例如，若属于 CPU 模块集成输入点，则选中 CPU 模块；若属于数字量输入模块扩展的输入点，则选中对应数字量输入模块。本教材以 CPU 模块集成输入点为例。

然后，选中工作区下面巡视窗口的“属性>常规>DI 14/DQ 10>数字量输入”文件夹中的任意一个通道（见图 2.37），即可开始对输入点进行设置。

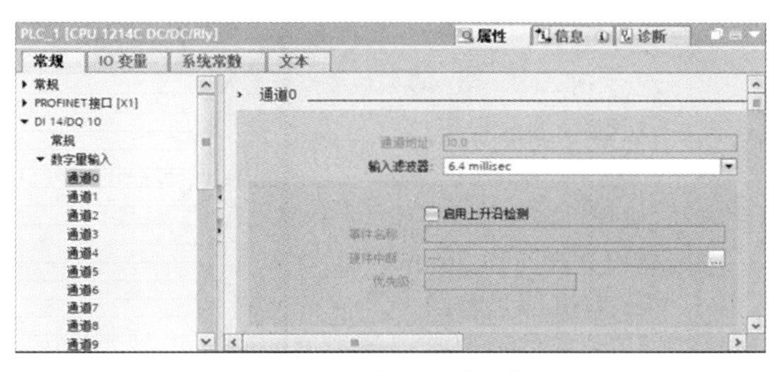

图 2.37　CPU 数字量输入点组态

可以用选择框设置输入滤波器的输入延时时间，用复选框启用各通道的上升沿中断、下降沿中断和脉冲捕捉功能，以及设置产生中断事件时调用的硬件中断组织块（OB）。

③ 数字量输出点的参数设置。打开数字量输出点参数设置界面的方式包括模拟量输出模块、模拟量输入模块，它们的设置界面打开方式与数字量输入点相同，后文都不再赘述。

选中设备视图或设备概览中的 CPU、数字量输出模块或信号板，用巡视窗口选中“数字量输出”后进入数字量输出点参数设置界面（如图 2.38）。此界面中，可以选择在 CPU 进入 STOP 模式时，数字量输出保持为上一个值（Keep last value），或者使用替代值。选中后者时，再选中左边窗口的某个输出通道，用复选框设置替代值，以保证系统因故障自动切换到 STOP 模式时进入安全的状态。复选框内有“√”表示替代值为 1，反之为 0（默认的替代值）。

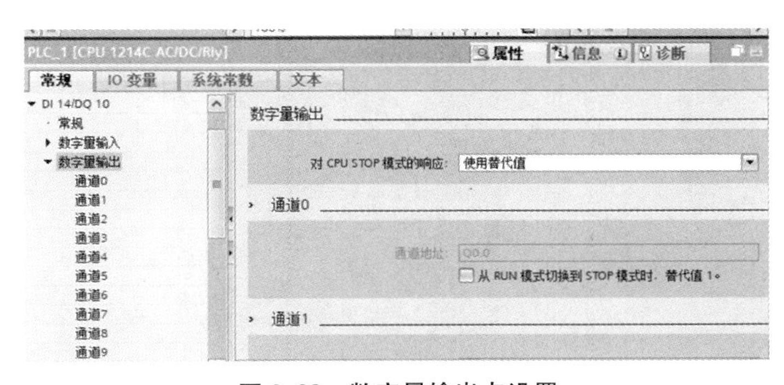

图 2.38　数字量输出点设置

④ 模拟量输入模块的参数设置。根据上小节所述打开设置界面的方法，选中设备视

图中的 AI 4/AQ 2 模块,打开设置界面(见图 2.39)。

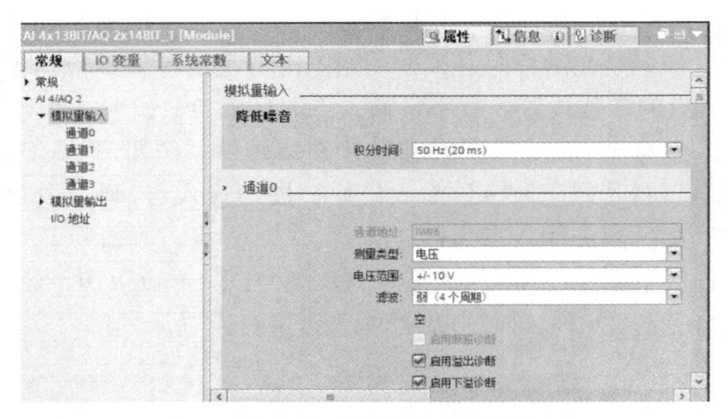

图 2.39 AI/AQ 模块模拟量输入点

模拟量输入点有以下参数可供设置:

a. 积分时间。它与干扰抑制频率成反比,后者可选 400 Hz、60 Hz、50 Hz 和 10 Hz。积分时间越长,精度越高,快速性越差。积分时间为 20 ms 时,对 50 Hz 的工频干扰噪声有很强的抑制作用,一般选择积分时间为 20 ms。

b. 测量类型(电压或电流)和测量范围。

c. A-D 转换得到的模拟值的滤波等级。模拟值的滤波处理可以减轻干扰的影响,这对缓慢变化的模拟量信号(例如温度测量信号)是很有意义的。滤波处理根据系统规定的转换次数来计算转换后的模拟值的平均值。有“无、弱、中、强”这四个等级,它们对应的计算平均值的模拟量采样值的周期数分别为 1、4、16 和 32。所选的滤波等级越高,滤波后的模拟值越稳定,但是测量的快速性越差。

d. 诊断功能。可以选择是否启用断路和溢出诊断功能。只有 4～20 mA 输入才能检测是否有断路故障。

CPU 集成的模拟量输入点、模拟量输入信号板与模拟量输入模块的参数设置方法基本相同。

⑤ 模拟量输出模块的参数设置。选中设备视图中的 AI 4/AQ 2 模块,设置模拟量输出的参数。

与数字量输出相同,可以设置 CPU 进入 STOP 模式后,各模拟量输出点保持上一个值,或使用替代值(见图 2.40)。选中后者时,可以设置各点的替代值。

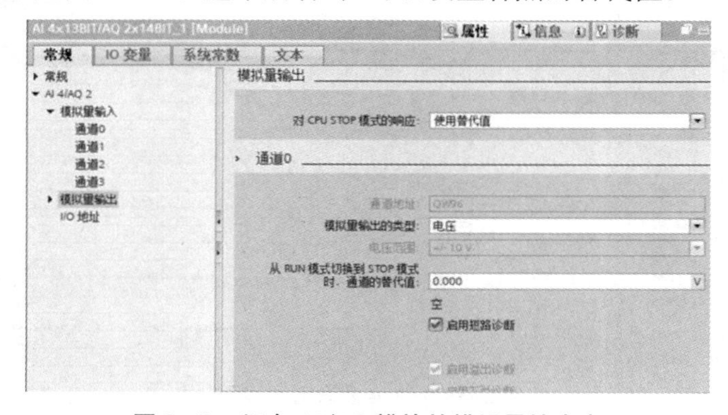

图 2.40 组态 AI/AQ 模块的模拟量输出点

需要设置各输出点的输出类型(电压或电流)和输出范围。可以激活电压输出的短路诊断功能、电流输出的断路诊断功能,以及超出上限值或低于下限值的溢出诊断功能。

CPU集成的模拟量输出点、模拟量输出信号板与模拟量输出模块的参数设置方法基本相同。

2.5　实训:TIA博途应用实验

1. 实验目的

通过实验熟悉TIA博途和仿真软件S7-PLCSIM的使用方法,初步掌握硬件组态、写入、编辑和监控S7-1200用户程序的方法。

2. 实验装置

安装博途的计算机1台。本书的大多数实验可以采用软件仿真的方法,如果有硬件实验条件,可以将仿真实验改为硬件实验。

3. 实验内容

用新建项目向导创建一个项目,项目名称为"小车控制",CPU的型号为CPU 1214C。

在OB1输入小车自动运行的梯形图程序(可自行编程或参考本书配套资源),调节梯形图的显示比例和程序中字符的大小。执行菜单命令"选项"→"设置",打开"设置"视图,将用户界面语言改为英语,修改成功后改回到中文。

修改项目树的"PLC变量表"文件夹的"默认变量表"中符号的名称,使它们具有具体的意义。改变程序中地址的显示方式。生成默认变量表的交叉引用表和OB1的交叉引用表,观察表中的交叉引用信息。

用仿真软件模拟调试程序。选中项目树中的PLC_1,单击工具栏上的"启动仿真"按钮,出现S7-PLCSIM的精简视图。将程序下载到仿真CPU,后者进入RUN模式。然后切换到项目视图,创建一个S7-PLCSIM的新项目。双击打开项目树中的"SIM表格_1",在表中生成条目IB0、QB0和"T1".ET。在OB1中启动程序状态功能,用梯形图监视程序的运行情况。双击SIM表格_1中I0.0对应的小方框,启动小车右行。等Q0.0变为1状态后单击I0.4对应的小方框,模拟右限位开关动作,Q0.0应变为0状态。"T1".ET增大到8 s时,Q0.1变为1状态,小车左行。此时应将右限位开关复位为0状态。单击勾选I0.3对应的小方框,模拟左限位开关动作,Q0.1变为0状态。

2.6 实训：硬件组态实验

1. 实验目的

通过实验熟悉 S7-1200 的硬件组态方法。

2. 实验内容

新建一个项目，创建一个 S7-1200 站，CPU 的型号为 CPU 1214C。

打开该 PLC 的设备视图，添加各种信号模块、通信模块和信号板。打开设备概览视图，观察 STEP7 自动分配的信号模块和信号板的 I、Q 地址。

选中设备视图中的 CPU，观察默认的 PN 接口的 IP 地址、子网掩码和 PROFINET 设备名称。

启用系统存储器字节和时钟存储器字节。在 OB1 中用周期为 1 s 的时钟存储器位的触点控制 Q0.0 的线圈，下载组态信息和程序后，用程序状态监控观察该触点状态的变化。

设置 CPU 集成的数字量输入的输入滤波器时间。生成 OB40，设置 I0.2 产生上升沿中断时，调用硬件中断组织块 OB40。

设置 CPU 集成的数字量输出对 CPU 进入 STOP 模式的响应为“使用替代值”，通道 1(Q0.1)的替代值为 1。

设置模拟量输入模块 0 号通道的测量类型等参数，启用诊断功能。

设置模拟量输出模块在 CPU 进入 STOP 时使用替代值，设置 0 号通道的参数，启用诊断功能。

习　　题

1. 填空题

(1) CPU“上电后启动”栏目中的三个选项分别是(　　)、(　　)和(　　)。

(2) 所有的 S7-1200 CPU 都可以在 CPU 的左侧安装最多(　　)个通信模块。

(3) S7-1200 的 CPU 模块包括(　　)、(　　)、(　　)、(　　)、(　　)、(　　)等部分。

(4) CPU 1214C 最多可以扩展(　　)个信号模块、(　　)个通信模块。信号模块安装在 CPU 的(　　)边，通信模块安装在 CPU 的(　　)边。

(5) CPU 1214C 有集成的(　　)点数字量输入、(　　)点数字量输出、(　　)点模拟量输入、(　　)点高速输出、(　　)点高速输入。

(6) 模拟量输入模块输入的 -10～+10 V 电压转换后对应的数字为(　　)～(　　)。

2. 问答题

(1) 简述 PLC 系统的基本构成有哪几部分。

(2) 试列举 PLC 系统在软件和硬件上的抗干扰措施。

(3) PLC 设备扩展中,信号板与信号模块的区别有哪些?

(4) 简述 S7-1200 PLC 数字量输入点的参数设置方法。

(5) 简述在循环时间设置中,采用什么方法可以确保扫描循环可以在规定时间内完成。

(6) S7-1200 的硬件主要由哪些部件组成?

(7) 信号模块是哪些模块的总称?

(8) 怎样设置才能在打开博途时,用项目视图自动打开最近的项目?

(9) 硬件组态有什么任务?

(10) 怎样设置保存项目的默认的文件夹?

(11) 怎样设置数字量输入点的上升沿中断功能?

(12) 怎样设置数字量输出点的替代值?

(13) 怎样设置时钟存储器字节?时钟存储器字节哪一位的时钟脉冲周期为 500 ms?

(14) 使用系统存储器默认的地址 MB1,哪一位是首次循环位?

第3章　S7-1200程序设计

3.1　S7-1200的编程语言类型

1. PLC编程语言的国际标准

IEC(International Electro Technical Commission，国际电工委员会)是为电子技术的所有领域制定全球标准的国际组织。

IEC 61131是PLC的国际标准，其中第三部分IEC 61131-3是PLC的编程语言标准。IEC 61131-3是世界上第一个，也是至今唯一的工业控制系统的编程语言标准，已经成为DCS、IPC、FCS、SCADA和运动控制系统事实上的软件标准。

IEC 61131-3中有5种编程语言：指令表(Instruction List，IL)、结构文本(Structured Text，ST)、梯形图(Ladder Diagram，LAD)、函数块图(Function Block Diagram，FBD)、顺序功能图(Sequential Function Chart，SFC)。

S7-1200使用梯形图LAD、函数块图FBD和结构化控制语言SCL，可在输入程序时在地址前自动添加。梯形图中一个程序段可以放多个独立电路。

2. 梯形图

梯形图由触点、线圈和用方框表示的指令框组成，可以为程序段添加标题和注释，用按钮则可以关闭注释。利用能流这一概念，借用继电器电路的术语和分析方法，我们可以更好地理解和分析梯形图。能流只能从左往右流动。如图3.1所示。

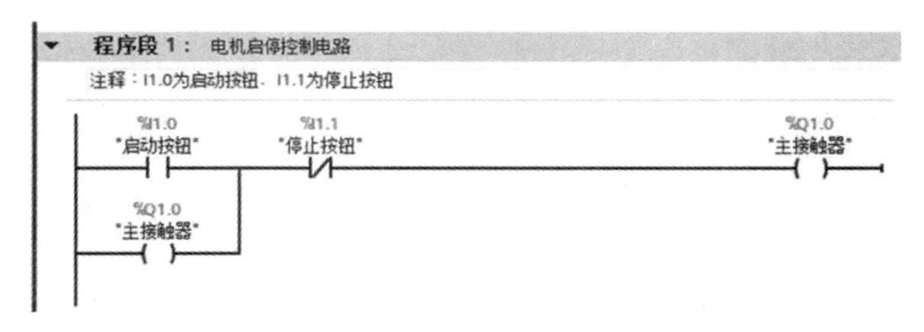

图3.1　梯形图示例

3. 函数块图

函数块图(FBD)使用类似于数字电路的图形逻辑符号来表示控制逻辑，国内很少有人使用。用鼠标右键单击项目树中的某个代码块,如图3.2所示,选中快捷菜单中的"切换编程语言"则可以相互切换LAD和FBD语言。

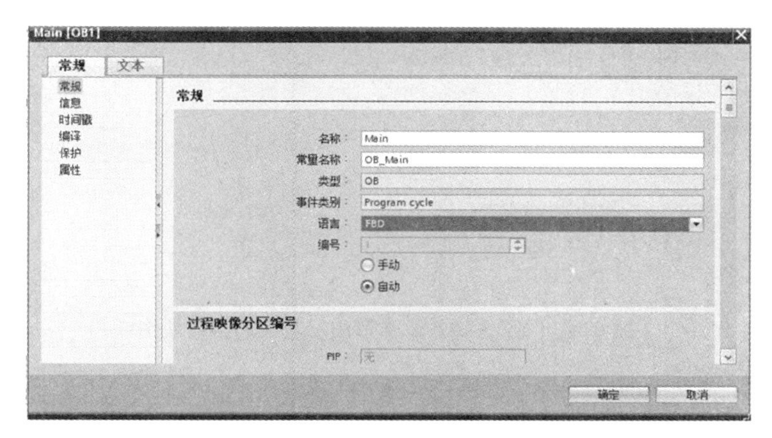

图3.2　编程语言切换

4. 结构化控制语言

结构化控制语言SCL是一种基于PASCAL的高级编程语言。SCL特别适用于数据管理、过程优化、配方管理和数学计算、统计任务。只能在"添加新块"对话框中选择SCL语言。

3.2　PLC程序的工作原理

3.2.1　逻辑运算

在PLC中,用逻辑代数中的0和1来表示数字量控制系统中变量的两种相反的工作状态。线圈通电、常开触点接通、常闭触点断开为1状态,反之为0状态。在波形图中,用高、低电平分别表示1、0状态。

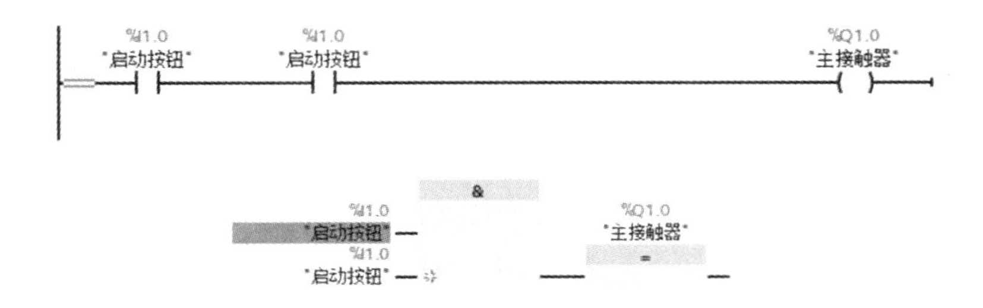

图3.3　"与"逻辑运算梯形图及对应的函数块图

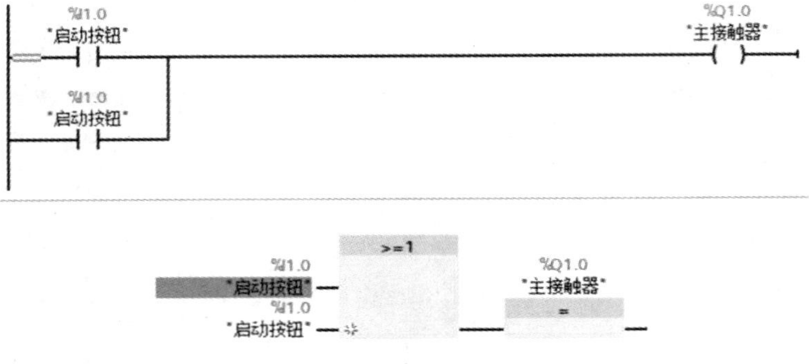

图3.4　“或”逻辑运算梯形图及对应的函数块图

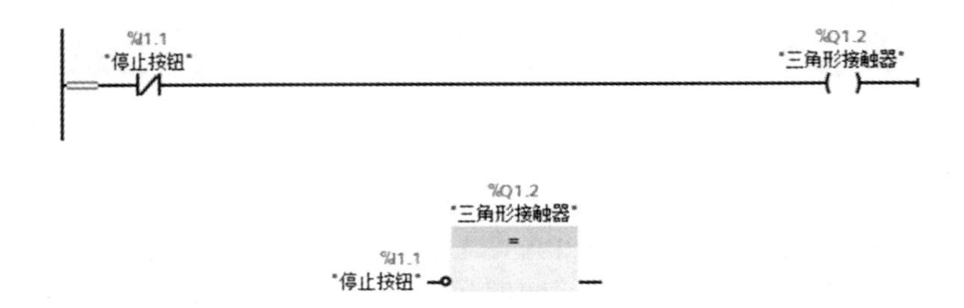

图3.5　“非”逻辑运算梯形图及对应的函数块图

图3.3～3.5中的“与”“或”“非”逻辑运算关系见表3.1。

表3.1　逻辑运算关系表

与			或			非	
Q0.0＝I0.0·I0.1			Q0.1＝I0.2·I0.3			Q0.2＝$\overline{\text{I0.4}}$	
I0.0	I0.1	I0.0	I0.2	I0.3	I0.1	I0.4	I0.2
0	0	0	0	0	0	0	1
0	1	0	0	1	1	1	0
1	0	0	1	0	1		
1	1	1	1	1	1		

例如，在图3.6继电器控制电路中，按下启动按钮SB1，电流经SB1的常开触点和SB2的常闭触点流过KM的线圈。KM的主触点闭合，电动机开始运行。KM的辅助常开触点同时接通。松开启动按钮，SB1的常开触点断开，电流经KM的辅助常开触点和SB2的常闭触点流过KM的线圈。KM常开触点的功能称为“自锁”或“自保持”。

电动机运行时按下停止按钮SB2，KM的线圈断电，电动机停止运行，同时KM的辅助常开触点断开。热继电器FR(KH)用于过载保护。图3.6中的继电器控制电路称为启动-保持-停止电路，简称为启-保-停电路(自锁电路)。

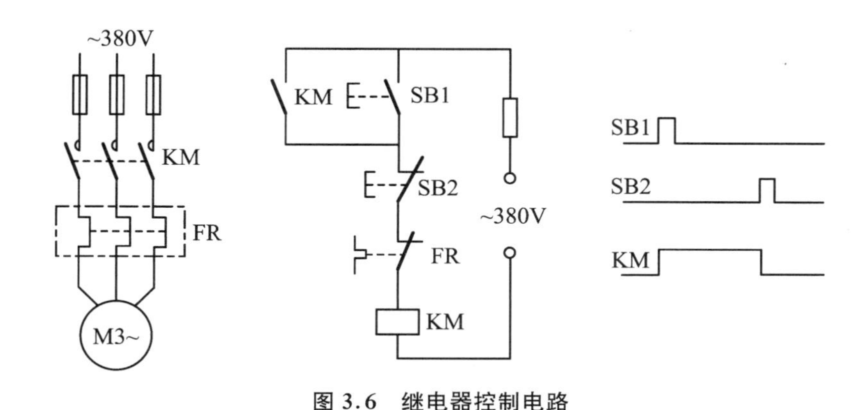

图 3.6　继电器控制电路

3.2.2　程序结构

1. 模块化编程

模块化编程是将复杂的自动化任务划分为对应于生产过程的技术功能的子任务，每个子任务对应于一个被称为“块”的子程序，通过块与块之间的相互调用来组织程序，这样的程序易于修改、查错和调试。表3.2为用户程序中的块及对应的功能描述，块结构显著地增加了PLC程序的组织透明性、可理解性和易维护性。

表 3.2　用户程序中的块

块	简要描述
组织块(OB)	操作系统与用户程序的接口，决定用户程序的结构
函数块(FB)	用户编写的包含经常使用的功能的子程序，有专用的背景数据块
函数(FC)	用户编写的包含经常使用的功能的子程序，没有专用的背景数据块
背景数据块(DB)	用于保存FB的输入、输出参数和静态交量，其数据在编译时自动生成
全局数据块(DB)	存储用户数据的数据区城，供所有的代码块共享

OB、FB、FC统称为代码块，被调用的代码块可以嵌套调用别的代码块。从程序循环OB或启动OB开始，嵌套深度为16；从中断OB开始，嵌套深度为6。

2. 组织块

组织块OB是操作系统与用户程序的接口，由操作系统调用。

(1) 程序循环组织块。OB1是用户程序中的主程序，在每一次循环中，操作系统程序调用一次OB1。允许有多个程序循环OB。

(2) 启动组织块。CPU的工作模式从STOP切换到RUN时，执行一次启动组织块，来初始化程序循环OB中的某些变量。可以有多个启动OB，默认的为OB100。

(3) 中断组织块。中断处理用来实现对特殊内部事件或外部事件的快速响应。如果出现中断事件，CPU暂停正在执行的程序块，自动调用一个分配给该事件的组织块(即中断程序)来处理中断事件。执行完中断组织块后,返回被中断的程序的断点处继续执行原来的程序。

3. 函数

函数 FC(Function)是用户编写的子程序。函数没有固定的存储区,函数执行结束后,其临时变量中的数据就丢失了。

4. 函数块

函数块 FB(Function Block)是用户编写的子程序。调用函数块时,需要指定背景数据块,后者是函数块专用的存储区。FB 的输入、输出参数和局部静态变量保存在背景数据块中。FB 的典型应用是执行不能在一个扫描周期内完成的操作。使用不同的背景数据块调用同一个函数块,可以控制不同的设备。

5. 数据块

数据块 DB 是用于存放执行代码块时所需数据的数据区。

(1) 全局数据块存储供所有代码块使用的数据。

(2) 背景数据块存储的数据供特定的 FB 使用。

3.2.3 PLC 的工作过程

1. 操作系统与用户程序

PLC 的操作系统使 PLC 具有基本的智能,能够完成 PLC 设计者规定的各种工作。用户程序由用户设计,它使 PLC 能实现用户要求的特定功能。

2. CPU 的工作模式

CPU 有三种工作模式:RUN、STOP 和 STARTUP。可以用编程软件改变 CPU 的工作模式。

CPU 内部存储器中的过程映像输入区和过程映像输出区用于存放输入信号和输出信号的状态。

如图 3.7 所示,在启动阶段 A~F,复位过程映像输入区,初始化输出区,执行启动 OB,将非保持性 M 存储器和数据块初始化为初始值,并启用组态的循环中断事件和时钟事件,将外设输入状态复制到过程映像输入区,过程映像输出区(Q 区)的值写到外设输出。将中断事件保存到队列中,以便在 RUN 模式进行处理。

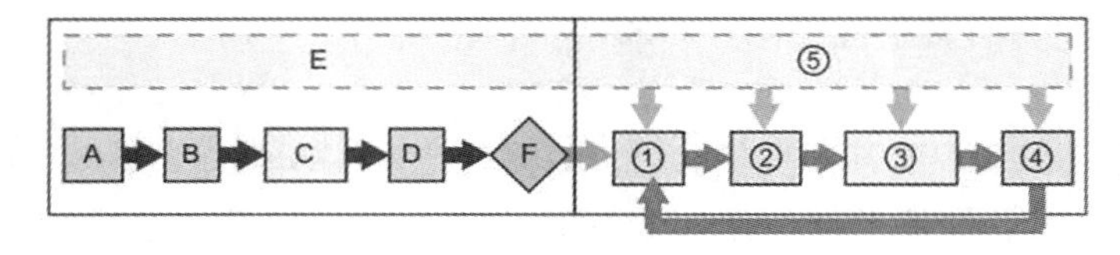

图 3.7　启动与过程示意图

RUN模式CPU反复地分阶段处理各种不同的任务：

阶段①将过程映像输出区的值写到输出模块。

阶段②将输入模块处的输入传送到过程映像输入区。

阶段③执行一个或多个程序循环OB，首先执行主程序OB1。

阶段④处理通信请求和进行自诊断。

3. 工作模式的切换

切换STOP或RUN工作模式，只能用STEP 7在线工具中的CPU操作员面板，或工具栏上的按钮进行。可以在用户程序中用STOP指令使CPU进入STOP模式。

4. 冷启动与暖启动

下载了用户程序的块和硬件组态后，下一次切换到RUN模式时，CPU执行冷启动。冷启动时复位输入，初始化输出；复位存储器，即清除工作存储器、非保持性存储区和保持性存储区，并将装载存储器的内容复制到工作存储器。

冷启动后，在下一次下载之前的STOP到RUN模式的切换均为暖启动。暖启动时所有非保持的系统数据和用户数据被初始化，不会清除保持性存储区。可以用在线和诊断视图的“MRES”按钮来复位存储器。

5. RUN模式CPU的操作

(1) 写外设输出。操作系统将过程映像输出中的值写到输出模块并锁存起来。梯形图中某输出位的线圈“通电”时，对应的过程映像输出位中的二进制数为1。信号经输出模块隔离和放大功率后，继电器型输出模块中对应的硬件继电器的线圈通电，其常开触点闭合，使外部负载通电工作。

可以用指令立即改写外设输出点的值，同时将刷新过程映像输出。

(2) 读外设输入。CPU读取输入模块的输入，并传送到过程映像输入区。外接的输入电路闭合时，对应的过程映像输入位中的二进制数为1，梯形图中对应的输入点的常开触点接通，常闭触点断开。

可以用指令立即读取数字量或模拟量的外设输入点的值，但是不会刷新过程映像输入。

(3) 执行用户程序。读取输入后，从第一条指令开始，CPU逐条按顺序执行用户程序中的指令，包括程序循环OB调用FC和FB的指令，直到最后一条指令。

程序执行过程中，各输出点的值被保存到过程映像输出，而不是立即写给输出模块。在程序执行阶段，即使外部输入信号的状态发生了变化，过程映像输入的状态也不会随之改变。

3.3 数据类型与系统存储区

3.3.1 物理存储器

1. PLC使用的物理存储器

RAM(随机存取存储器)可读写、工作效率高、价格便宜、改写方便,但断电后储存的信息会丢失。ROM(只读存储器)只能读出,不能写入,但断电后储存的信息不会丢失。FEPROM(快闪存储器)是Flash EPROM的简称,和EEPROM(可电擦除可编程的只读存储器)兼有ROM的非易失性和RAM的随机存取优点,写入数据的时间比RAM长,用来存放用户程序和断电时需要保存的重要数据。

2. 装载存储器与工作存储器

(1) 装载存储器。装载存储器是非易失性的存储器,用于保存用户程序、数据和组态信息。项目下载到CPU时,保存在装载存储器中。装载存储器类似于计算机的硬盘,工作存储器类似于计算机的内存条。

(2) 工作存储器。工作存储器是集成在CPU中的RAM。为了提高运行速度,CPU将用户程序中与程序执行有关的部分复制到工作存储器。CPU断电时,工作存储器中的内容将会丢失。

3. 保持性存储器

保持性存储器用来防止在PLC电源关闭时丢失数据,暖启动后其中的数据保持不变,存储器复位时其值被清除。CPU提供了10 KB的保持性存储器。

在暖启动时,所有非保持的位存储器被删除,非保持的数据块的内容被复位为装载存储器中的初始值。

4. 存储卡

存储卡用于在断电时保存用户程序和某些数据,不能用普通读卡器格式化存储卡。可以将存储卡作为程序卡、传送卡或固件更新卡。

3.3.2 数制与数据类型

1. 数制

(1) 二进制数。二进制数的1位只能为0和1。用1位二进制数来表示开关量的两种不同状态。如果该位为1,梯形图中对应位编程元件的线圈通电、常开触点接通、常闭触点断开,称该编程元件为TRUE或1状态。该位为0则反之,称该编程元件为FALSE或0状态。二进制位的数据类型为BOOL(布尔)型。

(2) 多位二进制数。多位二进制数用来表示大于1的数字。从右往左的第n位(最低位为第0位)的权值为2^n。2#1100对应的十进制数为$1*2^3+1*2^2+0*2^1+0*2^0=8+4=12$。

(3) 十六进制数。十六进制数用于简化二进制数的表示方法,16个数为0～9和A～F(10～15),1位十六进制数对应于4位二进制数,例如2#0001 0011 1010 1111可以转换为16#13AF或13AFH。

十六进制数"逢16进1",第n位的权值为16^n。16#2F对应的十进制数为$2*16^1+15*16^0=47$。

2. 数据类型

数据类型用来描述数据的长度(即二进制的位数)和属性,常见的基本数据类型如表3.3所示。

表3.3　基本数据类型

变量类型	符号	位数	取值范围	常数举例
位	Bool	1	1,0	TRUE,FALSE或1,0
字节	Byte	8	16#00～16#FF	16#12,16#AB
字	Word	16	16#0000～16#FFFF	16#ABCD,16#0001
双字	DWord	32	16#00000000～16#FFFFFFFF	16#02468ACE
字符	Char	8	16#00～16#FF	A,t,@
有符号字节	SInt	8	-128～127	123,-123
整数	Int	16	-32768～32767	123,-123
双整数	Dint	32	-2147483648～2147483647	123,-123
无符号字节	USInt	8	0～255	123
无符号整数	USInt	16	0～65535	123
无符号双整数	USInt	32	0～4294967295	123
浮点数(实数)	Real	32	$\pm 1.175495\times10^{-38}$ $\sim\pm 3.402823\times10^{38}$	12.45,-3.4,-1.2E+3
双精度浮点数	LReal	64	$\pm 2.2250738585072020\times10^{38}$ $\sim\pm 1.7976931348623157\times10^{308}$	1245.12345,-1,2E+40
时间	Time	321	T#-24d20h31m23s648ms ～T#24d20h31m23s648ms	T#1d_2h_15m_30s_45ms

(1) 位(Bool)。二进制的1位,软件用TRUE/FALSE表示1和0。I4.2中的"I"表示输入,字节地址为3,位地址为2。

(2) 位字符串。数据类型Byte(字节)、Word(字)、DWord(双字)统称为位字符串,分别由 8 位、16 位和 32 位二进制数组成，如图 3.8 所示。用组成双字的编号最小的字节 MB100 的编号作为双字 MD100 的编号，组成双字 MD100 的编号最小的字节 MB100 为 MD100 的最高位字节，编号最大的字节 MB103 为 MD100 的最低位字节。字也有类似的特点。

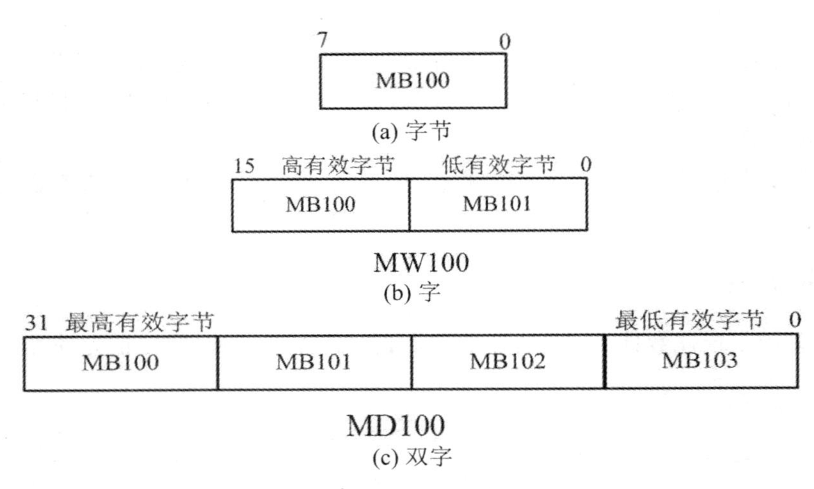

图 3.8　位字符串

(3) 整数。SInt 和 USInt 分别为 8 位的短整数和无符号短整数，Int 和 UInt 分别为 16 位的整数和无符号整数，DInt 和 UDInt 分别为 32 位的双整数和无符号的双整数。

有符号整数的最高位为符号位，最高位为 0 时为正数，为 1 时为负数。有符号整数用补码来表示，二进制正数的补码就是它本身，将一个正整数的各位取反后加 1，得到绝对值与它相同的负数的补码。

(4) 浮点数。浮点数又称为实数(REAL)。最高位为浮点数的符号位，正数时为 0，负数时为 1。规定尾数的整数部分总是为 1，第 0～22 位为尾数的小数部分。8 位指数加上偏移量 127 后(0～255)，放在第 23～30 位。在 STEP 7 中用小数表示浮点数，如图 3.9 所示。

图 3.9　用小数表示浮点数方式

LReal 为 64 位的长浮点数，最高位为符号位。尾数的整数部分总是为 1，第 0～51 位为尾数的小数部分。11 位的指数加上偏移量 1023 后(0～1023)，放在第 52～62 位。

(5) 时间与日期。Time 是有符号双整数，其单位为 ms，能表示的最大时间为 24 天。

Date(日期)为 16 位无符号整数，无符号双整数 TOD(TIME_OF_DAY)为从指定日期的 0 时算起的毫秒数。

数据类型 DTL 的 12 个字节为年(占 2 B)、月、日、星期的代码、小时、分、秒(各占 1 B)和纳秒(占 4 B)，均为 BCD 码。星期日、星期一到星期六的代码分别为 1、2～7。

(6) 字符。数据类型字符(Char)占一个字节，Char 以 ASCII 格式存储。WChar(宽字符)占两个字节,可以存储汉字和中文的标点符号。字符常量用英语的单引号来表示,例如“A”。

3.3.3　全局数据块与其他数据类型

1. 生成全局数据块

如图3.10所示,单击项目树中的“添加新块”,再单击打开的对话框中的“数据块(DB)”按钮,生成一个数据块如图3.11所示,可以修改其名称,其类型为默认的“全局DB”。右键单击项目树中新生成的数据块,执行快捷菜单命令“属性”,选中打开的对话框左边窗口中的“属性”,勾选右边窗口中的复选框“优化的块访问”。只能用符号地址访问生成的块中的变量,不能使用绝对地址,这种访问方式可以提高存储器的利用率。

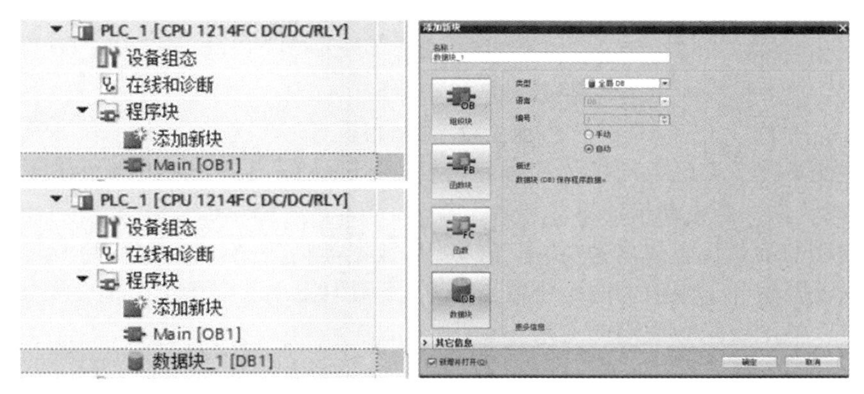

图3.10　全局数据块生成过程

数据块_1

	名称	数据类型	起始值	保持	可从HMI/...	从H...	在HMI...	设定值	注释
1	▼ Static			☐	☐	☐	☐	☐	
2	故障信息	String[30]	'OK'	☑	☑	☑	☑	☑	
3	▸ 功率	Array[0..23] of Int		☑	☑	☑	☑	☑	
4	▼ 电动机	Struct		☑	☑	☑	☑	☐	
5	电流	Int	0	☑	☑	☑	☑	☑	
6	电压	Int	0	☑	☑	☑	☑	☑	
7	转速	Int	0	☑	☑	☑	☑	☑	
8	断路器	Bool	false	☑	☑	☑	☑	☑	

图3.11　数据块

2. 字符串

数据类型String(字符串)是字符组成的一维数组,每个字节存放1个字符。第一个字节是字符串的最大字符长度,第二个字节是字符串当前有效字符的个数,字符从第3个字节开始存放,一个字符串最多存放254个字符。

数据类型WString(宽字符串)存储多个数据类型为Wchar的16位宽字符。第一个字节是最大字符个数,第二个字节是当前的总字符个数。

在如图3.11所示“数据块_1”中的第2行创建名为“故障信息”的字符串“String[30]”,其启动值为‘OK’。

3. 数组

数组(Array)是由固定数目的同一种数据类型元素组成的数据结构。允许使用除了 Array 之外的所有数据类型作为数组的元素,最多为 6 维。图 3.12 是名为"电流"的二维数组 Array[1..2,1..3] of Byte 的内部结构。

名称	数据类型	起始值
▼ Static		
■ 故障信息	String[30]	'OK'
■ ▶ 功率	Array[0..23] of Int	
■ ▼ 电动机	Struct	
■ ▼ 电流	Array[1..2, 1...	
■ 电流[1,1]	Byte	16#0
■ 电流[1,2]	Byte	16#0
■ 电流[1,3]	Byte	16#0
■ 电流[2,1]	Byte	16#0
■ 电流[2,2]	Byte	16#0
■ 电流[2,3]	Byte	16#0

图 3.12　二维数组

第一维的下标 1,2 是电动机的编号,第二维的下标 1~3 是三相电流的序号。数组元素"电流[1,2]"是一号电动机的第 2 相的电流。

在数据块的第 3 行生成名为"功率"的数组,数据类型为 Array[0..23] of Int,数组元素的下标的上限值和下限值用两个小数点隔开,下限值应小于等于上限值。单击"功率"左边的按钮可以显示或隐藏数组的元素。

4. 结构

结构(Struct)是由固定数目的多种数据类型的元素组成的数据类型。可以用数组和结构做结构的元素,结构可以嵌套 8 层。

在如图 3.11 所示"数据块_1"的第 4 行生成一个名为"电动机"的结构,在第 5~8 行生成结构的 4 个元素。可以用"电动机"左边的按钮显示或隐藏结构的元素。

在用户程序中,可以用符号地址"数据块 _1".电动机.电流访问结构中的元素。

5. Pointer 指针

指针中包含的是地址信息而不是实际的数值。Pointer 指针占 6 个字节,字节 0 和字节 1 是数据块的编号,不适用于数据块时 DB 编号为 0。3 位字节地址用 x 表示,16 位字节地址用 b 表示。如图 3.13 所示。

P#20.0 是内部区域指针,不包含存储区域。P#M20.0 是包含存储区域 M 的跨区域指针,P#DB10.DBX20.0 是指向数据块的 DB 指针。输入程序时可以省略"P#"。

6. Any 指针

指针数据类型 Any 指向数据区的起始位置,并指定其长度。Any 指针的结构如图 3.14,字节 4~9 与 POINTER 指针的 0~5 位字节相同。

Any 指针可以表示一片连续的数据区,例如 P#DB2.DBX10.0 BYTE 8。也可以用来指向一个地址，例如DB2.DBW30和Q14.5。

图3.13 Pointer指针的结构

图3.14 Any指针的结构

7. Variant指针

Variant数据类型可以指向各种数据类型或参数类型的变量；也可以指向结构和结构中的单个元素。它不会占用任何存储器的空间。

使用绝对地址的Variant数据类型的例子有P#DB5.DBX10.0 INT 12和%MW10。

8. PLC数据类型

PLC数据类型用来定义可以在程序中多次使用的数据结构。打开项目树的“PLC数据类型”文件夹，双击“添加新数据类型”，可以创建PLC数据类型。定义好数据结构以后可以在用户程序中作为数据类型使用，使用较少。

9. 访问一个变量数据类型的“片段”

可以用符号方式按位、字节或字访问PLC变量表和数据块中某个符号变量的一部分。例如在PLC变量表中，“状态”是一个声明为双字数据类型的变量，“状态”.x11是“状态”的第11位，“状态”.b2是“状态”的第2位字节，“状态”.w0是“状态”第0号字。如图3.15所示。

10. 访问带有一个AT覆盖的变量

通过关键字“AT”，可以将一个已声明的变量覆盖为其他类型的变量，比如通过Bool型数组访问Word变量的各个位。

生成名为“函数块1”的函数块FB1，用右键单击项目树中的“函数1”，取消“优化的块访问”属性。打开函数块1的接口区，生成数据类型为Word的变量“状态字”。在下面的空行输入变量名称“状态位”，设置数据类型为“AT”，在“状态位”右边出现AT“状态字”。在“数据类型”列，声明变量“状态位”的数据类型为数组Array[0..15] of Bool。单击“状态位”左边的按钮，显示出数组“状态位”的各个元素，可以在程序中使用数组“状态位”的各个元素，即 Word 变量“状态字”的各位，如图 3.16 所示。

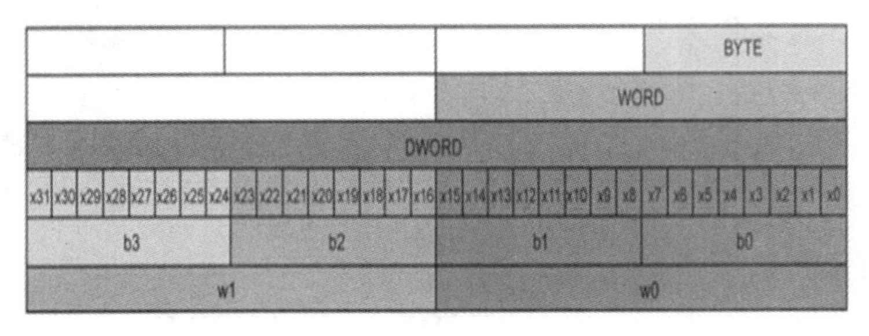

图 3.15　双子中的字、字节、位

函数块_1

	名称		数据类型	偏移量	默认值
1	▼ Input				
2	状态字		Word	...	16#0
3	▼ 状态位	AT"...	Array[0..15] of Bool	...	
4	状态位[0]		Bool	...	
5	状态位[1]		Bool	...	
6	状态位[2]		Bool	...	
7	状态位[3]		Bool	...	
8	状态位[4]		Bool	...	
9	状态位[5]		Bool	...	
10	状态位[6]		Bool		

图 3.16　在块的接口区声明 AT 覆盖变量

3.3.4　系统存储区

系统存储区如表 3.4 所示，包括过程映像输入/输出、外设输入/输出、位存储器、临时局部存储器和数据块。

在 I/O 点的地址或符号地址的后面附加“:P”，可以立即读外设输入或立即写外设输出，例如 I0.3:P 和 Q0.4:P。写外设输入点是被禁止的，即 I_:P 访问是只读的。用 I_:P 访问外设输入不会影响过程映像输入区中的对应值。

表 3.4　系统存储区

存储区	描述	强制	保持
过程映像输入(I)	在扫描循环开始时，从物理输入复制的输入值	Yes	No
物理输入(I_:P)	通过该区域立即读取物理输入	No	No
过程映像出(Q)	在扫描循环开始时，将输出值写入物理输出	Yes	No
物理输出(Q_:P)	通过该区域立即写物理输出	No	No
位存储器(M)	用于存储用户程序的中间运算结果或标志位	No	Yes

续表

存储区	描述	强制	保持
临时局部存储器(L)	块的临时局部数据，只能供块内部使用，只可以通过符合方式来访问	No	No
数据块(DB)	数据存储器与FB的参数存储器	No	Yes

外设输出Q0.3:P可以立即写外设输出点，同时写给过程映像输出。读外设输出点是被禁止的，即Q_:P访问是只写的。

位存储器区(M存储器)用来存储运算的中间操作状态或其他控制信息。数据块用来存储代码块使用的各种类型的数据。

临时存储器用于存储代码块被处理时使用的临时数据。所有的代码块都可以访问M存储器和数据块中的数据。在OB、FC和FB的接口区生成的临时变量只能在生成它们的代码块内使用，不能与其他代码块共享，只能通过符号地址访问临时存储器。可以按位、字节、字或双字读/写位存储器区、数据块和临时存储器。

3.4　编写用户程序与使用变量表

3.4.1　编写用户程序

1. 在项目视图中生成项目

执行菜单命令“项目”→“新建”，生成名为“电动机控制”的新项目。

2. 添加新设备

双击项目树中的“添加新设备”，添加一个新设备。

3. 系统简介

如图3.17所示，主电路中的接触器KM1和KM2动作时，异步电动机按星形接线方式运行；延时后，KM1和KM3动作，按三角形接线方式运行。

4. 程序编辑器简介

双击项目树中的OB1，打开主程序。选中项目树中的“默认变量表”后，详细视图显示PLC变量表中的变量，可以将其中的变量拖拽到梯形图中，如图3.18所示。

可以用鼠标移动程序区最上面的分隔条，分隔条上面是代码块的接口区，下面是程序区；程序区下面是打开的块的巡视窗口；右边是指令列表。

指令的收藏夹用于快速访问常用的指令。单击程序编辑器工具栏上的按钮，可以在程序区的上面显示收藏夹。可以将指令列表中自己常用的指令拖拽到收藏夹，也可以用鼠标右键删除收藏夹中的指令。

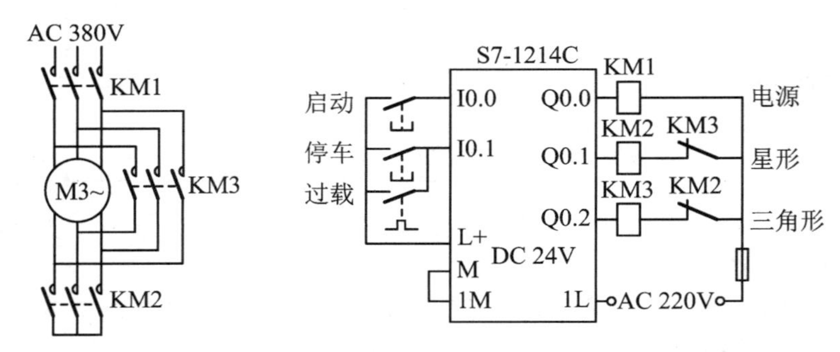

图 3.17 电动机主电路与 PLC 外部接线图

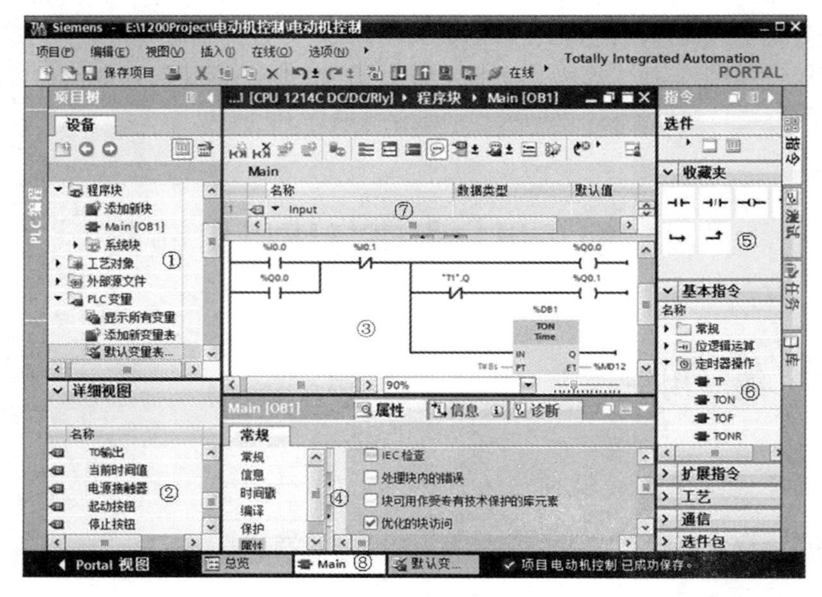

图 3.18 程序编辑器界面

5. 生成用户程序

按下启动按钮 I1.0,Q1.0 和 Q1.1 同时变为 1 状态,使 KM1 和 KM2 同时动作,电动机按星形接线方式运行,定时器 TON 的 IN 输入端为 1 状态,开始定时。6 s 后定时器的定时时间到,其输出位“T1”.Q 的常闭触点断开,使 Q1.1 和 KM2 的线圈断电。“T1”.Q 的常开触点闭合,使 Q1.2 和 KM3 的线圈通电,电动机改为按三角形接线方式运行。按下停止按钮或过载时,I1.1 的常闭触点断开,使 KM1 和 KM3 的线圈断电,电动机停止运行。

选中程序段 1 中的水平线,依次单击收藏夹中的三个按钮,出现从左到右串联的常开触点、常闭触点和线圈,元件上面红色的问号区用来输入元件的地址。选中最左边的垂直“电源线”,依次单击收藏夹中的打开分支、常开触点和关闭分支按钮 ,生成一个与上面的常开触点并联的 Q1.0 的常开触点。选中 I1.1 的常闭触点之后的水平线,依次单击打开分支、常闭触点和线圈按钮,出现图中 Q1.1 线圈所在的支路。

选中“T1”.Q 的常闭触点左边的水平线,单击“打开分支”按钮,然后双击指令列表中的接通延时定时器TON的图标，出现“调用选项”对话框，将数据块默认的名称改为“T1”。单击“确定”按钮，生成指令TON的背景数据块DB1。在定时器的PT输入端输入预设值T#6s。

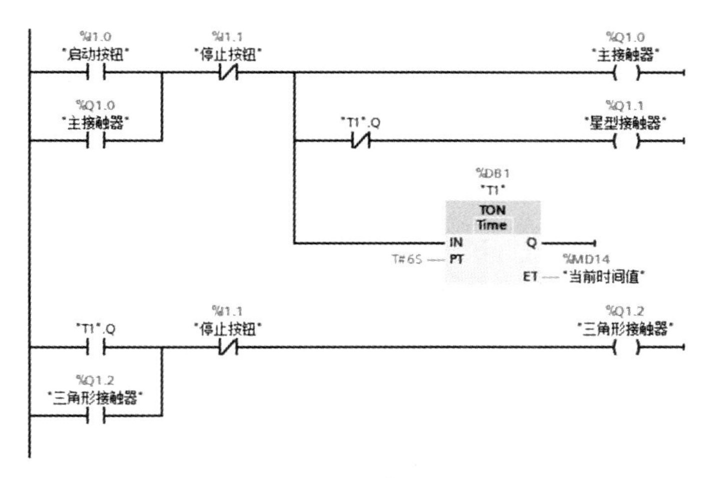

图3.19 梯形图

为了输入地址“T1”.Q，单击触点上面的问号，再单击出现的小方框右边的按钮，接着单击出现的地址列表中的“T1”，地址域出现“‘T1’.”。单击地址列表中的“Q”，地址列表消失，地址域出现“‘T1’.Q”。

选中最左边的垂直“电源线”，单击打开分支按钮，生成用“T1”.Q和I1.1控制Q1.2的电路。

可以用程序编辑器工具栏上的按钮选择地址的三种显示方式，或在三种地址显示方式之间切换。

6. 设置程序编辑器的参数

用菜单命令“选项”→“设置”打开“设置”编辑器，选中工作区左边窗口中的“PLC编程”文件夹，可以设置是否显示注释。如果勾选了“IEC检查”复选框，新块将采用IEC检查。“助记符”一般采用默认的“国际”。“操作数域”的“最大宽度”是操作数域水平方向可以输入的最大字符数，决定了触点、线圈和方框指令的宽度。修改后的设置需要关闭块后重新打开它才起作用。

3.4.2 使用变量表与帮助功能

1. 生成和修改变量

双击项目树中的“默认变量表”，打开变量编辑器。选项卡“变量”可用来定义PLC的变量，选项卡中“系统常数”是系统自动生成的与PLC的硬件和中断事件有关的常数值。

在“变量”选项卡空白行的“名称”列可输入变量的名称，单击“数据类型”列右侧隐藏的按钮，可设置变量的数据类型。在“地址”列可输入变量的绝对地址，“%”是自动添加的，如图3.20所示。

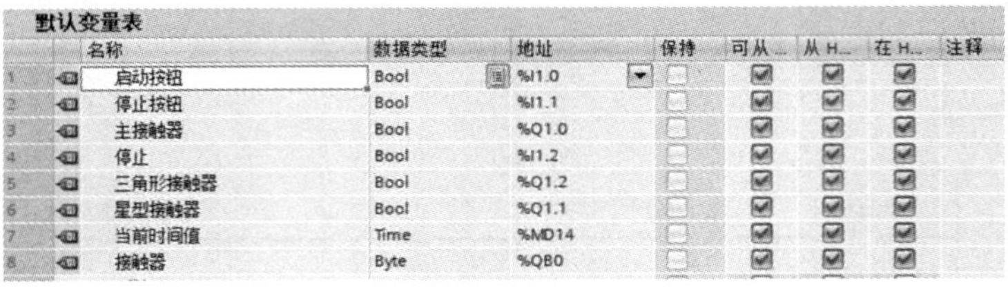

默认变量表

	名称	数据类型	地址	保持	可从...	从 H...	在 H...	注释
1	启动按钮	Bool	%I1.0	☐	☑	☑	☑	
2	停止按钮	Bool	%I1.1	☐	☑	☑	☑	
3	主接触器	Bool	%Q1.0	☐	☑	☑	☑	
4	停止	Bool	%I1.2	☐	☑	☑	☑	
5	三角形接触器	Bool	%Q1.2	☐	☑	☑	☑	
6	星型接触器	Bool	%Q1.1	☐	☑	☑	☑	
7	当前时间值	Time	%MD14	☐	☑	☑	☑	
8	接触器	Byte	%QB0	☐	☑	☑	☑	

图 3.20　生成和修改变量

2. 变量表中变量的排序

单击变量表表头中的“地址”,该单元出现向上的三角形,各变量按地址的第一个字母从 A 到 Z 升序排列。再单击一次该单元,三角形的方向向下,各变量按地址降序排列。可以根据变量的名称和数据类型等来排列变量。

3. 快速生成变量

用鼠标右键单击变量“主接触器”,在该变量上面出现一个空白行。单击“接触器”最左边的单元,选中变量“接触器”所在的整行。将光标放到该行的标签列单元左下角的小正方形上,光标变为深蓝色的小十字。按住鼠标左键不放,向下移动鼠标,在空白行生成新的变量“接触器_1”。

4. 设置变量的保持性功能

单击工具栏上的“保持型”按钮,可以用打开的对话框设置 M 区从 MB0 开始的具有保持性功能的字节数。

5. 设置变量表中地址的显示方式

可以用与程序编辑器相同的方法设置地址的显示方式。右键单击 TIA 博途中表格灰色的表头,执行快捷菜单中的“调整所有列宽度”命令,可以使表格各列排列紧凑。

6. 全局变量与局部变量

PLC 变量表中的变量为全局变量,可以用于所有的代码块。在程序中,全局变量被自动添加双引号。局部变量只能在它被定义的块中使用。在程序中,局部变量被自动添加#号。

7. 设置块的变量只能用符号访问

用右键单击项目树中的某个全局数据块、FB 或 FC,打开“属性”视图,勾选其中的“优化的块访问”复选框,此后声明的变量在块内没有固定的绝对地址,只有符号名。变量以优化的方式保存,可以提高存储区的利用率。

8. 使用帮助功能

(1) 弹出项。将鼠标的光标放在 STEP 7 的文本框、工具栏上的按钮和图标等对象上,单击出现黄色背景的弹出项方框,方框内是对象的简要说明或帮助信息。设置循环周期监视时间时，如果输入的值超过了允许的范围，按回车键后，会出现红色背景的错误信息。

(2) 层叠工具提示。将光标放在程序编辑器的收藏夹的“空功能框”按钮上，出现黄色背景的层叠工具提示框中的三角形图标，表示有更多信息。单击该图标，层叠工具提示框出现图中第2行的蓝色有下划线的层叠项，它是指向相应帮助主题的链接。单击该链接，将会打开帮助，并显示相应的主题。

(3) 帮助系统。可以通过以下方式打开帮助系统：

① 执行菜单命令“帮助”→“显示帮助”。

② 选中某个对象(例如某条指令)后按〈F1〉键。

③ 单击层叠工具提示框中的链接，直接转到帮助系统中的对应位置。

使用信息系统的“索引”和“搜索”选项卡，可以快速查找需要的帮助信息，也可以通过目录查找感兴趣的帮助信息。单击“收藏类”选项卡的“添加”按钮，可以将右边窗口打开的主题保存到收藏夹。

3.5　用户程序的下载与仿真

3.5.1　下载与上传用户程序

1. 以太网设备的地址

MAC地址是以太网接口设备的物理地址，分为6个字节，用十六进制数表示，例如00-05-BA-CE-07-0C。产品上有MAC地址。

IP地址由4B组成，用十进制数表示，控制系统一般使用固定的IP地址。CPU默认的IP地址为194.168.0.1。子网掩码是一个32位二进制数，用于将IP地址划分为子网地址和子网内节点的地址。二进制子网掩码的高位是连续的1，低位是连续的0，例如255.255.255.0。

IP路由器用于连接子网，路由器的子网地址与子网内节点的子网地址相同。

传输速率(波特率)的单位为bit/s，或bps。

2. 组态CPU的PROFINET接口

打开PLC的设备视图，双击CPU的以太网接口，选中巡视窗口左边的“以太网地址”，采用右边窗口默认的IP地址和子网掩码。

3. 设置计算机网卡的IP地址

操作系统为Windows 7及以上时，用以太网电缆连接计算机和CPU，打开“控制面板”，单击“查看网络状态和任务”。再单击“本地连接”，打开“本地连接状态”对话框。单击其中的“属性”按钮，在“本地连接属性”对话框中双击“此连接使用下列项目”列表框中的“Internet协议版本4(TCP/IPv4)”，如图3.21所示，打开“Internet协议版本4(TCP/

IPv4)属性”对话框。

用单选框选中“使用下面的 IP 地址”，键入 PLC 以太网接口默认的子网地址 194.168.0(应与 CPU 的子网地址相同)，IP 地址的第 4 个字节是子网内设备的地址，可以取 0～255 中的某个值，但是不能与子网中其他设备的 IP 地址重叠。单击“子网掩码”输入框，自动出现默认的子网掩码 255.255.255.0。一般不用设置网关的 IP 地址。

设置结束后，单击各级对话框中的“确定”按钮。

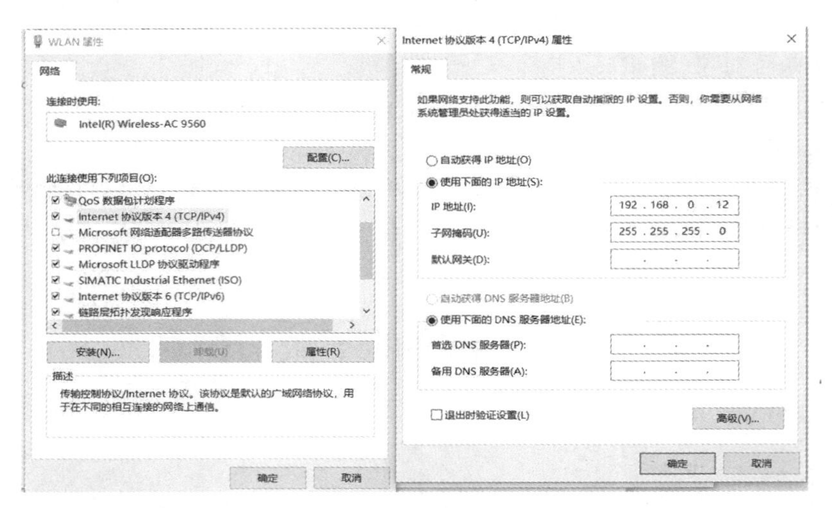

图 3.21　设置计算机网卡的 IP 地址

4. 下载项目

选中项目树中的 PLC_1，单击工具栏上的下载按钮，出现“扩展的下载到设备”选项，如图 3.22 所示。

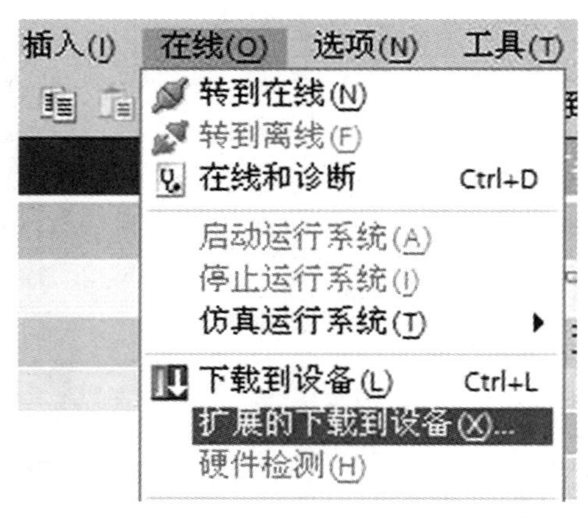

图 3.22　“扩展的下载到设备”选项

用“PG/PC 接口”下拉式列表设置实际使用的网卡。单击“开始搜索”按钮，经过一定时间后，在“目标子网中的兼容设备”列表中，出现网络上的 S7-1200 CPU 和它的 IP 地址，对话框中计算机与 PLC 之间的连线由断开变为接通。CPU 所在方框的背景色变为实心的橙色，表示 CPU 进入在线状态，如图 3.23 所示。

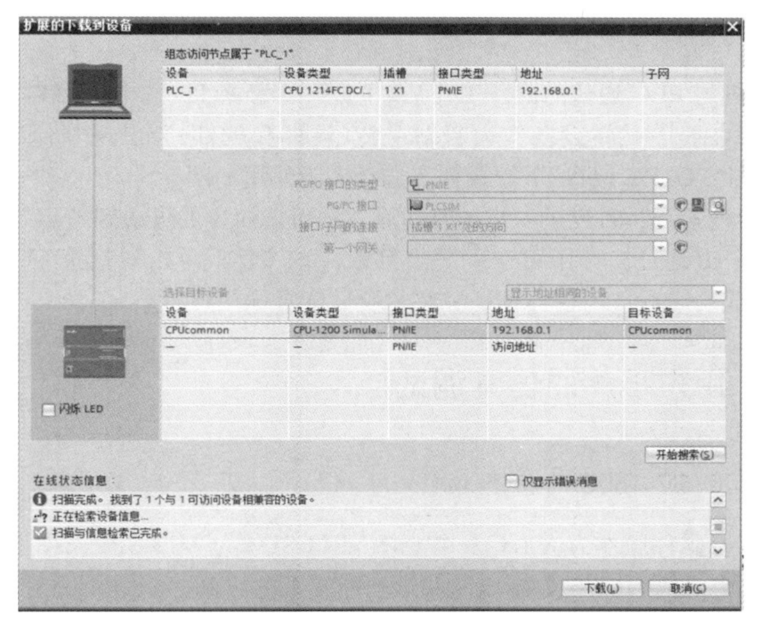

图 3.23　CPU 进入在线状态

如果网络上有多个 CPU，选中列表中的某个 CPU，勾选“闪烁 LED”复选框，对应的硬件 CPU 上的 LED 将会闪动。

单击“下载”按钮，出现“下载预览”对话框。编译成功后，勾选“全部覆盖”复选框，单击“下载”按钮，开始下载。下载结束后，出现“下载结果”对话框，如图 3.24 所示，勾选“全部启动”复选框，单击“完成”按钮，完成下载，PLC 切换到 RUN 模式。

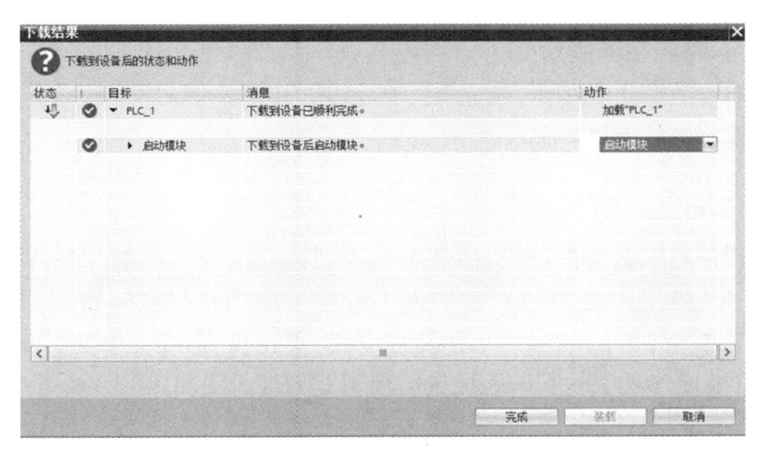

图 3.24　“下载结果”对话框

可以用“在线”菜单中的命令或右键快捷菜单中的命令启动下载操作，也可以在打开某个代码块时，单击工具栏中的下载按钮，下载该代码块。

5. 下载时找不到连接的 PLC 的处理方法

下载时如果找不到可访问的设备，应勾选“显示所有兼容的设备”多选框，再单击“开始搜索”按钮。

6. 上传设备作为新站

做好计算机与 PLC 通信的准备工作后，生成一个新项目，选中项目树中的项目名称，执行菜单命令“在线”→“将设备作为新站上传(硬件和软件)”，出现“将设备上传至 PG/PC”对话框。用“PG/PC 接口”下拉式列表选择实际使用的网卡。

单击“开始搜索”按钮，经过一定的时间后，在“所选接口的可访问节点”列表中，出现连接的 CPU 和其 IP 地址。选中可访问节点列表中的 CPU，单击对话框下面的“从设备上传”按钮，上传成功后，可以获得 CPU 完整的硬件配置和用户程序。

3.5.2 用户程序的仿真调试

1. S7-1200/S7-1500 的仿真软件

仿真的条件：固件版本为 V4.0 及以上，S7-PLCSIM 为 V13 SP1 及以上；不支持计数、PID 和运动控制工艺模块，不支持 PID 和运动控制工艺对象。

2. 启动仿真和下载程序

选中项目树中的 PLC_1，单击工具栏上的“开始仿真”按钮，出现 S7-PLCSIM 的精简视图。如果出现“扩展的下载到设备”对话框，设置 “PG/PC 接口的类型”“PG/PC 接口”，单击“开始搜索”按钮，“目标子网中的兼容设备”列表中将显示搜索到的仿真 CPU 的以太网接口的 IP 地址。

单击“下载”按钮，出现“下载预览”对话框，编译组态成功后，勾选“全部覆盖”复选框，单击“下载”按钮，将程序下载到 PLC。

下载结束后，出现“下载结果”对话框。勾选其中的“全部启动”复选框，单击“完成”按钮，仿真 PLC 被切换到 RUN 模式。

3. 生成仿真表

单击精简视图右下角的按钮，切换到项目视图。双击项目树的“SIM 表” 文件夹中的“SIM 表 1”，打开仿真表。在“地址”列输入 IB0 和 QB0，可以用一行来显示 Q1.0～Q1.7 的状态。单击表格空白行“名称”列隐藏的按钮，单击变量列表中的“T1”，地址域出现“‘T1’.”。单击地址列表中的 ET，地址域出现”T1”.ET。用同样的方法可在“名称”列生成“T1”.Q。

4. 用仿真表调试程序

启动梯形图的程序状态监控，两次单击 I1.0 对应的小方框，方框中出现勾又消失，I1.0 变为 1 后又变为 0，模拟按下和松开启动按钮，梯形图中 I1.0 的常开触点闭合后又断开。由于程序的作用，Q1.0 和 Q1.1 变为 TRUE，对应的小方框中出现勾。当前时间值“T1”.ET 的监视值不断增大。当它等于预设时间值 T＃8S 时，其监视值保持不变，变量“T1”.Q 变为 TURE，Q1.1 变为 FALSE，Q1.2 变为 TRUE，电动机由星形接法切换到三角形接法。

两次单击I1.1对应的小方框，模拟按下和松开停止按钮。由于用户程序的作用，Q1.0和Q1.2变为FALSE，电动机停机。

S7-PLCSIM的精简视图和项目视图可以相互切换。

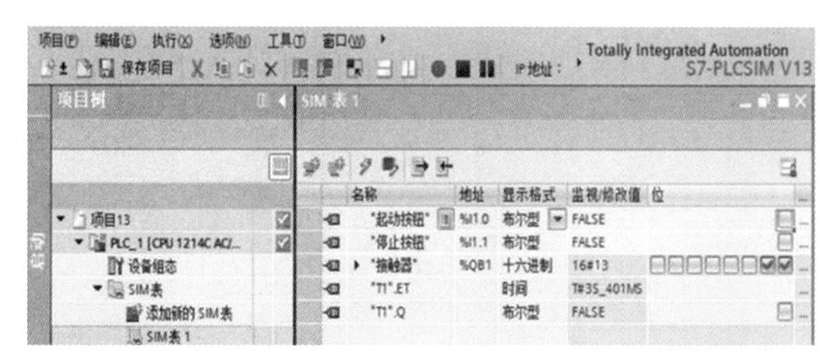

图3.25　S7-PLCSIM的项目视图

3.6　实训：用STEP 7调试程序

3.6.1 用程序状态功能调试程序

1. 启动程序状态监视

与PLC建立好在线连接后，打开需要监视的代码块，单击程序编辑器工具栏中的“启用/禁用监视”按钮 ，启动程序状态监控。如果在线程序与离线程序不一致，项目树中会出现表示故障的符号，需要重新下载有问题的块，使在线、离线的块一致。当项目树对象右边均出现绿色的表示正常的符号后，才能启动程序状态功能，如图3.26所示。进入在线模式后，程序编辑器最上面的标题栏变为桔红色。

2. 程序状态的显示

启动程序状态后，用绿色连续线来表示有“能流”；用蓝色虚线表示没有能流；用灰色连续线表示状态未知或程序没有执行；黑色表示没有连接。

Bool变量为0状态和1状态时，它们的常开触点和线圈分别用蓝色虚线和绿色连续线来表示，常闭触点的显示与变量状态的关系则与常开触点相反。

进入程序状态之前，梯形图中的线和元件因为状态未知，全部为黑色。启动程序状态监视后，梯形图左侧垂直的“电源”线和与它连接的水平线均为连续的绿线，表示有能流从“电源”线流出。有能流流过的处于闭合状态的触点、指令方框、线圈和“导线”均用连续的绿色线表示。

用程序状态功能监控和调试项目“电动机控制”的程序。

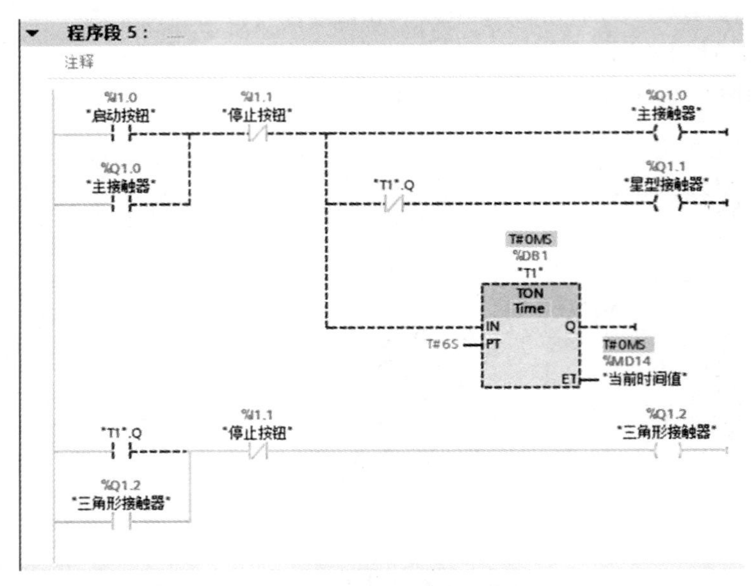

图 3.26　程序状态监视

3. 在程序状态修改变量的值

用鼠标右键单击程序状态中的某个Bool变量，执行命令“修改”→“修改为1”或“修改”→“修改为0”；对于其他数据类型的变量，执行命令“修改”→“修改值”。执行命令“修改”→“显示格式”，可以修改变量的显示格式，如图3.27所示。

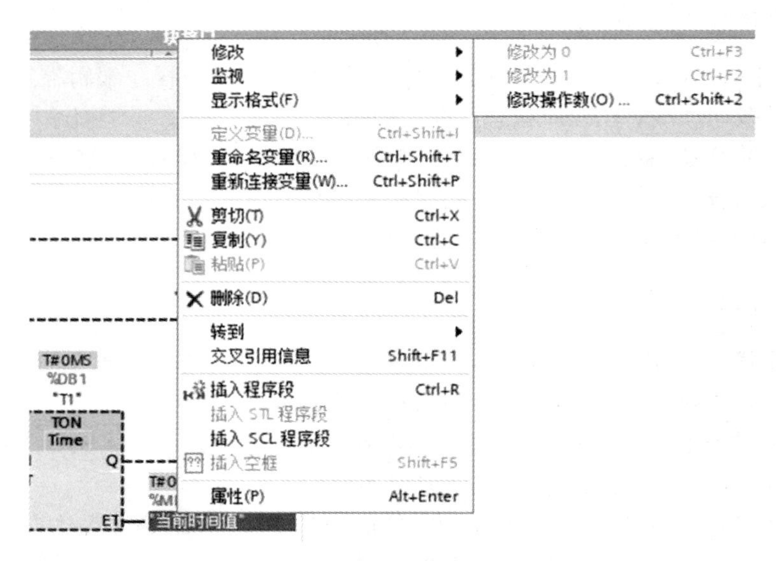

图 3.27　修改变量

不能修改过程映像输入(I)的值。如果被修改的变量同时受到程序的控制，则程序控制的作用优先。

3.6.2　用监控表监控与强制变量

程序状态功能只能在屏幕上显示一小块程序，往往不能同时看到与某一程序功能有关的全部变量的状态。监控表可以有效地解决上述问题。

监控表可以赋值或显示包括 I、Q、I_：P、Q_：P、M 和 DB 区的变量。

1. 监控表的功能

可以监视、修改变量和对外设输出赋值。

2. 生成监控表

双击项目树中的“添加新监控表”，生成一个新的监控表。可以同时生成多个监控表。

3. 在监控表中输入变量

可以在监控表中输入变量的名称或地址。可以将 PLC 变量表中的变量名称复制到监控表。

可以用“显示格式”列的下拉式列表设置显示格式。使用二进制格式显示，可以用字节（8 位）、字（16 位）或双字（32 位）来监视和修改多个 Bool 变量。

4. 监视变量

与 CPU 建立在线连接后，单击工具栏上的“全部监视”按钮，启动或关闭监视功能，将在“监视值”列连续显示变量的动态实际值。

单击工具栏上的“立即一次性监视所有变量”按钮，立即读取一次变量值，并在监控表中显示。位变量为 TRUE 时，监视值列的方形指示灯为绿色。反之为灰色，如图 3.28 所示。

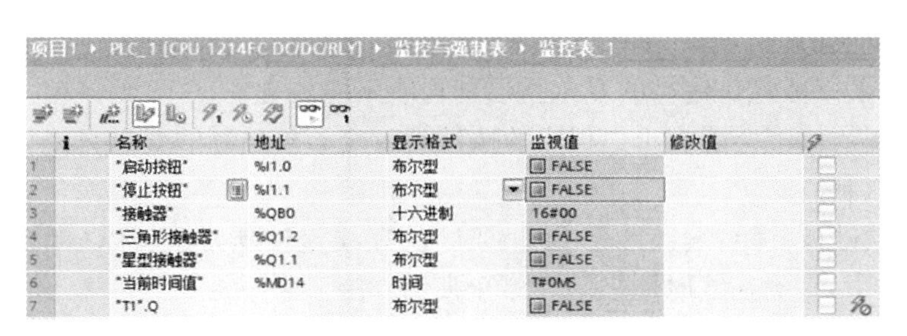
项目1 ▸ PLC_1 [CPU 1214FC DC/DC/RLY] ▸ 监控与强制表 ▸ 监控表_1

	i	名称	地址	显示格式	监视值	修改值	
1		"启动按钮"	%I1.0	布尔型	FALSE		
2		"停止按钮"	%I1.1	布尔型	FALSE		
3		"接触器"	%QB0	十六进制	16#00		
4		"三角形接触器"	%Q1.2	布尔型	FALSE		
5		"星型接触器"	%Q1.1	布尔型	FALSE		
6		"当前时间值"	%MD14	时间	T#0MS		
7		"T1".Q		布尔型	FALSE		

图 3.28　监视表

5. 修改变量

单击“显示/隐藏所有修改列”按钮，在出现的“修改值”列输入变量新的值，勾选要修改的变量的复选框。单击工具栏上的“立即一次性修改所有选定值”按钮，复选框打勾的“修改值”被立即送入指定的地址。可以用鼠标右键菜单修改位变量的值，如图 3.29 所示。

在 RUN 模式修改变量时，各变量同时又受到用户程序的控制。在 RUN 模式时，不能改变 I 区变量的值。

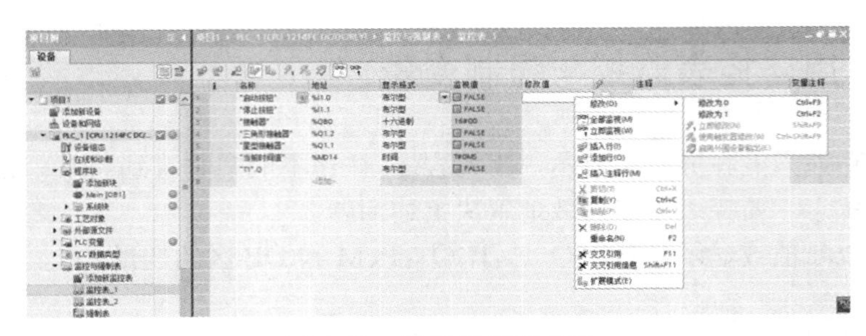

图 3.29　监视表修改变量

6. 在 STOP 模式改变外设输出的状态

在调试设备时，用监视功能可以检查过程设备的接线是否正确。以 Q1.0 为例，在监控表中输入 Q1.0:P，勾选该行的复选框，将 CPU 切换到 STOP 模式。

单击监控表工具栏上的按钮，显示扩展模式列。单击工具栏上的“全部监视”按钮，启动监视功能。单击工具栏上的“启用外设输出”按钮，再单击出现的对话框中的“是”按钮确认。用鼠标右键菜单修改 Q1.0 的值。

	i	名称	地址	显示格式	监视值	修改值	
1		"启动按钮"	%I1.0	布尔型	FALSE		
2		"停止按钮"	%I1.1	布尔型	FALSE		
3		"接触器"	%QB0	十六进制	16#00		
4		"三角形接触器"	%Q1.2	布尔型	FALSE		
5		"星型接触器"	%Q1.1	布尔型	FALSE		
6		"当前时间值"	%MD14	时间	T#0MS		
7		"T1".Q		布尔型	FALSE		
8		"主接触器":P	%Q1.0:P	布尔型			

图 3.30　在 STOP 模式改变外设输出的状态

7. 强制的基本概念

与 CPU 建立了在线连接后，可以强制外设输入和外设输出，例如强制 I1.0:P 和 Q1.0:P 等。不能强制给 HSC、PWM 和 PTO 指定 I/O 点。可以通过强制 I/O 点来模拟物理条件，例如用来模拟输入信号的变化。强制功能不能仿真。

变量被强制的值不会因为用户程序的执行而改变。被强制的变量只能读取，不能用写访问来改变其强制值。

即使编程软件被关闭、编程计算机与 CPU 的在线连接断开或 CPU 断电，强制值都会被保持在 CPU 中，直到在线时用强制表停止强制功能。

8. 强制变量

双击打开项目树中的强制表，输入 I1.0 和 Q1.0，它们会被自动添加“:P”。单击工具栏上的按钮，切换到扩展模式，将 CPU 切换到 RUN 模式。

水平拆分编辑器空间，同时显示 OB1 和强制表。启动程序状态功能。

单击强制表工具栏上的按钮，启动监视功能。用鼠标右键快捷菜单命令，将 I1.0:P 强制为 TRUE。强制表第一行出现表示被强制的标有“F”的小方框，第一行“F”列的复选框中出现勾。PLC 面板上 I1.0 对应的 LED 不亮，梯形图中 I1.0 的常开触点接通，上面出

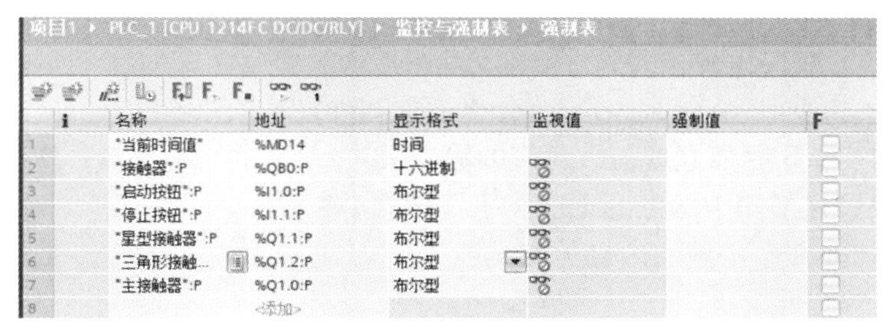

项目1 ▸ PLC_1 [CPU 1214FC DC/DC/RLY] ▸ 监控与强制表 ▸ 强制表

	i	名称	地址	显示格式	监视值	强制值	F
1		"当前时间值"	%MD14	时间			
2		"接触器":P	%QB0:P	十六进制			
3		"启动按钮":P	%I1.0:P	布尔型			
4		"停止按钮":P	%I1.1:P	布尔型			
5		"星型接触器":P	%Q1.1:P	布尔型			
6		"三角形接触...	%Q1.2:P	布尔型			
7		"主接触器":P	%Q1.0:P	布尔型			
8			<添加>				

图 3.31 强制变量

现被强制的符号，由于 PLC 程序的作用，梯形图中 Q1.0 的线圈通电，PLC 面板上 Q1.0 对应的 LED 亮起。

用鼠标右键快捷菜单命令将 Q1.0:P 强制为 FALSE。强制表第二行出现表示被强制的符号。梯形图中 Q1.0 线圈上面出现表示被强制的符号，PLC 面板上 Q1.0 对应的 LED 熄灭。

9. 停止强制

单击强制表工具栏上的“停止强制”按钮，停止对所有地址的强制。强制表和程序中标有“F”的小方框消失，表示强制被停止。

为了停止对单个变量的强制，可以清除该变量的 F 列的复选框，然后重新启动强制。

习　　题

1. 填空题

(1) 数字量输入模块的某一外部输入电路接通时，对应的过程映像输入位为 1 状态，梯形图中对应的常开触点(　　)，常闭触点(　　)。

(2) 若梯形图中某一过程映像输出位 Q 的线圈断电，对应的状态为 0 的过程映像输出位在写入输出模块阶段之后，继电器型输出模块对应的硬件继电器的线圈(　　)，其常开触点(　　)，外部负载(　　)。

(3) 二进制数 2#0100 0001 1000 0101 对应的十六进制数是(　　)，绝对值与它相同的负数的补码是(　　)，对应的十进制数是(　　)。

(4) 二进制补码 2#1111 1111 1010 0101 对应的十进制数为(　　)。Q4.2 是输出字节(　　)的第(　　)位。

(5) MW4 由(　　)和(　　)组成，(　　)是它的高位字节。MD104 由(　　)和(　　)组成，(　　)是它的最低位字节。

2. 问答题

(1) S7-1200 可以使用哪些编程语言？

(2) S7-1200 的代码块包括哪些？代码块有什么特点？

(3) RAM 与 FEPROM 各有什么特点？

(4) 装载存储器和工作存储器各有什么作用？

(5) 字符串的第一个字节和第二个字节存放的是什么？

(6) 数组元素的下标的下限值和上限值分别为 1 和 10,数组元素的数据类型为 Word,写出数组的数据类型表达式。

(7) I0.3:P 和 I0.3 有什么区别,为什么不能写外设输入点?

(8) 怎样将 Q4.5 的值立即写入对应的输出模块?

(9) 怎样设置梯形图中触点的宽度和字符的大小?

(10) 怎样切换程序中地址的显示方式?

第 4 章　S7-1200 的指令

4.1　位逻辑指令

4.1.1 常开触点和常闭触点

常开触点和常闭触点是位逻辑运算的一种指令，激活触点需要改变操作数的信号状态。在 PLC 中常开触点和常闭触点的符号如图 4.1 所示。

-------|　|-------　------|　/　|-----

图 4.1　常开触点和常闭触点

常开触点：当操作数的信号状态为“1”时，常开触点将关闭，同时输出的信号状态置位为输入的信号状态。当操作数的信号状态为“0”时，不会激活常开触点，同时该指令输出的信号状态复位为“0”。两个或多个触点串联时，将逐位进行“与”运算。触点并联时，将逐位进行“或”运算。图 4.2 所示为触点串、并联示意图。

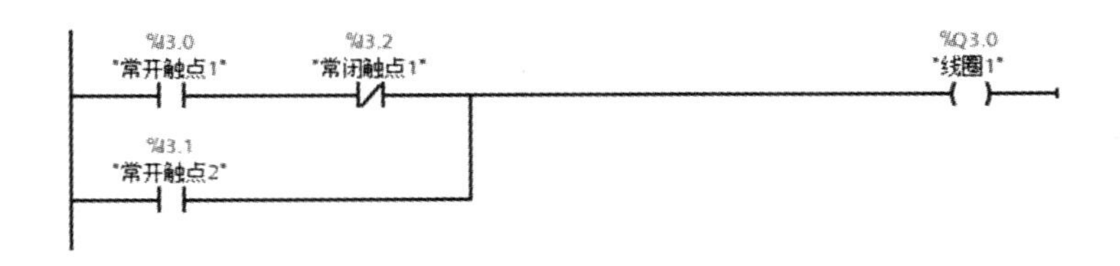

图 4.2　串、并联示意图

常开触点 1 和常闭触点 1 串联，常开触点 2 与常开触点 1、常闭触点 1 的组合电路并联，以上指令的输出信号结果如表 4.1 所示。

表 4.1　信号输出

触点开关	常开触点 1	常开触点 2	常闭触点 1	输出信号 Q3.0
触点状态	0	0	0	0
	0	0	1	0
	0	1	0	1
	0	1	1	1

续表

触点开关	常开触点 1	常开触点 2	常闭触点 1	输出信号 Q3.0
	1	0	0	1
	1	0	1	0
	1	1	0	1
	1	1	1	1

4.1.2 “取反 RLO”指令

“取反 RLO”指令可对逻辑运算结果（RLO）的信号状态进行取反。如果该指令输入的信号状态为“1”，则指令输出的信号状态为“0”。如果该指令输入的信号状态为“0”，则输出的信号状态为“1”。图 4.3 为含有取反指令的梯形图。

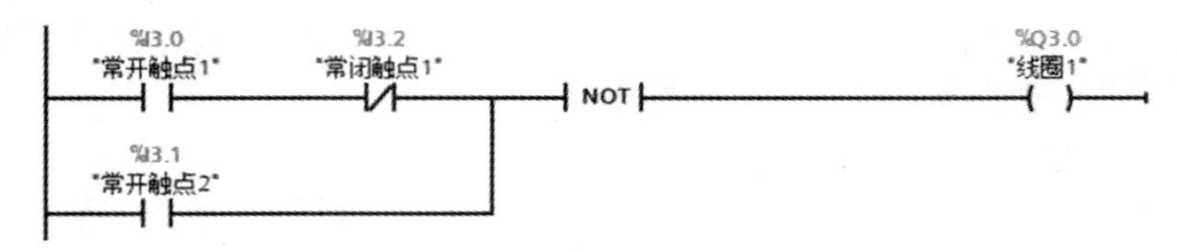

图 4.3　含有取反指令的梯形图

上述电路的输出结果如表 4.2 所示。

表 4.2　含有取反指令的电路逻辑表

触点开关	常开触点 1	常开触点 2	常闭触点 1	输出信号 Q3.0
触点状态	0	0	0	1
	0	0	1	1
	0	1	0	0
	0	1	1	0
	1	0	0	0
	1	0	1	1
	1	1	0	0
	1	1	1	0

4.1.3 赋值与赋值取反

赋值指令又称作输出线圈指令，是将输入的逻辑运算结果（RLO）的信号状态写入指定的地址，线圈通电时写入 1，断电时写入 0。赋值指令如图 4.4 所示。赋值取反是将逻辑运算的结果（RLO）进行取反，然后将其赋值给指定操作数。线圈输入的 RLO 为“1”时，复位操作数。线圈输入的 RLO 为“0”时，操作数的信号状态置位为“1”。如图 4.5 为赋值取反指令符号。

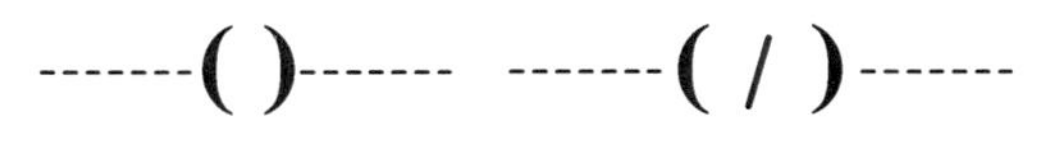

图 4.4　赋值指令　　图 4.5　赋值取反指令

4.1.4　复位输出和置位输出

1. “复位输出”指令将指定操作数的信号状态复位为“0”。仅当线圈输入的逻辑运算结果（RLO）为“1”时，才执行该指令。如果信号流通过线圈（RLO ＝“1”），则指定的操作数复位为“0”。如果线圈输入的 RLO 为“0”（没有信号流过线圈），则指定操作数的信号状态将保持不变。图 4.6 为含有复位输出的梯形图。

图 4.6　含有复位输出的梯形图

上述电路图的电路逻辑如表 4.3 所示。

表 4.3　电路逻辑表

	线圈 2 初始值	常开触点 3	复位后线圈 2 值
指令	0	0	0
	0	1	0
	1	0	1
	1	1	0

2. “置位输出”指令，可将指定操作数的信号状态置位为“1”。仅当线圈输入的逻辑运算结果（RLO）为“1”时，才执行该指令。如果信号流通过线圈（RLO ＝“1”），则指定的操作数置位为“1”。如果线圈输入的 RLO 为“0”（没有信号流过线圈），则指定操作数的信号状态将保持不变。图 4.7 为含置位输出指令的梯形图。

图 4.7　含置位输出指令的梯形图

上述电路图的电路逻辑如表 4.4 所示。

表 4.4　含有置位输出的电路逻辑表

	线圈3初始值	常开触点3	复位后线圈3值
指令	0	0	0
	0	1	1
	1	0	1
	1	1	1

4.1.5　置位位域指令与复位位域指令

1. 置位位域指令是对从某个特定地址开始的多个位进行置位。置位位数为图标下方的数字。图4.8为含有置位位域指令的梯形图。

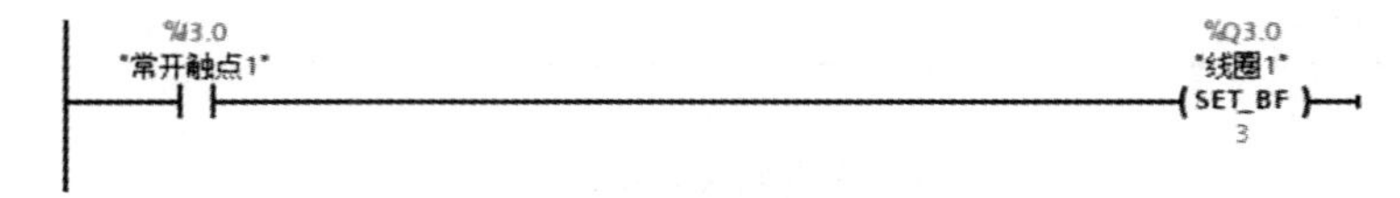

图 4.8　含有置位位域指令的梯形图

当I3.0(常开触点1)信号为0时,线圈Q3.0、Q3.1、Q3.2对应的操作数不发生变化;当I3.0(常开触点1)信号为1时,Q3.0、Q3.1、Q3.2输出信号变为1。具体输出结果见表4.5。

表 4.5　含有置位域的电路逻辑表

	Q3.0	Q3.1	Q3.2	Q3.3	Q3.4
初始值	0	0	0	0	0
I3.0=0	0	0	0	0	0
I3.0=1	1	1	1	0	0

2. 复位位域指令是复位从某个特定地址开始的多个位。复位位数为图标下方数字。图4.9为含有复位位域指令的梯形图。

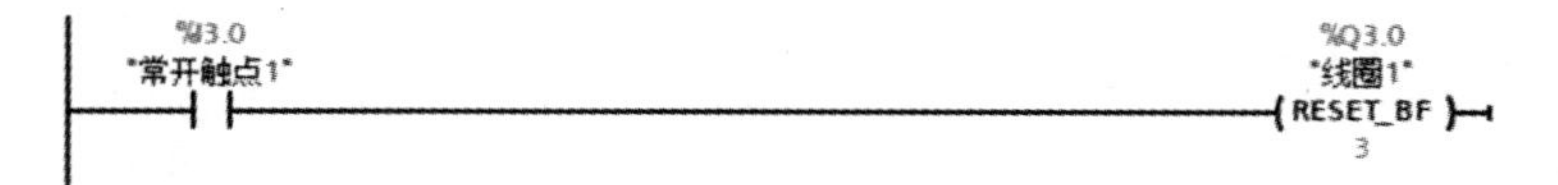

图 4.9　含有复位位域指令的梯形图

当I3.0(常开触点1)信号为0时,线圈Q3.0、Q3.1、Q3.2对应的操作数不发生变化;当I3.0(常开触点1)信号为1时,Q3.0、Q3.1、Q3.2输出信号变为0。具体输出结果见表4.6。

表 4.6　含有复位位域的电路逻辑表

	Q3.0	Q3.1	Q3.2	Q3.3	Q3.4
初始值	1	1	1	1	1
I3.0=0	1	1	1	1	1
I3.0=1	0	0	0	1	1

4.1.6　扫描操作数信号边沿的指令

在 PLC 中，指令是代表电压变化的信号状态 0 和 1。一般 0 代表低电压，1 代表高电压。图 4.10 显示了出现信号上升沿和下降沿时，信号状态的变化。

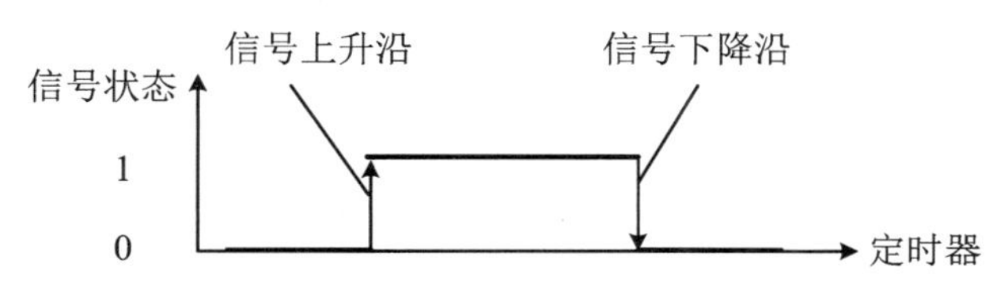

图 4.10　信号上升沿和信号下降沿

中间有 P 的触点的名称为“扫描操作数的信号上升沿”。图 4.11 为含有“扫描操作数的信号上升沿”的梯形图。

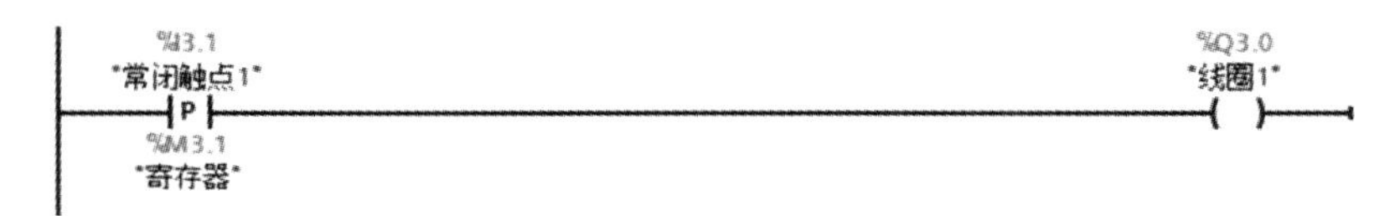

图 4.11　含有“扫描操作数的信号上升沿”的梯形图

使用“扫描操作数的信号上升沿”指令是为了确定指定操作数 I3.1 的信号状态是否从“0”变为“1”。该指令将比较 I3.1 的当前信号状态与上一次扫描的信号状态，上一次扫描的信号状态保存在边沿存储位 M3.1 中。如果该指令检测到逻辑运算结果（RLO）从“0”变为“1”，则说明出现了一个上升沿。每次执行指令时，都会查询信号上升沿。检测到信号上升沿时，I3.1 的信号状态将在一个程序周期内保持置位为“1”。在其他任何情况下，操作数的信号状态均为“0”。

I3.1 初始值为 0，Q3.0 初始值为 0。当 I3.1 由 0 变为 1 时，出现信号上升沿，则电路中有信号流；Q3.0 值变为 1。I3.1 由 1 变为 0 时，未出现信号上升沿，则电路中无信号流；Q3.0 值仍为 1 不变。如表 4.7 所示。

表 4.7　含有“扫描操作数的信号上升沿”电路逻辑表

触点	I3.1	M3.1（I3.1 上一个周期状态）	Q3.0
初始值 I3.1=0	0	0	0
I3.1=1	1	0	一个周期为 1
I3.1=1 变为 I3.1=0	0	1	0

中间由 N 的触点的名称为“扫描操作数的信号下降沿”。含有“扫描操作数的信号下降沿”的电路梯形图如图 4.12 所示。

使用“扫描操作数的信号下降沿”指令，是为了确定所指定操作数 I3.0 的信号状态是否从“1”变为“0”。该指令将比较 I3.0 的当前信号状态与上一次扫描的信号状态，上一次扫描的信号状态保存在边沿存储器位 M3.0 中。如果该指令检测到逻辑运算结果（RLO）从“1”变为“0”，则说明出现了一个下降沿。每次执行指令时，都会查询信号下降沿。检测

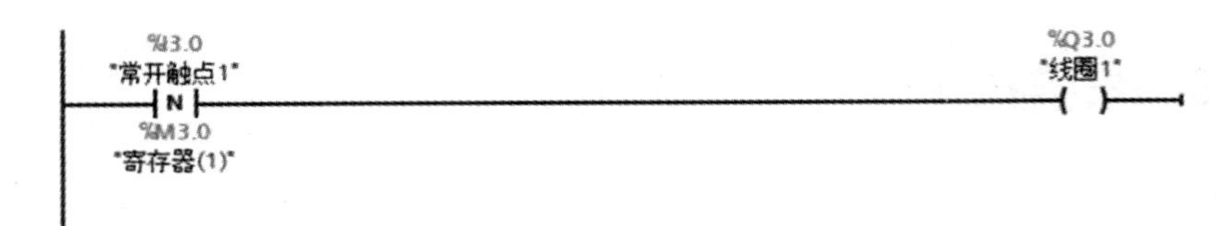

图 4.12　含有"扫描操作数的信号下降沿"的梯形图

到信号下降沿时，I3.0 的信号状态将在一个程序周期内保持置位为"1"。在其他任何情况下，操作数的信号状态均为"0"。

I3.0 初始值为 0，Q3.0 初始值为 0。当 I3.1 由 0 变为 1 时，出现信号上升沿，则电路中无信号流；Q3.0 值仍为 0。当 I3.0 由 0 变为 1 时，出现信号下降沿，则电路中有信号流；Q3.0 值变为 1。当 I3.0 由 1 变为 0 时，未出现信号下降沿，则电路中无信号流；Q3.0 值仍为 1。如表 4.8 所示。

表 4.8　含有"扫描操作数的信号下降沿"电路逻辑表

触点	I3.1	M3.1	Q3.0
初始值 I3.0=0	0	0	0
I3.0=0 变为 I3.0=1	1	1	0
I3.1=1 变为 I3.1=0	0	0	一个程序周期为 1

4.1.7　置位/复位触发器与复位/置位触发器

"置位复位触发器"指令是根据输入 S 和 R1 的信号状态，置位或复位指定操作数的位。如图 4.13 所示。

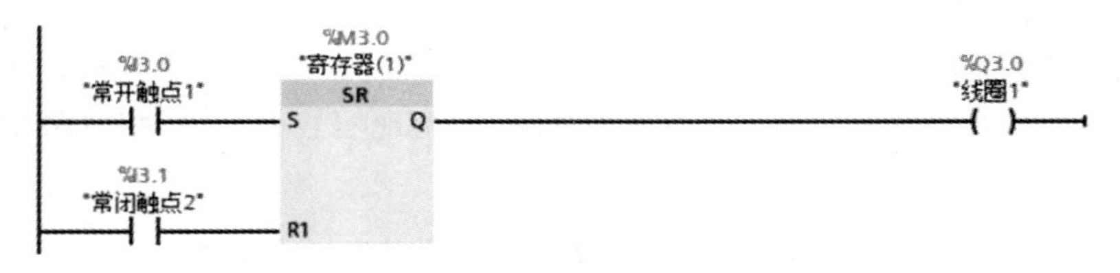

图 4.13　含有置位复位触发器的梯形图

如果输入 S 的信号状态为"1"且输入 R1 的信号状态为"0"，则将指定的 M3.0 置位为"1"。如果输入 S 的信号状态为"0"且输入 R1 的信号状态为"1"，则将指定的 M3.0 复位为"0"。输入 R1 的优先级高于输入 S。输入 S 和 R1 的信号状态都为"1"时，指定 M3.0 的信号状态将复位为"0"。如果两个输入 S 和 R1 的信号状态都为"0"，则不会执行该指令，因此操作数的信号状态保持不变。操作数的当前信号状态被传送到输出 Q，并可在此进行查询。具体信号逻辑表如表 4.9 所示。

表 4.9　含有置位复位触发器的信号路逻辑表

S	R1	M3.0	Q3.0
0	0	0	0
1	0	1	1
0	1	0	0
1	1	0	0

“复位置位触发器”指令是根据输入 R 和 S1 的信号状态，复位或置位指定操作数的位。如图 4.14 所示。

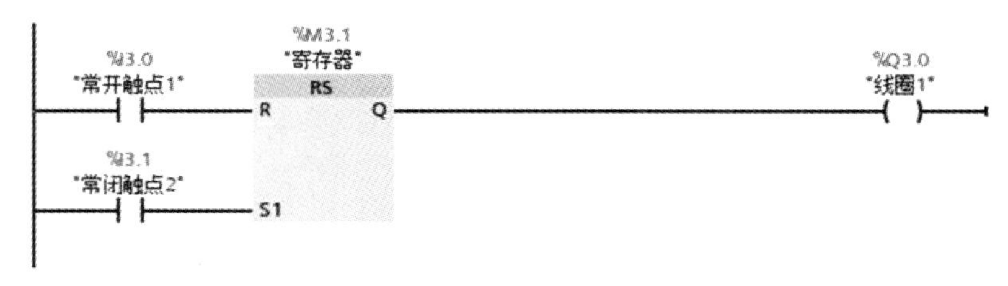

图 4.14　含有复位置位触发器的梯形图

如果输入 R 的信号状态为“1”，且输入 S1 的信号状态为“0”，则指定的操作数将复位为“0”。如果输入 R 的信号状态为“0”且输入 S1 的信号状态为“1”，则将指定的操作数置位为“1”。输入 S1 的优先级高于输入 R。当输入 R 和 S1 的信号状态均为“1”时，将指定操作数的信号状态置位为“1”。如果两个输入 R 和 S1 的信号状态都为“0”，则不会执行该指令，因此操作数的信号状态保持不变。操作数的当前信号状态被传送到输出 Q，并可在此进行查询。具体信号逻辑表如表 4.10 所示。

表 4.10　含有复位置位触发器的信号逻辑表

S1	R	M3.1	Q3.0
0	0	0	0
1	0	1	1
0	1	0	0
1	1	1	1

4.1.8　在信号边沿置位操作数的指令

中间有 P 的线圈是“在信号上升沿置位操作数”指令，如图 4.15 所示。

图 4.15　含有“在信号上升沿置位操作数”指令的梯形图

在逻辑运算结果（RLO）从“0”变为“1”时置位指定操作数M3.0。该指令将当前RLO与保存在边沿存储位中M3.1上次查询的RLO进行比较。如果该指令检测到RLO从“0”变为“1”,则说明出现了一个信号上升沿。每次执行指令时,都会查询信号上升沿。检测到信号上升沿时,M3.0的信号状态将在一个程序周期内保持置位为“1”。在其他任何情况下,操作数的信号状态均为“0”。具体信号逻辑表如表4.11所示。

表4.11　含有“在信号上升沿置位操作数”指令信号逻辑表

I3.0变化	M3.0	M3.1(M3.0上一周期状态)
0	0	0
1	一个程序周期为1	0
0	0	1

同样原理的还有“在信号下降沿置位操作数”指令。

4.2　定时器和计数器指令

4.2.1　定时器指令

1. 脉冲定时器

“生成脉冲(Generate pulse)”指令,可以将输出Q置位为预设的一段时间。当输入的逻辑运算结果（RLO）从“0”变为“1”(信号上升沿)时,启动该指令。如图4.16。

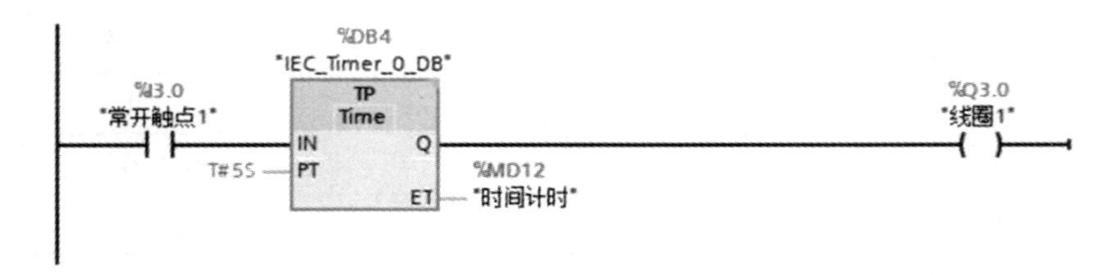

图4.16　含有“生成脉冲”指令的梯形图

当I3.0操作数的信号状态从“0”变为“1”时,ET按照PT参数预设的时间开始计时,且Q3.0操作数将置位为“1”。定时器计时结束时,操作数Q3.0的信号状态复位为“0”。“生成脉冲”指令的脉冲时序图如图4.17所示。

2. 接通延时定时器

“生成接通延时(Generate on-delay)”指令将Q输出的设置延时为设定的时间PT。如图4.18所示。

当I3.0操作数的信号状态从“0”变为“1”时,ET按照PT参数预设的时间开始计时。

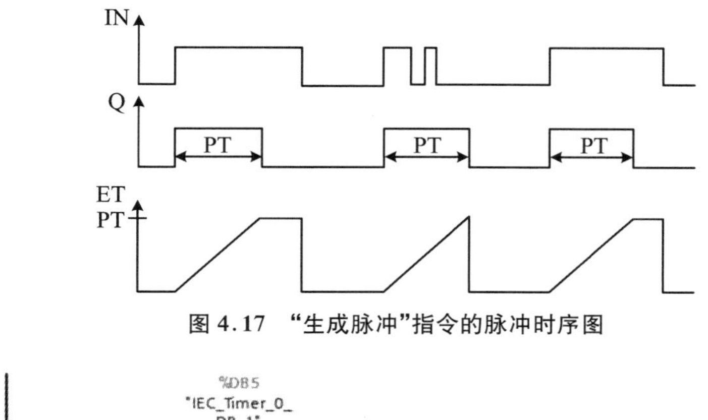

图 4.17　“生成脉冲”指令的脉冲时序图

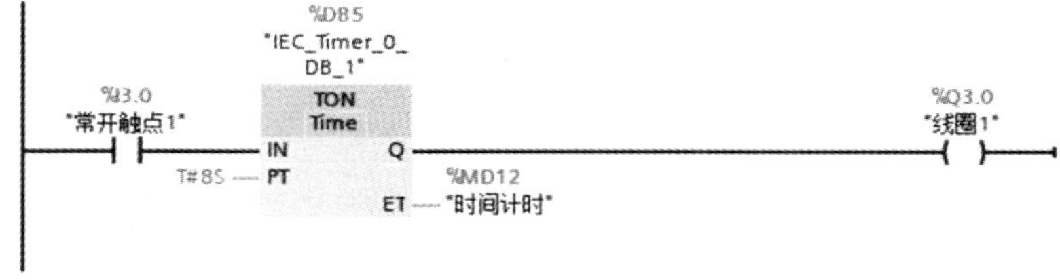

图 4.18　含有“生成接通延时”指令的梯形图

超过该时间周期后，操作数 Q3.0 的信号状态将置位为“1”。只要操作数 I3.0 的信号状态为“1”，操作数 Q3.0 就会保持置位为“1”。当操作数 I3.0 的信号状态从“1”变为“0”时，将复位操作数 Q3.0。“生成接通延时”指令的脉冲时序如图 4.19 所示。

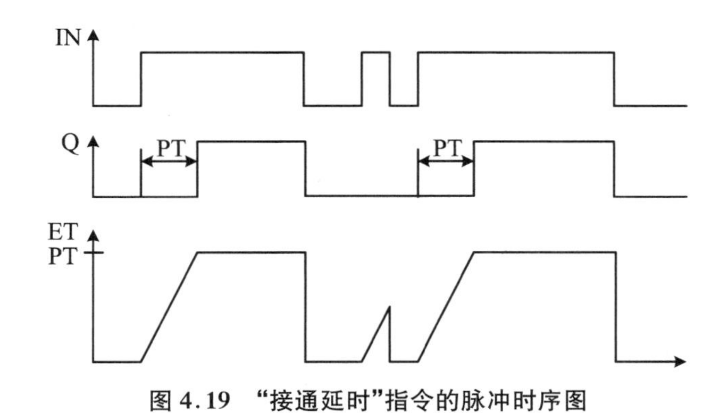

图 4.19　“接通延时”指令的脉冲时序图

3. 关断延时定时器指令

“生成关断延时(Generate off-delay)”指令将 Q 输出的复位延时为设定的时间 PT。如图 4.20 所示。

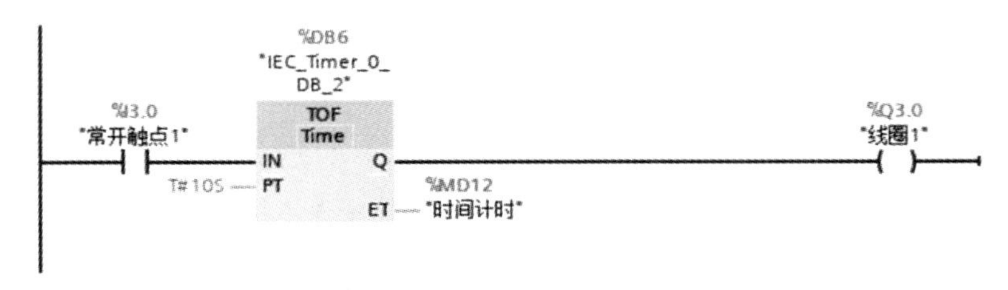

图 4.20　含有“生成关断延时”指令的梯形图

当操作数 I3.0 的信号状态从“0”变为“1”时，操作数 Q3.0 的信号状态将置位为“1”。当 I3.0 操作数的信号状态从“1”变为“0”时，ET 按照 PT 参数预设的时间将开始计时。只要仍在计时，Q3.0 操作数就会保持置位为 TRUE。计时完毕后，Q3.0 操作数将复位为 FALSE。“生成关断延时”指令的脉冲时序图如图 4.21 所示。

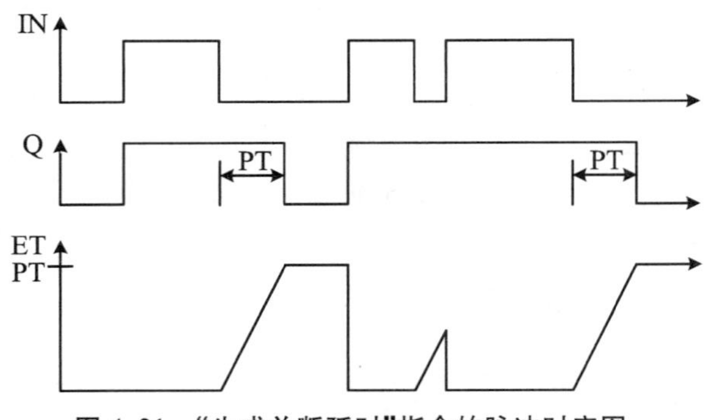

图 4.21　“生成关断延时”指令的脉冲时序图。

4. 时间累加器

“时间累加器”指令是累加由参数 PT 设定的时间段内的时间值。如图 4.22 所示.

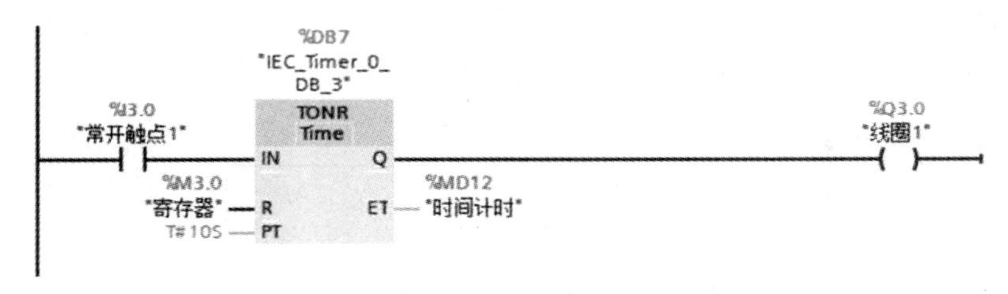

图 4.22　含有“时间累加器”指令的梯形图

当 I3.0 操作数的信号状态从“0”变为“1”时，EI 按照 PT 参数预设的时间开始计时。只要操作数 I3.0 的信号状态为“1”，就继续计时。当操作数 I3.0 的信号状态从“1”变为“0”时，计时将停止，并记录操作数 MD12 中的当前时间值。当操作数 I3.0 的信号状态从“0”变为“1”时，将从发生信号“1”到“0”的跃迁时记录的时间值开始继续计时。达到 PT 参数中指定的时间值时，Q3.0 操作数的信号状态将置位为“1”。当前时间值存储在 MD12 操作数中，R 为复位输入。含有“时间累加器”指令的脉冲时序图如图 4.23 所示。

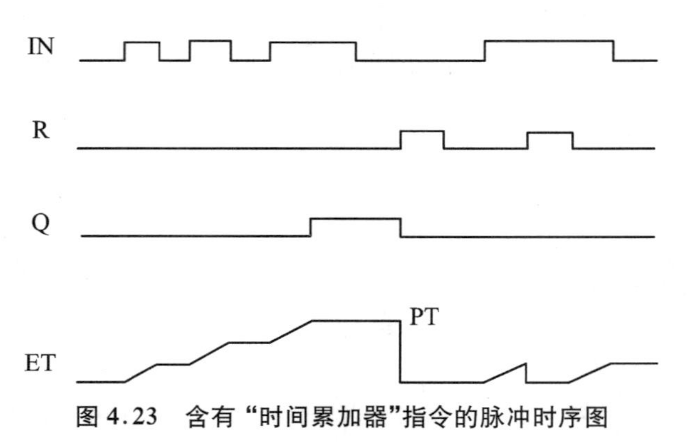

图 4.23　含有“时间累加器”指令的脉冲时序图

4.2.2 计数器指令

1. 计数器的数据类型

S7-1200的计数器属于函数块,调用时需要生成背景数据块。单击指令助记符下面的问号,在下拉式列表中选择某种整数数据类型。

CU和CD分别是加计数输入和减计数输入,在CU或CD信号的上升沿,当前计数器值CV被加1或减1。PV为预设计数值,CV为当前计数器值,R为复位输入,Q为布尔输出。

2. 加计数器

在CU信号的上升沿,CV加1,直到达到指定的数据类型的上限值,CV的值不再增加。如图4.24所示。

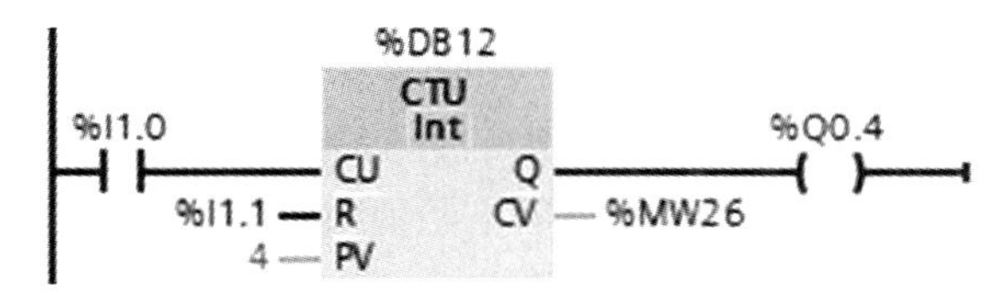

图4.24　含加计数器的梯形图

CV大于等于PV时,输出Q为1状态,反之为0状态。第一次执行指令时,CV被清零。各类计数器的复位输入R为1状态时,计数器被复位,输出Q变为0状态,CV被清零。计数器运行时序图如图4.25所示。

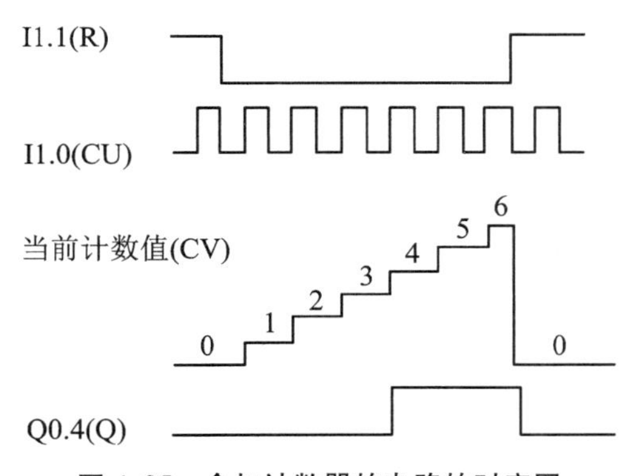

图4.25　含加计数器的电路的时序图

3. 减计数器

减计数器的装载输入LD为1状态时,输出Q被复位为0,并把PV的值装入CV。在减计数输入CD的上升沿,CV减1,直到CV达到指定的数据类型的下限值。此后CV的值不再减小。如图4.26所示。

CV小于等于0时,输出Q为1状态,反之Q为0状态。第一次执行指令时,CV被清零。如图4.27所示。

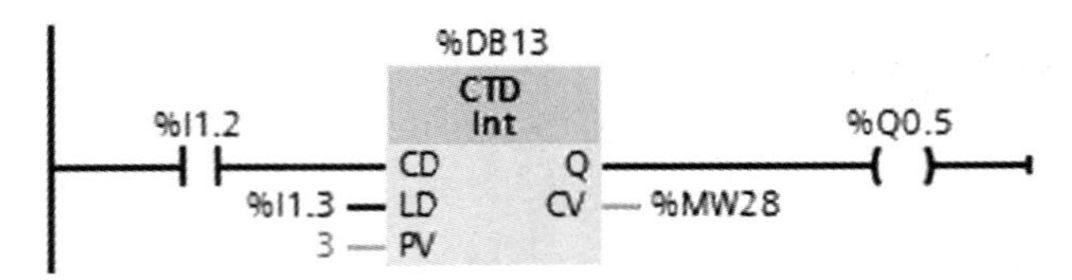

图 4.26　含减计数器的梯形图

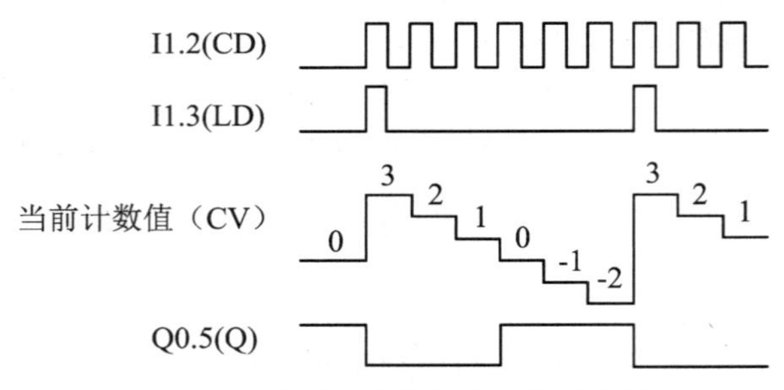

图 4.27　含减计数器的电路的时序图

4．加减计数器

在 CU 的上升沿，CV 加 1，CV 达到指定的数据类型的上限值时不再增加。在 CD 的上升沿，CV 减 1，CV 达到指定的数据类型的下限值时不再减小。如图 4.28 所示。

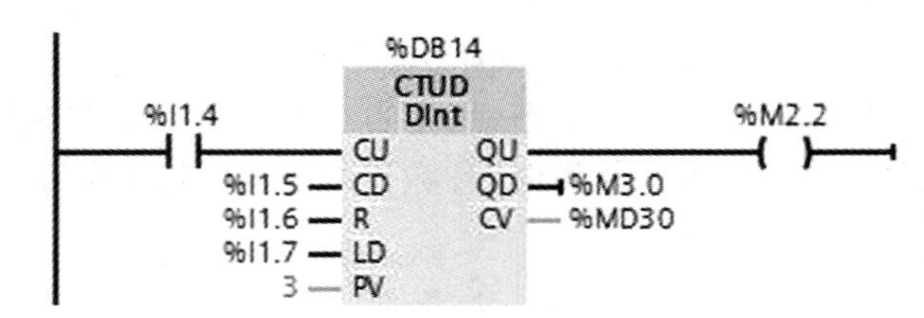

图 4.28　含加减计数器的梯形图

CV 大于等于 PV 时，QU 为 1，反之为 0。CV 小于等于 0 时，QD 为 1，反之为 0。

装载输入 LD 为 1 状态时，PV 被装入 CV，QU 变为 1 状态，QD 被复位为 0 状态。

R 为 1 状态时，计数器被复位，CV 被清零，输出 QU 变为 0 状态，QD 变为 1 状态，CU、CD 和 LD 不再起作用。如图 4.29 所示。

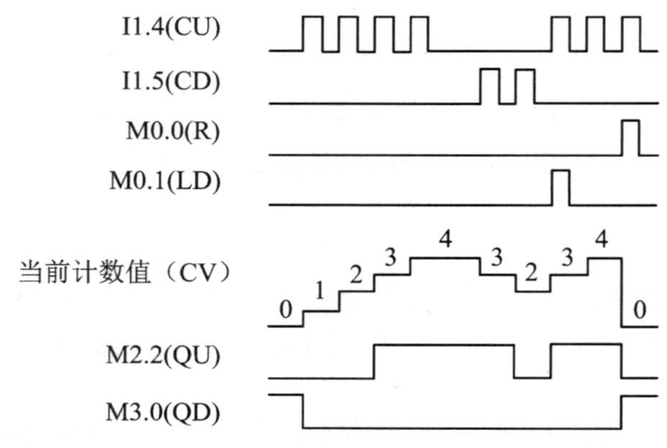

图 4.29　含加减计数器的电路的时序图

4.3　数据处理指令

4.3.1　比较操作指令

基本的比较指令(两个数比大小)用于判断两个同类型的数的大小关系;范围内 IN_RANGE 和范围外 OUT_RANGE 用于判断一个数在区间内还是区间外;OK 和 NOT_OK 用于判断一个数是否为实数(浮点数)。比较指令形式如表 4.12 所示。

表 4.12　比较指令表

指令	关系类型	满足以下条件时比较结果为真	支持的数据类型
─┤ == ??? ├─	=(等于)	IN1 等于 IN2	SInt, Int, DInt, USInt, UInt, UDInt, Real, LReal, String, Char, Time, DTL, Constant
─┤ <> ??? ├─	<>(不等于)	IN1 不等于 IN2	
─┤ >= ??? ├─	>=(大于等于)	IN1 大于等于 IN2	
─┤ <= ??? ├─	<=(小于等于)	IN1 小于等于 IN2	
─┤ > ??? ├─	>(大于)	IN1 大于 IN2	
─┤ < ??? ├─	<(小于)	IN1 小于 IN2	
IN_RANGE ??? MIN VAL MAX	IN_RANGE (值在范围内)	MIN<=VAL<=MAX	SInt, Int, DInt, USInt, Real, Constant
OUT_RANGE ??? MIN VAL MAX	OUT_RANGE (值在范围外)	VAL<MIN 或 VAL>MAX	
─┤ OK ├─	OK(检查有效性)	输入值为有效 REAL 数	Real, LReal
─┤ NOT_OK ├─	NOT_OK (检查无效性)	输入值不是有效 REAL 数	

【例 4.3.1】　图 4.30 是用比较和计数指令编写的开关灯程序。第一次按下灯控按钮 M0.0,灯 Q1.0 亮;第二次按下,灯 Q1.0、Q1.1 全亮;第三次按下灯全灭。如此循环。

【例 4.3.2】　在 HMI 设备上可以设定电动机的转速,由 HMI 输入的设定值存于

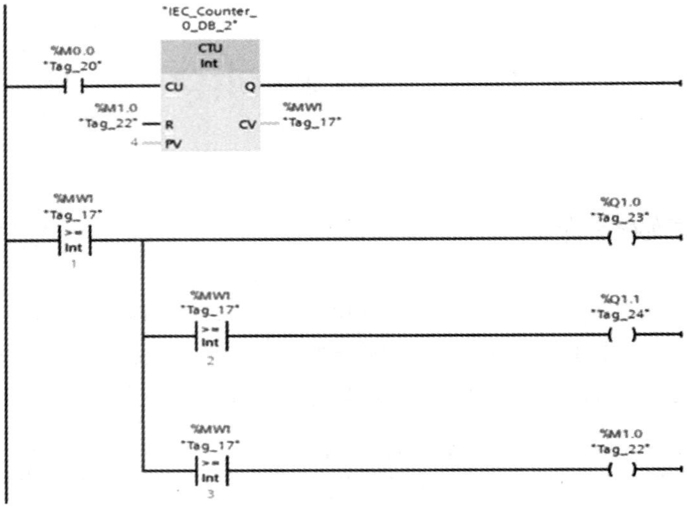

图 4.30　开关灯程序图

MW20 中，若 MW20 的范围为 100～1440 转/分钟，则延时 5 秒钟启动电动机 Q0.0，否则 Q0.1 长亮提示。如图 4.31 所示。

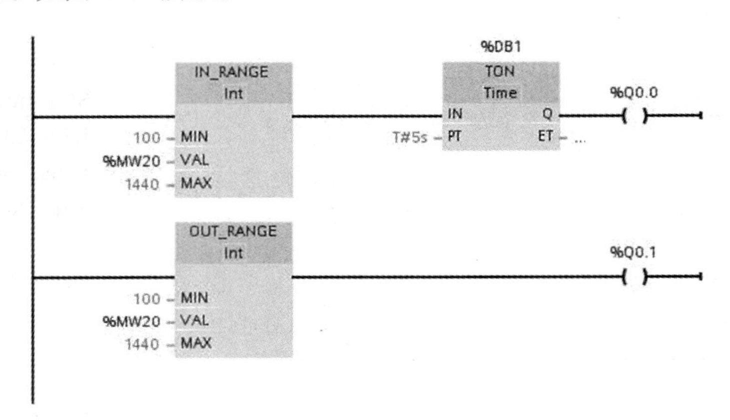

图 4.31　电动机梯形图

【例 4.3.3】　当 MD0 和 MD4 中的值为有效的浮点数时，会激活“实数乘”（MUL）运算并置位输出，即将 MD0 的值与 MD4 的值相乘，结果存储在 MD10 中。同时 Q4.0 输出为 1。如图 4.32 所示。

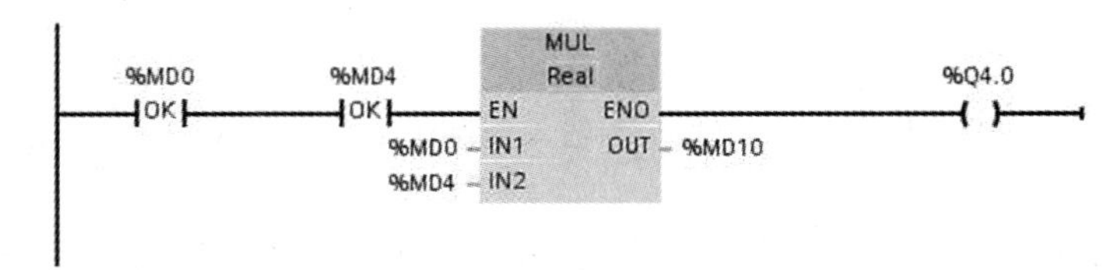

图 4.32　含实数乘运算的梯形图

4.3.2　使能输入与使能输出

1. BCD 码

BCD 是二进制编码的十进制数的缩写，用 4 位二进制数表示 1 位十进制数，每位 BCD 码允许的数值范围为 2＃0000～2＃1001，对应于十进制数的 0～9。BCD 码的最高位二进制数用来表示符号，1 为负号，0 为正号。一般令负数和正数的最高 4 位二进制数分别为 1111 或 0000。16 位 BCD 码的范围为－999～＋999，32 位 BCD 码的范围为－9999999～＋9999999。BCD 码各位之间的关系是逢十进一，图 4.33 中的 BCD 码为－829。BCD 码用于 PLC 的输入和输出。

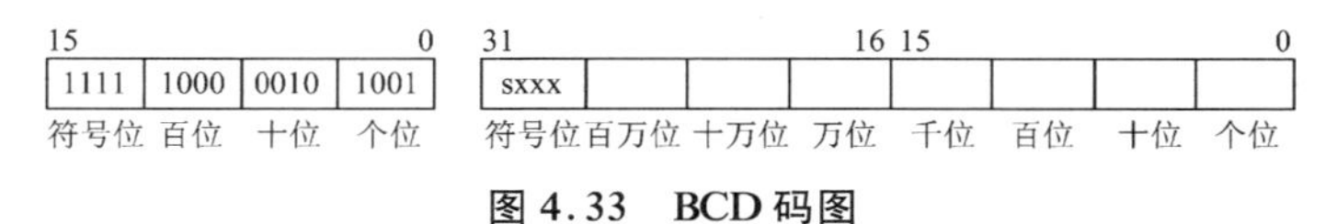

图 4.33　BCD 码图

2. EN 与 ENO

有能流流到方框指令的 EN（使能输入）端，方框指令才能执行。如果 EN 输入有能流流入，而且执行时无错误，则使能输出 ENO 端会将能流传递给下一个元件。如果执行过程中有错误，能流会在出现错误的方框指令终止。

CONVERT 是数据转换指令，需要在 CONV 下面“to”两边设置转换前后数据的数据类型。启动程序状态功能，设置转换前的 BCD 码为 16＃F234，转换后得到-234，程序执行成功，有能流从 ENO 输出端流出。

转换前的数值如果为 16＃23F，16＃F 不是 BCD 码的数字，指令执行出错，没有能流从 ENO 流出。可以在指令的在线帮助中找到 ENO 为 0 状态的原因。

ENO 可以作为下一个方框的 EN 输入，只有前一个方框被正确执行，与它连接的后面的程序才能被执行。EN 和 ENO 的操作数均为能流，数据类型为 Bool。

4.3.3　转换操作指令

转换操作指令主要有以下四种：(1) CONV 数据类型转换；(2) ROUND 浮点数转换为双字整数；(3) SCALE_X 缩放；(4) NORM_X 标准化。

1. CONV 数据类型转换

转换值指令 CONVERT 的参数 IN、OUT 可以设置十多种数据类型。图 4.34 所示的是把 MD42 的 BCD32 数据转化为 DIint 数据并在 MD46 中输出。

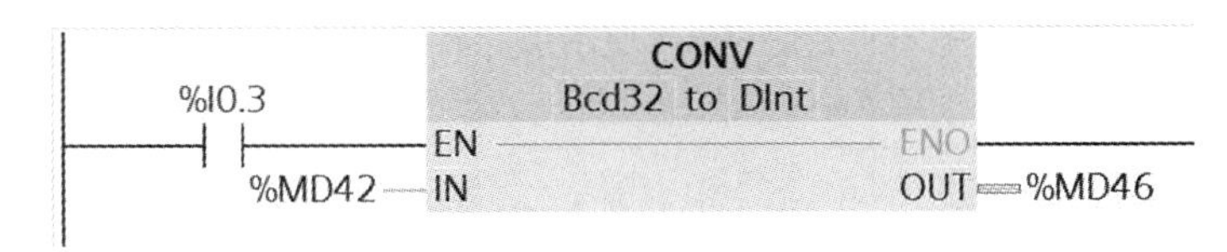

图 4.34　含有数据类型转换的梯形图

2. ROUND 浮点数转换为双字整数

ROUND 浮点数转换将输入 IN 的值解释为浮点数，并转换为一个 DINT 数据类型的整数。如果输入值恰好是在一个偶数和一个奇数之间，则选择偶数。指令结果被发送到输出 OUT，可供查询。图 4.35 所示是把 MD50 浮点数据转化为双字整数并在 MD54 中输出。

图 4.35　含有 ROUND 的电路图

4.3.4　移动操作指令

1. 移动指令

表示从 IN 数据复制到 OUT 中，数据类型依据情况改变，移动指令如图 4.36 和表 4.13 所示。

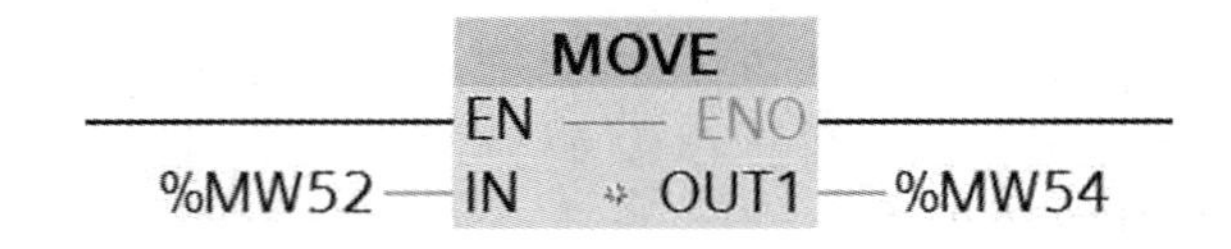

图 4.36　移动指令

表 4.13　移动指令表

指令	功能
MOVE EN ENO IN OUT1	将存储在指定地址的数据元素复制到新地址
MOVE_BLK EN ENO IN OUT COUNT	将数据元素块复制到新地址的可中断移动，参数 COUNT 指定要复制的数据元素个数
UMOVE_BLK EN ENO IN OUT COUNT	将数据元素块复制到新地址的不中断移动，参数 COUNT 指定要复制的数据元素个数
FILL_BLK EN ENO IN OUT COUNT	可中断填充指令使用指定数据元素的副本填充地址范围，参数 COUNT 指定要填充的数据元素个数
UFILL_BLK EN ENO IN OUT COUNT	不中断填充指令使用指定数据元素的副本填充地址范围，参数 COUNT 指定要填充的数据元素个数
SWAP ??? EN ENO IN OUT	SWAP 指令用于调换二字节和四字节数据元素的字节顺序，但不改变每个字节中的位顺序，需要指定数据类型

2. SWAP 指令

SWAP 指令如图 4.37 所示。

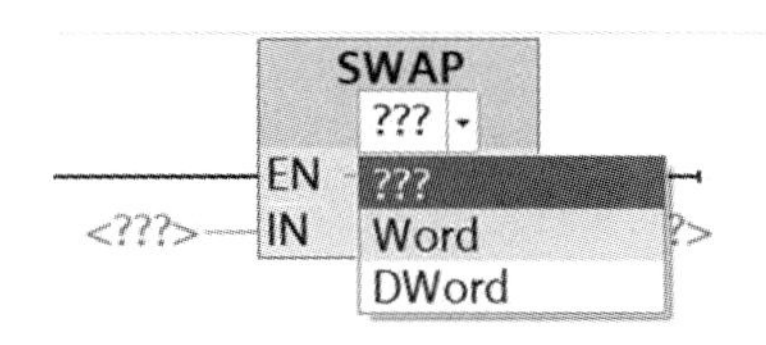

图 4.37 SWAP 指令

IN 和 OUT 为数据类型 Word 时，SWAP 指令交换输入 IN 的高、低字节后，保存到 OUT 指定的地址。IN 和 OUT 为数据类型 DWord 时，交换 4 个字节中数据的顺序后保存到 OUT 指定的地址。如 16#AABBCCDD→16#DDCCBBAA。

4.3.5 移位与循环移位指令

(1) 移位指令 SHR 和 SHL 将输入参数 IN 指定的存储单元的整个内容逐位右移或左移若干位，移位的位数用输入参数 N 来定义，移位的结果保存在输出参数 OUT 指定的地址。无符号数移位和有符号数左移后空出来的位用 0 填充。有符号数右移后空出来的位用符号位（原来的最高位）填充，正数的符号位为 0，负数的符号位为 1。

(2) 循环移位指令。循环移位指令 ROR 和 ROL 将输入参数 IN 指定的存储单元的整个内容逐位循环右移或循环左移若干位，即移出来的位又送回存储单元另一端空出来的位，原始的位不会丢失。N 为移位的位数，移位的结果保存在输出参数 OUT 指定的地址。如表 4.14 所示。

表 4.14 移位指令表

指令	功能
SHR ??? EN ENO IN OUT N	将参数 IN 的位序列右移 N 位，结果送给参数 OUT
SHL ??? EN ENO IN OUT N	将参数 IN 的位序列左移 N 位，结果送给参数 OUT
ROR ??? EN ENO IN OUT N	将参数 IN 的位序列循环右移 N 位，结果送给参数 OUT
ROL ??? EN ENO IN OUT N	将参数 IN 的位序列循环左移 N 位，结果送给参数 OUT

4.4　数学运算指令

4.4.1　数学函数指令

1. 四则运算指令

四则运算指令有加(ADD)、减(SUB)、乘(MUL)、除(DIV)指令。在执行数学运算时，操作数的数据类型有 SInt，Int，DInt，USInt，UInt，UDInt 和 Real。其中 IN1 和 IN2 可以是常数，IN1、IN2 和 OUT 的数据类型应该相同，见表 4.15。

表 4.15　算术指令表

指令	功能	指令	功能
ADD	IN1 + IN2 = OUT	SQR	计算平方 IN2 = OUT
SUB	IN1 - IN2 = OUT	SQRT	计算平方根 $\sqrt{IN}$ = OUT
MUL	IN1 * IN2 = OUT	LN	计算自然对数 LN(IN) = OUT
DIV	IN1/IN2 = OUT	EXP	计算指数值 eIN = OUT
MOD	返回除法的余数	SIN	计算正弦值 Sin(IN) = OUT
NEG	将输入值的符号取反(求二进制的补码)	COS	计算余弦值 Cos(IN) = OUT
INC	将参数 IN/OUT 的值加 1	TAN	计算正切值 Tan(IN) = OUT
DEC	将参数 IN/OUT 的值减 1	ASIN	计算反正弦值 Arcsin(IN) = OUT
ABS	求有符号整数和实数的绝对值	ACOS	计算反余弦值 Arccos(IN) = OUT
MIN	获取最小值	ATAN	计算反正切值 Arctan(IN) = OUT
MAX	获取最大值	EXPT	取幂 IN1IN2 = OUT
LIMIT	将输入值限制在指定的范围内	FRAC	提取小数

2. CALCULATE 指令

CALCULATE 指令为计算指令，可以定义和执行数学表达式，根据所选的数据类型进行复杂的数学运算或逻辑运算。双击指令框中间的数学表达式方框，打开图 4.38 的对话框。在初始状态下，指令框至少包含两个输入(IN1 和 IN2)。可以扩展输入数目。在功能框中按升序对插入的输入编号。如图 4.38 所示。

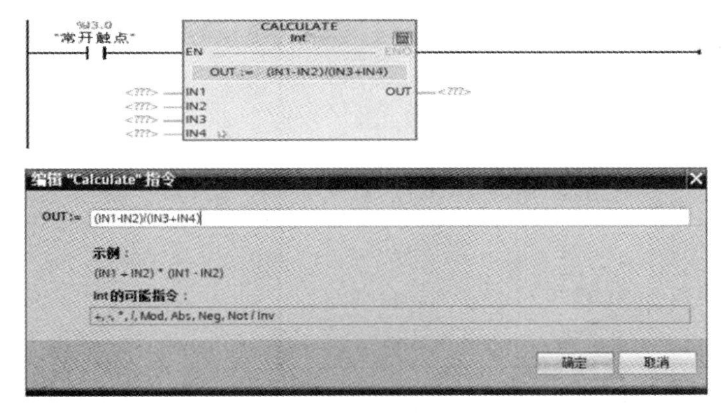

图 4.38　含 CALCULATE 指令的梯形图

4.4.2　字逻辑运算指令

1. 字逻辑运算指令

字逻辑运算指令有"'与'运算"(AND)指令、"'或'运算"(OR)指令、"'异或'运算"(XOR)指令、"求反码"(INVERT)指令。

(1) "'与'运算"指令的两个操作数的同一位如果均为 1，则运算结果的对应位为 1，否则为 0。

(2) "'或'运算"指令的两个操作数的同一位如果均为 0，则运算结果的对应位为 0，否则为 1。

(3) "'异或'运算"运算指令的两个操作数的同一位如果不相同，则运算结果的对应位为 1，否则为 0。

(4) "求反码"指令将输入 IN 中的二进制整数逐位取反(由 0 变 1，由 1 变 0)，如表 4.16 所示。

表 4.16　字逻辑运算

参数	数值	指令符号
IN1 或 INVERT 的 IN	1001001	
IN2	1100110	
AND 指令的 OUT	1000000	AND ??? EN ENO <???> IN1 OUT <???> <???> IN2
OR 指令的 OUT	1101111	OR ??? EN ENO <???> IN1 OUT <???> <???> IN2

续表

参数	数值	指令符号
XOR 指令的 OUT	0101111	XOR ??? EN ENO <???> IN1 OUT <???> <???> IN2
INVERT 指令的 OUT	0110110	INV ??? EN ENO <???> IN OUT <???>

字逻辑运算指令对两个输入 IN1 和 IN2 逐位进行逻辑运算，并将运算结果放在输出 OUT 指定的地址中。可以增加输入的个数。

2. 解码与编码指令

“解码”指令 DECO 读取输入 IN 的值，将输出值中位号与读取值对应的那个位置位，并将输出值中的其他位以 0 填充。当输入 IN 的值大于 31 时，则将执行以 32 为模的指令。当 IN 为 4 时，OUT 为 2＃0001 0000(16＃20)，仅第 4 位为 1。

“编码”指令 ENCO 将 IN 中为 1 的最低位的位数传送到 OUT 指定的地址。如果 IN 为 2＃00010100(即 16＃20)，则 OUT 中的编码结果为 2。如果 IN 为 1 或 0，则 OUT 的值为 0。如果 IN 为 0，则 ENO 为 0 状态。如图 4.39 所示。

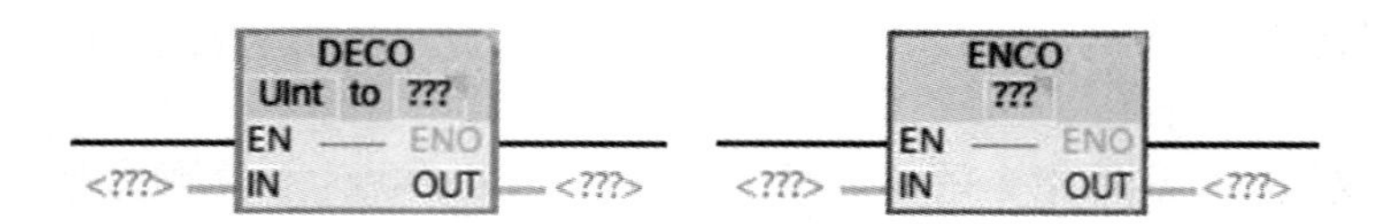

图 4.39　“解码”指令和“编码”指令

3. SEL 与 MUX、DEMUX 指令

“选择”指令 SEL(Select)是根据开关(输入 G)的情况，选择输入 IN0 或 IN1 中的一个，并将其内容复制到输出 OUT。如果输入 G 的信号状态为“0”，则移动输入 IN0 的值。如果输入 G 的信号状态为“1”，则将输入 IN1 的值移动到输出 OUT 中。

“多路复用”指令 MUX(Multiplex)将选定输入的内容复制到输出 OUT。可以扩展指令框中可选输入的编号，最多可声明 32 个输入，输入会在该框中自动编号。编号从 IN0 开始，每次新增输入后将顺续递增。可以使用参数 K 定义要复制到输出 OUT 中的输入 IN 的内容。如果参数 K 的值大于可用输入数，则参数 ELSE 的内容将复制到输出 OUT 中，并且能输出 ENO 的信号状态会被指定为“0”。仅当所有输入和输出 OUT 中变量的数据类型都相同时，才能执行“多路复用”指令。

“多路分用”指令 DEMUX 将输入 IN 的内容复制到选定的输出。可以在指令框中扩展选定输出的编号。此框可以自动对输出编号，编号从 OUT 0 开始，对于每个新输出，输出 OUT 的内容编号顺续递增。可以使用参数 K 定义将输入 IN 的内容复制到输出。OUT 中的其他输出则保持不变。如果参数 K 的值大于可用的输出数目，则将输入 IN 的内容复制到参数 ELSE 中，并将使能输出 ENO 的信号状态指定为“0”。只有当所有输入 IN 与所有输出具有相同的数据类型时，才能执行指令“多路分用”。如图 4.40 所示。

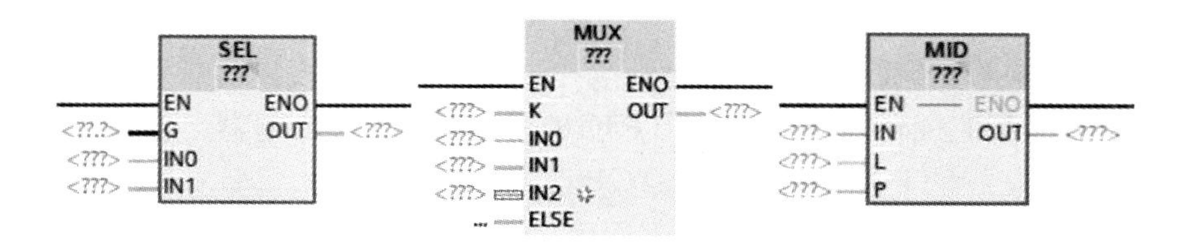

图 4.40　SEL 与 MUX、DEMUX 指令

4.5　程序控制操作指令

1. 跳转指令与标签指令

跳转指令是中止程序的顺序执行，跳转到指令中的跳转标签所在的目的地址。可以向前或向后跳转，但只能在同一个代码块内跳转。在一个块内，跳转标签的名称只能使用一次。一个程度段中只能设置一个跳转标签。

“RLO 为 1 时跳转”指令 JMP 的线圈通电时跳转到指定的跳转标签。

“RLO 为 0 时跳转”指令 JMPN 的线圈断电时跳转到指定的跳转标签。

如果跳转条件不满足，将继续执行跳转指令之后的程序。标签在程序段的开始处，标签的第一个字符必须是字母。如图 4.41 所示。

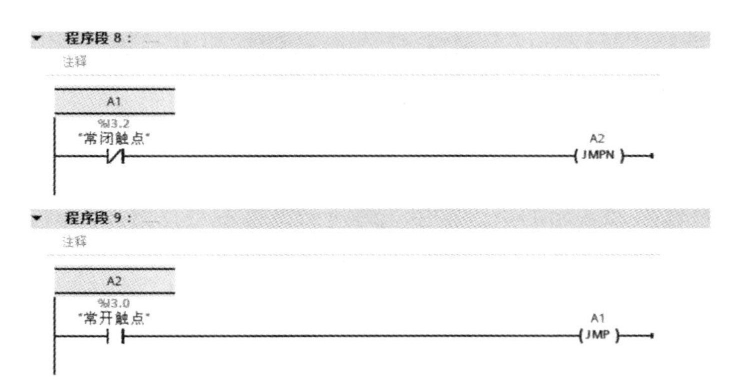

图 4.41　跳转指令梯形图

当 I3.2=0 时，程序段 8 跳转到 A2，执行程序段 9；当 I3.2=1 时，常闭触点断开，不执行跳转；当 I3.0=1 时候程序段 9 跳转到 A1，执行程序段 8；当 I3.0=0 时，常开触点断开，不执行跳转。

2. 跳转分支指令与定义跳转列表指令

“跳转分支指令”SWITCH 根据一个或多个比较指令的结果，定义要执行的多个程序跳转。用参数 K 指定要比较的值，将该值与各个输入提供的值进行比较。满足条件则跳转到对应的标签；不满足上述条件将跳转到 ELSE 指定的标签。可增加输出的个数。

“定义跳转列表”指令 JMP_LIST 定义多个有条件跳转，并继续执行由参数 K 的值指定的程序段中的程序。可增加输出的个数。如果 K 值大于可用的输出编号，则继续执行块中下一个程序段的程序。

“重新启动周期监视时间”指令 RE_TRIGR 用于复位监控定时器。

“退出程序”指令 STP 使 PLC 进入 STOP 模式。

“返回”指令 RET 使程序块退出时，返回值（操作数）的信号状态与调用程序块的使能输出 ENO 相对应。如图 4.42 所示。

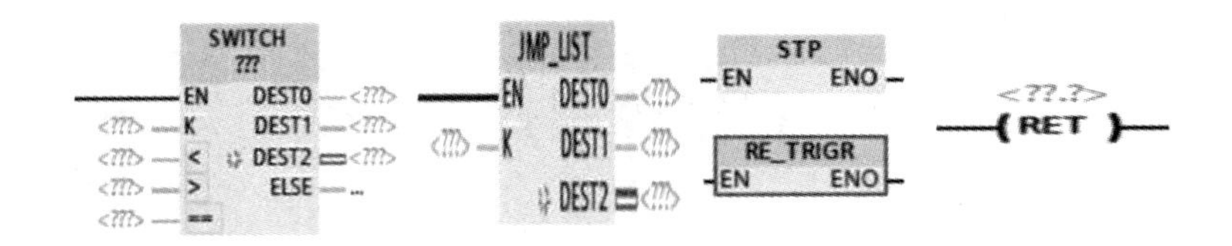

图 4.42　跳转分支指令、定义跳转列表、重新启动周期监视时间、退出程序、返回指令图

4.6　日期和时间指令

在 CPU 断电时，超级电容提供的实时时钟通常可以保持 20 天的时间。

数据类型 Time 的长度为 4 B，时间单位为 ms。数据结构 DTL（日期时间）共 12 B，分别是年（2 B）、月、日、星期、时、分、秒、ns（4 B）。星期代码 1、2～7 分别是星期日、最期一到星期六。

1. 日期和时间

“转换时间并提取”指令 T_CONV 将 IN 输入参数的数据类型转换为 OUT 输出上输出的数据类型。从输入和输出的指令框中选择进行转换的数据格式。

T_ADD 指令将 IN1 输入参数中的时间值加上 IN2 输入参数中的时间值。

T_SUB 指令将 IN1 输入参数中的时间值减去 IN2 输入参数中的时间值。可通过输出参数 OUT 查询差值。

“时间值相减”指令 T_DIFF 将 IN1 输入参数中的时间值减去 IN2 输入参数中的时间值，并将结果发送到输出参数 OUT 中。

“组合时间”指令 T_COMBINE 用于合并日期值和时间值。如图 4.43 所示。

2. 时钟功能

指令 WR_SYS_T 和 RD_SYS_T 用于设置和读取 CPU 时钟的系统时间（格林尼治标准时间）。

指令 WR_LOC_T 和 RD_LOC_T 用于设置和读取 CPU 时钟的本地时间。

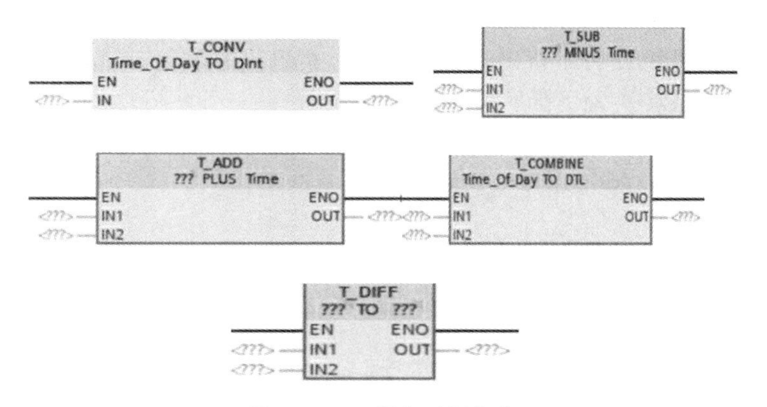

图 4.43　日期和时间指令

组态 CPU 的属性时，应设置实时时间的时区为北京，不启用夏令时。如图 4.44 所示。

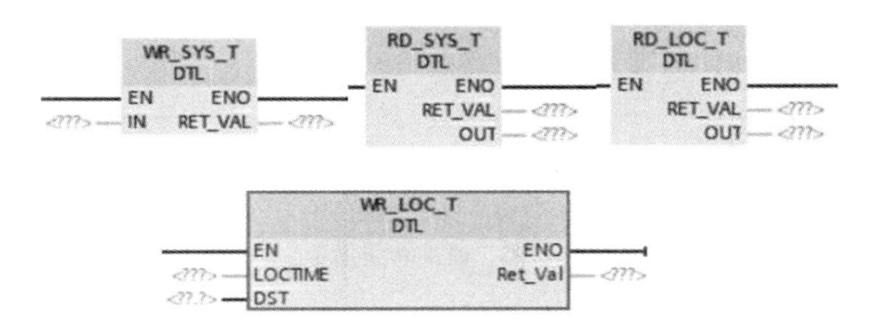

图 4.44　WR_SYS_T、RD_SYS_T 和 WR_LOC_T、RD_LOC_T 指令

指令 SET_TIMEZONE 用于设置时区。

指令 RTM(运行时间定时器)用于对 CPU 的 32 位运行小时计数器进行设置、启动、停止和读取操作。

4.7　字符串与字符指令

4.7.1　字符串转换指令

String 数据类型的首字节是字符串的最大长度，第 2 个字节是当前实际使用的字符数，后面是最多 254 B 的 ASCII 字符代码。此外还有宽字符串 Wstring。

在 DB1 中生成 3 个字符串，数据类型为 String[18]，最大长度为 18 个字符。

“转换字符串”指令 S_CONV 可实现转换字符串，可将一个数字值或字符转换为字符串或将字符转换为字符。

STRG_ VAL 指令将字符串转换为整数或浮点数，可在 IN 输入参数中指定要转换的字符串，通过 OUT 输出参数选择数据类型，确定输出值的格式。

VAL_STRG 指令将数值转换为字符串，可在 IN 输入参数中指定要转换的值，通过选择数据类型来决定数字值的格式。可以在 OUT 输出参数中查询转换结果。

指令 Strg_TO_Chars 将字符串转换为字符元素组成的数组，指令 Chars_TO_ Strg 将字符元素组成的数组转换为字符串。

指令 ATH 将 ASCII 字符串转换为十六进制数，指令 HTA 将十六进制数转换为 ASCII 字符串。如图 4.45 所示。

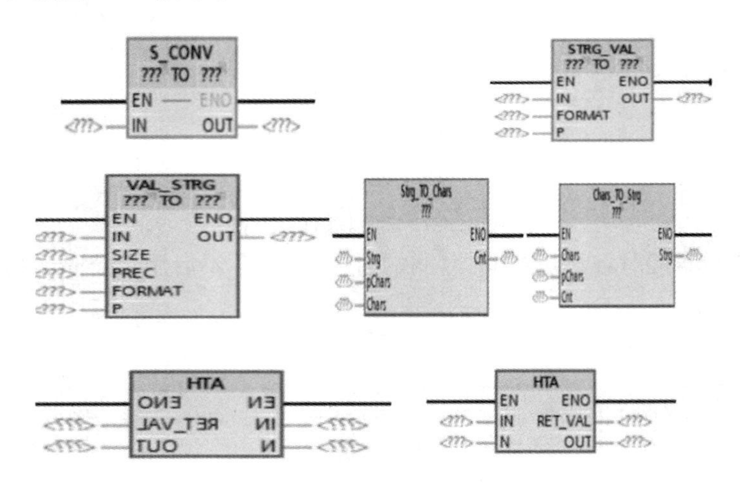

图 4.45　时钟功能指令

4.7.2　字符串指令

LEN 是“确定字符串的长度”指令，MAX_LEN 是“确定字符串的最大长度”指令。如图 4.46 所示。

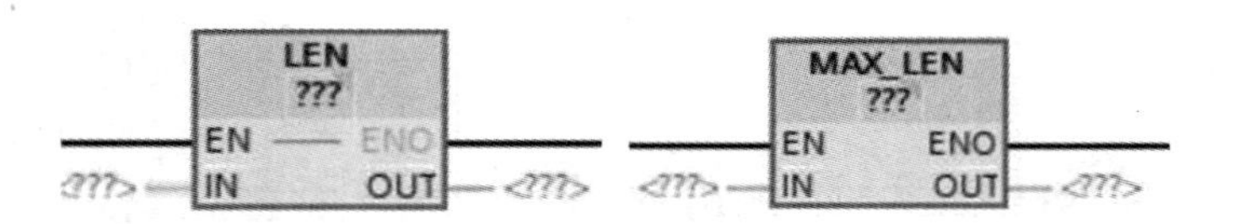

图 4.46　LEN 和 MAX_LAN 指令

CONCAT 是“合并字符串”指令。

LEFT、RIGHT 和 MID 指令分别用来读取字符串左边、右边和中间的字符。如图 4.47 所示。

DELETE、INSERT、REPLACE 和 FIND 指令分别用来删除、插入、替换和查找字符。指令中的 L 用来定义字符个数，P 是字符串中字符的位置。如图 4.48 所示。

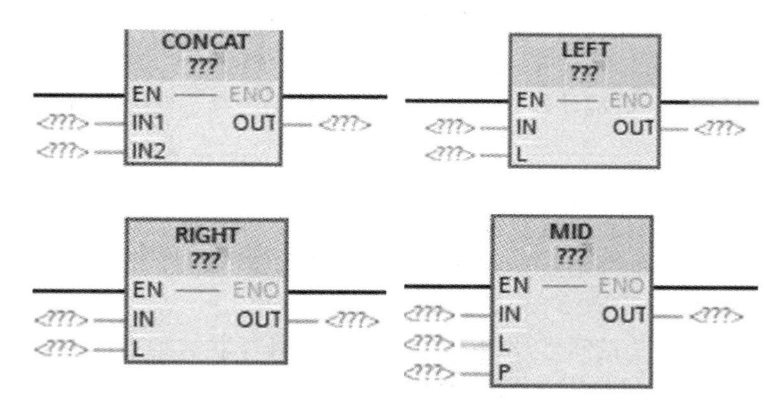

图 4.47　CONCAT、LEFT、RIGHT 和 MID 指令

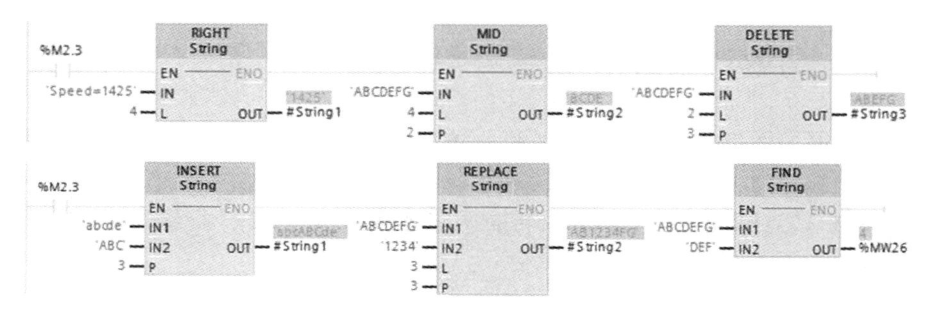

图 4.48　含 DELETE、INSERT、REPLACE 和 FIND 指令的梯形图

4.8　高速脉冲输出与高速计数器

4.8.1　高速脉冲输出

1. 高速脉冲输出

每个 CPU 有 4 个 PTO/PWM 发生器，通过 DC 输出的 CPU 集成的 Q0.0～Q0.3 或信号板上的 Q4.0～Q5.3 输出 PTO 或 PWM 脉冲。

脉冲宽度与脉冲周期之比称为占空比，脉冲列输出（PTO）功能提供占空比为 50% 的方波脉冲列输出。脉冲宽度调制（PWM）功能提供脉冲宽度可以用程序控制的脉冲列输出。

2. PWM 的组态

项目“高速计数器与高速输出”用 2DI/2DQ 信号板输出高速脉冲。打开设备视图，选中 CPU。选中巡视窗口的“属性 > 常规”选项卡，再选中左边的“PTO1/ PWM1”文件夹中的“常规”，用右边窗口的复选框启用该脉冲发生器。选中左边窗口的“参数分配”，设置信号类型为 PWM,“时基”为 ms,“脉宽格式”为百分之一,用“循环时间”输入域设置脉冲周期为 2 ms,“初始脉冲宽度” 为 50%。

选中左边窗口的“I/O 地址”,右边窗口 PWM1 默认的起始地址为 1000。

3. PWM 的编程

将指令列表的“扩展指令”选项板的文件夹“脉冲”中的“脉宽调制”指令 CTRL_PWM 拖放到 OB1,单击出现的“调用选项”对话框中的“确定”按钮,生成该指令的背景数据块 DB1。

单击参数 PWM 左边的问号,再单击出现的按钮,用下拉式列表选中 PWM1 的硬件标识符“Local～Pulse_1”,其值为 9。EN 为 1 状态时,用输入参数 ENABLE 来启动或停止脉冲发生器。参数 STATUS 是状态代码。

4.8.2 高速计数器

高速计数器与增量式编码器一起工作。单通道增量式编码器内部只有 1 对光耦合器,只能产生一个脉冲列。双通道增量式编码器又称为 A/B 相或正交相位编码器,输出相位差为 90°的两组独立脉冲列。正转和反转时两路脉冲的超前、滞后关系相反,可以识别转轴旋转的方向。如图 4.49 所示。

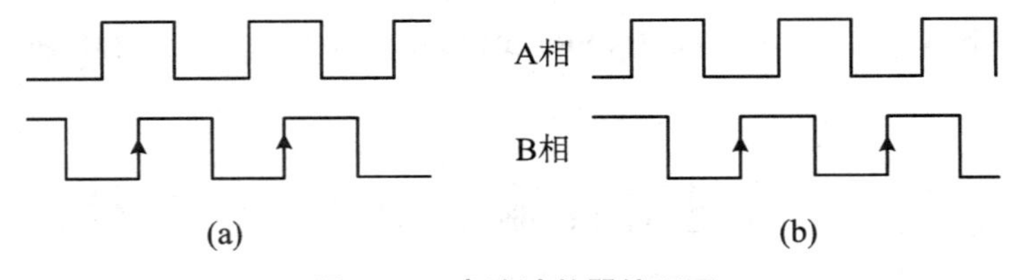

图 4.49 高速计数器编码图

1. 高速计数器的功能

HSC 有四种高速计数工作模式,分别为内部、外部方向控制的单相计数器,以及具有两路时钟脉冲输入的双相计数器和 A/B 相正交计数器。

每种 HSC 模式都可以使用或不使用复位输入。复位输入为 1 状态时,HSC 的实际计数值被清除。

某些 HSC 模式可以选用三种频率测量的周期来测量频率值。

使用“扩展高速计数器”指令 CTRL_HSC_EXT,可以按指定的时间周期,测量被测信号的周期。

2. 高速计数器的组态步骤

(1) 选中设备视图中的 CPU,选中巡视窗口的“属性”选项卡左边的高速计数器 HSC1 的“常规”,用复选框选中“启用该高速计数器”。

(2) 选中左边窗口的“功能”,设置“计数类型”为计数,“工作模式”为单相,“计数方向取决于”为“用户程序(内部方向控制)”,“初始计数方向”为“增计数”。

(3) 选中左边窗口的“复位为初始值”,设置“初始计数器值”为 0,“初始参考值”为 2000。

(4) 选中左边窗口的“事件组态”,用右边窗口的复选框激活“计数器值等于参考值这一事件生成中断”。生成硬件中断组织块 OB40 后,将它指定给计数值等于参考值的中断事件。

(5) 选中左边窗口的“硬件输入”,在右边窗口可以看到该 HSC 使用的时钟发生器输入点为 I0.0,最高频率为 100 kHz。

(6) 选中左边窗口的“I/O 地址”,可以看到 HSC1 的起始地址为 1000。

3. 设置数字量输入的输入滤波器的滤波时间

高速计数器的数字量输入点 I0.0 的滤波时间应小于计数输入脉冲宽度(1 ms),故设置 I0.0 的输入滤波时间为 0.8 ms。

4.9　实训:高速脉冲输出与高速计数器实验

1. 实验的基本要求

用高速脉冲输出功能产生周期为 2 ms,占空比为 50%的 PWM 脉冲列,传送给高速计数器 HSC1 计数。期望的高速计数器的当前计数值和 Q0.4～Q0.6 的波形见图 4.50。

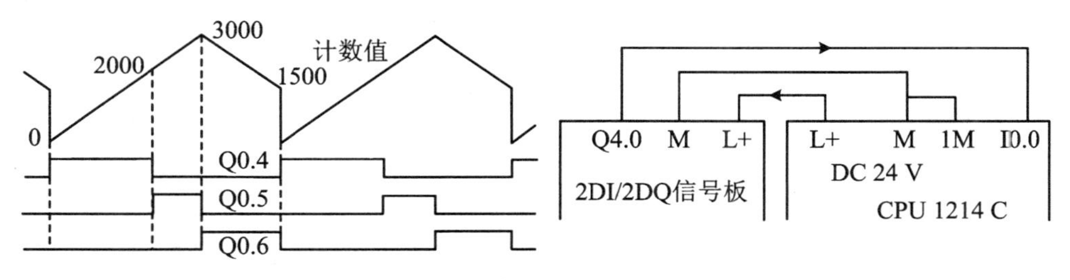

图 4.50　高速计数器波形图

2. 硬件接线

用信号板的输出点 Q4.0 发出 PWM 脉冲,传送给 HSC1 的高速脉冲输入点 I0.0 计数。用 CPU 内置的电源作输入回路的电源,同时又作为 2DI/2DQ 信号板的电源。

3. PWM 的组态与编程

用信号板上的输出点产生 PWM 脉冲,脉冲周期为 2 ms,初始脉冲宽度为 1 ms。在 OB1 中调用 CTRL_PWM 指令,用 I0.4 启动脉冲发生器。

4. 高速计数器的组态

设置 HSC1 的工作方式为单相脉冲计数,使用 CPU 集成的输入点 I0.0,通过用户程序改变计数的方向。HSC 的初始状态为加计数,初始计数值为 0,初始参考值为 2000。出现计数值等于参考值的事件时,调用硬件中断组织块 OB40。HSC 默认的地址为 ID1000。

5. 程序设计

设置 MB11 为标志字节,初始值为 0。当 HSC1 的计数值等于参考值时,调用 OB40。根据 MB11 的值,用比较指令来判断是哪一次中断,以调用不同的“控制高速计数器”指令 CTRL_HSC,来设置下一阶段的计数方向、计数值的初始值和参考值,同时对输出点进行置位和复位处理。处理完后,将 MB11 的值加 1,运算结果如果为 3,将 MB11 清零,如图 4.51 所示。

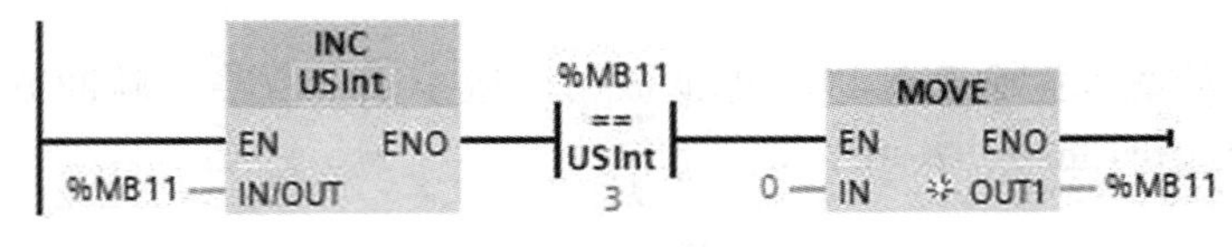

图 4.51　梯形图

首次扫描时 M1.0 为 1 状态,在 OB1 中,用 M1.0 的常开触点将标志字节 MB11 清零,将输出点 Q0.4 置位为 1。

当指令 CTRL_HSC 的参数 DIR、CV 和 RV 为 TRUE 时,计数方向 NEW_DIR、计数值 NEW_CV 和参考值 NEW_RV 分别被装载到 HSC。

下载程序后进入 RUN 模式,用外接的小开关使 I0.4 为 TRUE,信号板的 Q4.0 开始输出 PWM 脉冲,传送给 I0.0 计数。开始运行时使用组态的初始值,当计数值小于参考值 2000 时,输出 Q0.4 为 TRUE。计数值等于参考值时产生中断,调用硬件中断组织块 OB40。此时标志字节 MB11 的值为 0,OB40 的程序段 1 中的比较触点接通,调用第一条 CTRL_HSC 指令,CV 为 0,HSC1 的实际计数值保持不变。RV 为 1,将新的参考值 3000 传送给 HSC1。复位 Q0.4,置位下一阶段的输出 Q0.5。在程序段 4 将 MB11 的值加 1。如图 4.52 所示。

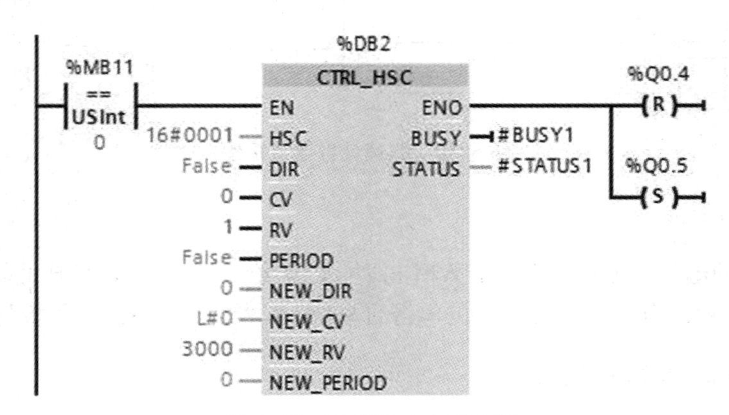

图 4.52　程序段 4 电路 1 图

当计数值等于参考值 3000 时产生中断,第二次调用硬件中断组织块 OB40。此时标志字节 MB11 的值为 1,OB40 的程序段 2 中的比较触点接通,调用第 2 条 CTRL_HSC 指令,CV 为 FALSE,HSC1 的实际计数值保持不变。RV 为 1,装载新的参考值 1500。DIR 为 1,NEW_DIR 为-1,将计数方向改为减计数。复位 Q0.5,置位下一阶段的输出 Q0.6。在程序段 4 将 MB11 的值加 1。如图 4.53 所示。

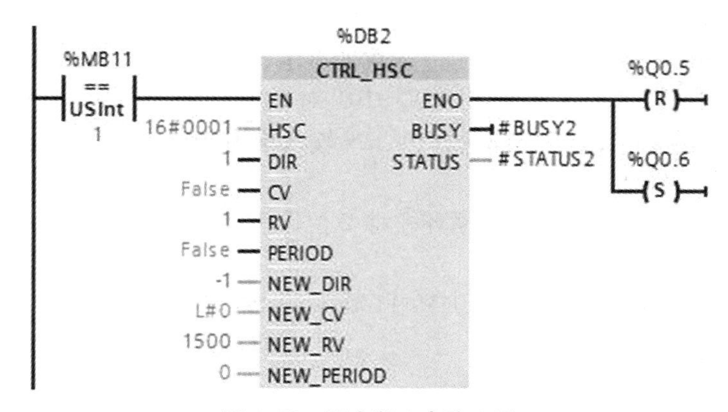

图 4.53　程序段 4 电路 2 图

当计数值等于参考值 1500 时产生中断，第三次调用硬件中断组织块 OB40。此时标志字节 MB11 的值为 2，OB40 的程序段 3 中的比较触点接通，调用第 3 条 CTRL_HSC 指令。RV 为 1，装载新的参考值 2000。CV 为 1，用参数 NEW_CV 将实际计数值复位为 0。DIR 为 1，NEW_DIR 为 1，计数方向改为加计数。复位 Q0.6，置位下一阶段的输出 Q0.4。在程序段 4 将 MB11 加 1 后，其值为 3，比较触点接通，MOVE 指令将 MB11 复位为 0。以后重复上述的 3 个阶段的运行，直到 I0.4 变为 0 状态，脉冲发生器停止发出脉冲为止。Q0.4、Q0.5、Q0.6 依次为 1 状态的时间分别为 4 s、2 s 和 3 s，分别与 3 个阶段的计数值 2000、1000 和 1500 对应。

用监控表监视 ID1000，可以看到 HSC1 的计数值的变化情况。如图 4.54 所示。

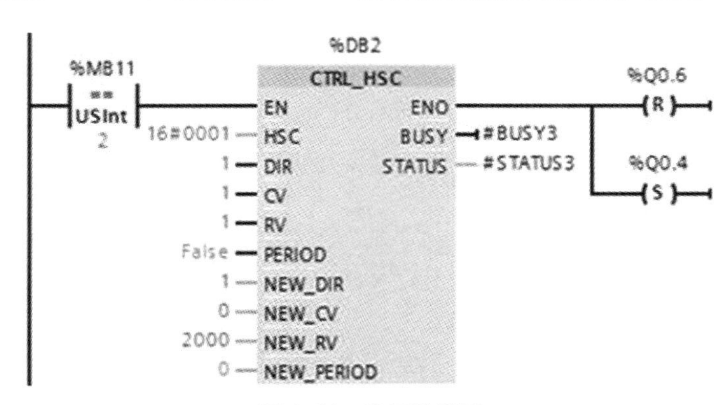

图 4.54　监控梯形图

习　　题

1. 填空题

(1) RLO 是(　　)的简称。

(2) 接通延时定时器的 IN 输入电路(　　)时开始定时，定时时间大于等于预设时间时，输出 Q 变为(　　)。IN 输入电路断开时，当前时间值 ET(　　)，输出 Q 变为(　　)。

(3) 在加计数器的复位输入 R 为(　　)时，加计数脉冲输入信号 CU 的(　　)，如果计数器值 CV 小于(　　),CV 加 1。CV 大于等于预设计数值 PV 时,输出 Q 为(　　)。复位输入 R 为 1 状态时,CV 被(　　),输出 Q 变为(　　)。

(4) 每一位 BCD 码用(　　)位二进制数来表示,其取值范围为二进制数 2#(　　)～2#(　　)。BCD 码 2#0100 0001 1000 0101 对应的十进制数是(　　)。

(5) 如果方框指令的 ENO 输出为深色,EN 输入端有能流流入且指令执行时出错,则 ENO 端(　　)能流流出。

(6) MB2 的值为 2#10110110,循环左移 2 位后为 2#(　　),再左移 2 位后为 2#(　　)。

(7) 整数 MW4 的值为 2#1011 0110 1100 0010,右移 4 位后为 2#(　　)。

2. 问答题

(1) 边沿检测指令各有什么特点?

(2) 如何用 TON 线圈指令实现振荡电路的功能?

(3) 如何在全局数据块中生成数据类型为 IEC_TIMER 的变量 Tl,用它提供定时器的背景数据,实现接通延时定时器的功能?

(4) 如何在全局数据块中生成数据类型为 IEC_CONTER 的变量 Cl ,用它提供计数器的背景数据,实现加计数器的功能?

(5) 在 MW2 等于 3592 或 MW4 大于 27369 时将 M6.6 置位,反之将 M6.6 复位。如何用比较指令设计出满足要求的程序?

(6) 监控表用什么数据格式显示 BCD 码?

第 5 章　S7-1200 的用户程序结构

5.1　函数与函数块

5.1.1　生成与调用函数

前面介绍了用户程序的结构。代码块和数据块是 S7-1200 用户程序的两大组成部分。其中代码块可分为组织块、函数和函数块，数据块可分为全局数据块和背景数据块。

函数（Function，FC）和函数块（Function Block，FB）是用户编写的子程序，包含完成特定任务的程序。FC 和 FB 与调用它的块共享输入、输出参数，执行完后，将执行结果返回给调用它的代码块。

函数是不带存储器的代码块，没有可以存储块参数值的数据存储器。因此，调用函数时，必须给所有形参分配实参（后文将详细介绍）。

函数中有一个局域变量表和块参数。局域变量表的主要参数项目有 Input（输入参数）、Output（输出参数）、InOut（输入/输出参数）、Return（返回值 RET_ VAL）、Temp（临时数据）和 Constant（常量）。

其中，Input 将数据传递到被调用的块中进行处理；Output（输出参数）将块的程序执行结果传递到调用的块中；InOut 将数据传递到被调用的块中，其初值由主调块提供，在被调用的块中处理数据后，它再将被调用的块中发送的结果存储在相同的变量中，并且执行完后用同一个参数将它的值返回给主调块；Return 包含返回值 RET_ VAL，其文件夹中自动生成的返回值与对应函数的名称相同，属于输出参数，其值返回给调用它的块。当返回值默认的数据类型为 Void 时，表示函数没有返回值。在调用 FC 时，看不到它。如果将它设置为 Void 之外的数据类型，在 FC 内部编程时可以使用该输出变量。调用 FC 时可以在方框的右边看到它，说明它属于输出参数。

局部变量表中的 Temp 和 Constant 属于函数中的两种局部数据。Temp 是块的本地数据，用于存储临时中间结果的变量，处理块时 Temp 会将其存储在本地数据堆栈。关闭并完成处理后，临时数据就不再可访问。同一优先级的 OB 及其调用的块的临时数据保存在局部数据堆栈中的同一片物理存储区，每次调用块之后，临时数据的值不会被保存，后调用的块的临时数据会将其覆盖。调用 FC 和 FB 时，首先应初始化它的临时数据（写入数值），然后再使用它，即“先赋值后使用”。Constant 是在块中使用并且带有声明的符号名的常数。

函数（FC）类似于 VB 语言中的子程序，用户可以将具有相同控制过程的程序编写在

FC 中，然后在主程序 Main[OB1]中调用。创建函数的步骤是：先建立一个项目，再在 TIA 博途软件项目视图的项目树中，选中“已经添加的设备”（如 PLC_1）→“程序块”→“添加新块”，即可弹出要插入函数的界面。

我们以编写和使用压力计算函数为例，介绍函数的生成与调用方法。

设压力变送器的量程下限为 0 MPa，上限为 H MPa，经 A-D 转换后得到 0～27648 的整数。下式是转换后的数字 N 和压力 P 之间的计算公式：

$$P = (H \times N)/27648\ (\text{MPa}) \tag{5.1}$$

现在使用函数编写上述运算规则，并设置在主程序 OB1 中调用该函数。

1. 生成函数

打开 STEP7 项目视图，生成一个新项目。双击项目树中的“添加新设备”，添加一块 CPU 1215C。

打开项目视图中的文件夹“\PLC_1\程序块”，双击其中的“添加新块”，打开“添加新块”对话框（如图 5.1 所示），单击界面左侧列表中的“函数”按钮，准备创建新函数，函数 FC 默认的编号为 1，即“块_1”，默认的语言为 LAD（梯形图）。可以使用默认设置，也可自行进行修改。可将新设函数名称改为“压力计算”，方便后续调用时查找。单击“确定”按钮，即可在项目树的文件夹“\PLC1\程序块”中生成“压力计算 FC1”项目。

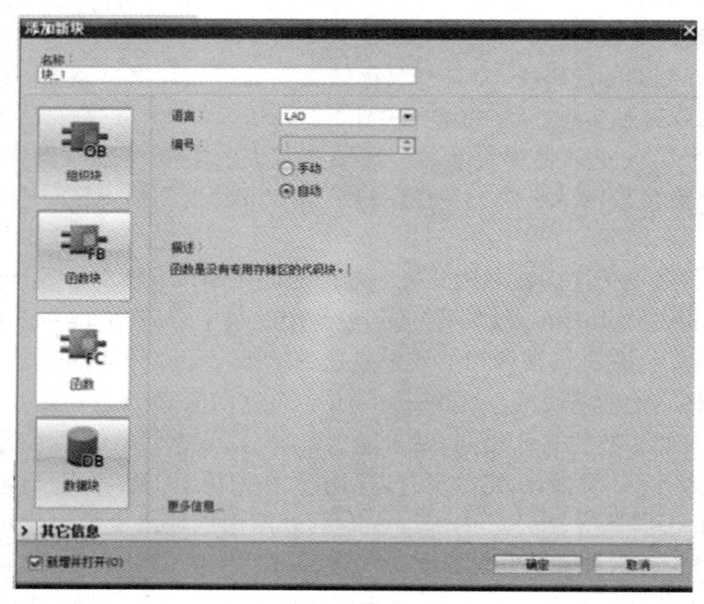

图 5.1　添加新块界面

2. 定义函数的局部变量

点击打开“压力计算 FC1”项目，进入如图 5.2 所示的设置编程界面，其中，分隔条上方为函数的接口（Interface）区，下方为程序区。

函数可在接口区中生成局部变量，该变量只能使用在它所在的块中。在 Input 下面的“名称”列生成输入参数“输入数据”，单击“数据类型”列的▾按钮，用下拉式列表设置其数

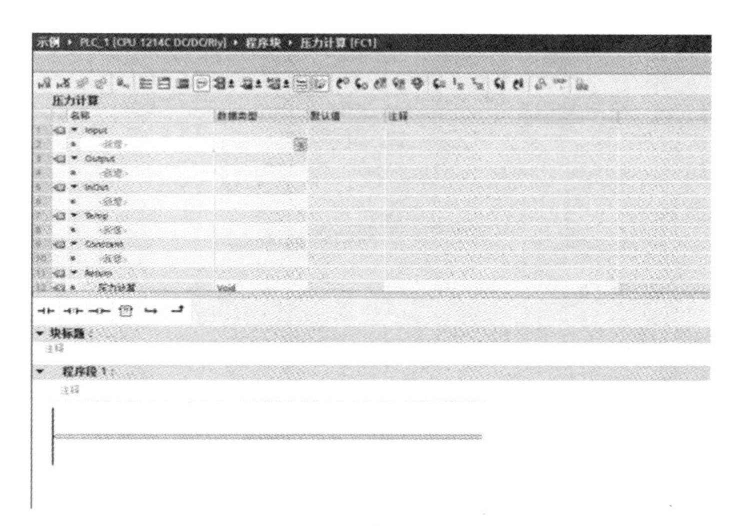

图 5.2　函数项目 FC1

据类型为 Int(16 位整数),输入参数可用于接收调用它的主调块提供的输入数据。用同样的方法生成输入参数“量程上限”、输出参数“压力值”和临时数据“中间变量”,它们的数据类型均为 Real。

右键单击项目树中的 FC1,单击快捷菜单中的“属性”,选中打开的对话框左边的“属性”,用鼠标去掉复选框“块的优化访问”中的勾。单击工具栏上的“编译”按钮,成功编译后 FC1 的接口区出现“偏移量”列,且只有临时数据才有偏移量,如图 5.3 所示。在编译时,程序编辑器自动地为临时局部变量指定偏移量。

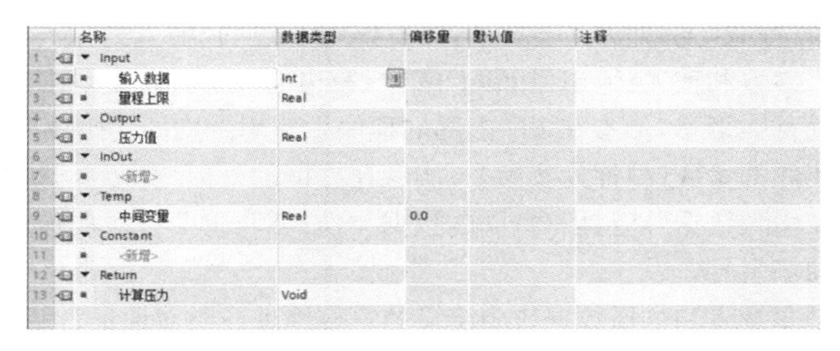

图 5.3　局部变量的设置

3. 函数程序设计

首先用 CONV 指令将参数“输入数据”接收的 A-D 转换后的整数值(0～27648)转换为实数,再用实数乘法指令和实数除法指令完成上述式(5.1)的运算。作为示例,此处直接给出对应的梯形图程序,如图 5.4 所示。

运算的中间结果用临时局部变量,保存在接口区中定义的“中间变量”。同时,如图 5.4 中所示,软件系统可自动识别局部变量,在名称前自动添加#号作为标识,方便编写程序时的查看。

梯形图程序编写完成后,函数程序“压力计算 FC1”的设计全部完成,可以在主程序 OB 中调用此函数。

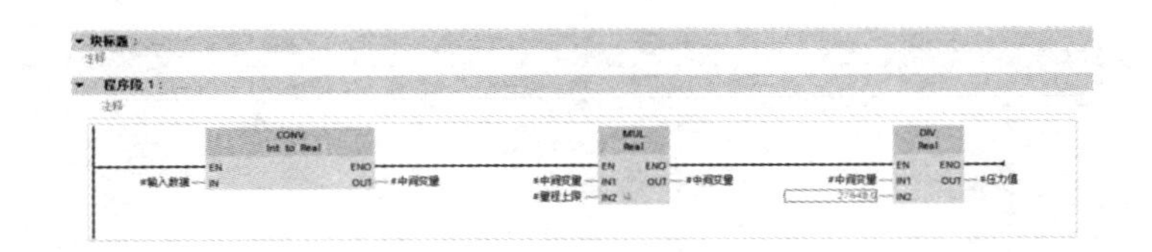

图 5.4　示例函数程序

4. 在 OB1 中调用 FC1

在 OB1 中设计程序，调用函数 FC1 时，首先必须生成对应的所需变量，分别为压力计算、压力计算值和压力转换值。

其中，压力计算变量为 Bool 型数字量，用于控制是否开始进行压力计算；压力计算值为 OB1 程序调用函数 FC1 后输出的最终结果；压力转换值为外部压力信号经 A-D 转换后，输入至 PLC 中的模拟量参数。

该示例程序中，设 IW64，即 CPU 集成的模拟量输入通道 0 的地址为压力转换值输出点，设 MD18 为压力计算值参数，设 I0.6 为压力计算程序执行的控制位。设置的变量表如图 5.5 所示。

9		压力转换值	Int	%IW64	☐	☑	☑	☑
10		压力计算值	Real	%MD18	☐	☑	☑	☑
11		压力计算	Bool	%I0.6	☐	☑	☑	☑
12		<新增>			☐	☑	☑	☑

图 5.5　调用函数变量表

打开“PLC_1”项目的程序区，选中“压力计算 FC1”项目，将项目树中的 FC1 拖放到右边的程序区的水平“导线”上(如图 5.6)。FC1 方框中左边的“输入数据”等是在 FC1 的接口区中定义的输入参数和输入/输出(InOut)参数，右边的“压力值”是输出参数。它们称为 FC 的形式参数，简称为形参，形参在 FC 内部的程序中使用。别的代码块调用 FC 时，需要为每个形参指定实际的参数(简称为实参)。实参在方框的外面，实参(例如“压力转换值”)与它对应的形参(“输入数据”)应具有相同的数据类型。STEP 7 自动在程序中全局变量的符号地址两边添加双引号。

实参既可以是变量表和全局数据块中定义的符号地址或绝对地址，也可以是调用 FC1 的块(例如本例的 OB1)的局部变量。

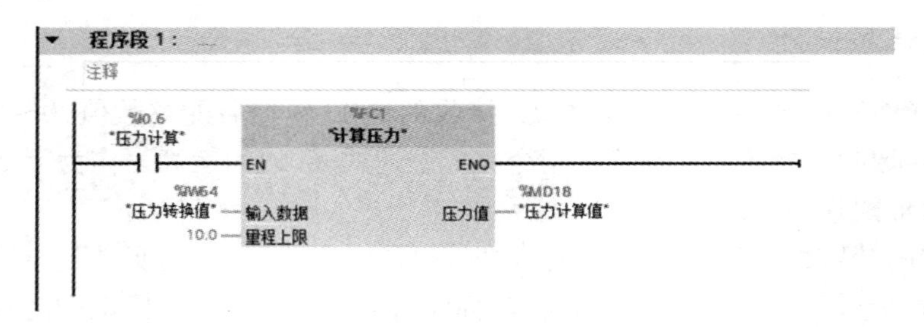

图 5.6　OB1 调用 FC1

块的 Output 和 InOut 参数不能用常数来作实参。它们用来保存变量值，例如计算结果，因此其实参应为地址，只有 Input 的实参能设置为常数。

5. 为块提供密码保护

在完成程序的设计后，为保护知识产权，可以通过平台软件的密码保护功能，为块提供密码保护。

用鼠标右键单击项目树中的 FC1，执行快捷菜单命令“专有技术保护”，出现如图 5.7 所示的“定义保护”对话框，在对话框内输入、确认密码，单击“确定”按钮，经软件组态编译后，即可实现对块的密码保护。

图 5.7　定义保护对话框

5.1.2　生成与调用函数块

函数块(FB)是一种“带内存”的块，由分配数据块作为其内存(背景数据块)。传送到 FB 的参数和静态变量保存在实例 DB 中，临时变量则保存在本地数据堆栈中。执行完 FB 时，不会丢失 DB 中保存的数据。但执行完 FB 时，会丢失保存在本地数据堆栈中的数据。

函数和函数块均为用户编写的，用于实现特定功能的子程序，接口区中均有 Input、Output、InOut 参数和 Temp 数据。两者的主要区别为：

(1) 函数没有背景数据块，函数块有背景数据块。

(2) 函数的局部变量只能有函数程序本身访问，即只能在函数内部访问它的局部变量。函数块的变量独立存储于背景数据块中，因此其他代码块或 HMI(人机界面)可以直接通过地址访问。

(3) 函数没有静态变量(Static)，函数块有保存在背景数据块中的静态变量。

函数如果有执行完后需要保存的数据，只能用全局数据区(例如全局数据块和 M 区)来保存，但是这样会影响函数的可移植性。如果块的内部使用了全局变量，在移植时需要重新统一分配所有块内部使用的全局变量的地址，以保证不会出现地址冲突。当程序很复杂，代码块很多时，这种重新分配全局变量地址的工作量会非常大，也很容易出错。

如果函数或函数块的内部不使用全局变量，只使用局部变量，则不需要做任何修改就可以将块移植到其他项目。

如果代码块有执行完后需要保存的数据，显然应使用函数块，而不是函数。

(4) 函数块的局部变量(不包括 Temp)有默认值(初始值)，函数的局部变量没有默认值。调用函数块时可以不设置某些有默认值的输入、输出参数的实参，在这种情况下将使用这些参数在背景数据块中的启动值，或使用上一次执行后的参数值，这样可以简化调用函数块的操作。在调用函数时应给所有的形参指定实参。

(5) 函数块的输出参数值不仅与来自外部的输入参数有关,还与用静态数据保存的内部状态数据有关。函数因为没有静态数据,相同的输入参数会产生相同的执行结果。

综上所述,函数块是用户编写的有自己的存储区(背景数据块)的代码块,FB 的典型应用是执行不能在一个扫描周期结束的操作。每次调用函数块时,都需要指定一个背景数据块。后者随函数块的调用而打开,在调用结束时自动关闭。函数块的输入、输出参数和静态局部数据用指定的背景数据块保存。函数块执行完后,背景数据块中的数值不会丢失。

下面以实际任务为导向,介绍函数块的生成与使用。

设计一个电动机控制程序,要求实现以下功能:

(1) 按下启动按钮,电动机持续运行。

(2) 按下停止按钮,电动机停止工作,且制动器同步进行制动。

(3) 经规定时间后,制动器停止工作,任务结束。

根据上述任务要求,可得出如图 5.8 所示的梯形图示例程序,当按下启动按钮后,能流流入线圈"电动机",使得电动机开始工作,同时"电动机"常开触点接通,构成自锁控制,电动机持续运行,"电动机"常闭触点断开,没有能流流入"制动器"线圈,制动器无法工作。

当按下停止按钮后,"电动机"线圈能流断开,电动机停止工作,同时对应的常开触点断开,常闭触点闭合。此时因程序段中定时器为断开延时型定时器(TOF),所以有能流经"电动机"常闭触点流入"制动器"线圈内,制动器开始工作,经设定好的延时时间后,能流断开,制动器停止工作,任务目标全部实现。

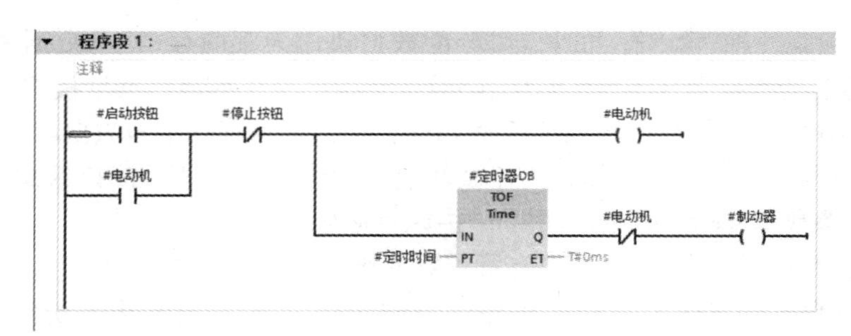

图 5.8　示例程序

1. 生成函数块

依据上述示例程序,开始生成程序块。打开新建项目项目树中的文件夹"\PLC_1\程序块",双击其中的"添加新块",单击打开的对话框中的"函数块"按钮,默认的编号为 1,默认的语言为 LAD(梯形图)。设置函数块的名称为"电动机控制",单击"确定"按钮,即可生成"电动机控制 FB1"。去掉 FB1"优化的块访问"属性。可以在项目树的文件夹"\PLC1\程序块"中看到新生成的 FB1,在程序区中写入如图 5.8 所示示例程序,完成函数块的生成。

2. 生成函数块的局部变量

打开 FB1,用鼠标往下拉动程序编辑器的分隔条,分隔条上面为函数块的接口区,在此区域中生成所需的对应的局部变量。根据示例程序可知,需生成的局部变量有"启动按钮"

“停止按钮”“定时时间”“制动器”“电动机”和“定时器 DB”，对其进行一一设置，如图 5.9 所示。

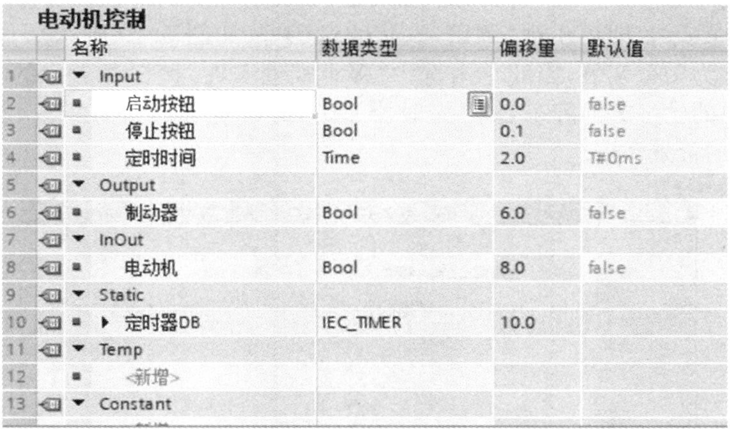

电动机控制

		名称	数据类型	偏移量	默认值
1		▼ Input			
2		■ 启动按钮	Bool	0.0	false
3		■ 停止按钮	Bool	0.1	false
4		■ 定时时间	Time	2.0	T#0ms
5		▼ Output			
6		■ 制动器	Bool	6.0	false
7		▼ InOut			
8		■ 电动机	Bool	8.0	false
9		▼ Static			
10		■ ▸ 定时器DB	IEC_TIMER	10.0	
11		▼ Temp			
12		■ <新增>			
13		▼ Constant			

图 5.9　FB1 的接口区

其中需要注意的是“定时器 DB”变量。在示例程序中使用到的 IEC 定时器本质上也是函数块，方框上面是它的背景数据块。在 FB 中，如果 IEC 定时器的背景数据块是一个固定的数据块，那么在同时多次调用 FB1 时，即当该数据块被同时用于两处或多处时，程序运行将会出错。为了解决这一问题，可在块接口中生成数据类型为 IEC TIMER 的静态变量“定时器 DB”，用它提供定时器 TOF 的背景数据。每次调用 FB1 时，在 FB1 不同的背景数据块中，不同的被控对象都有保存 TOF 的背景数据的存储区“定时器 DB”。

在 TOF 定时期间，每个扫描周期执行完 FB1 之后，都需要保存“定时器 DB”中的数据。函数块执行完后，下一次重新调用它时，其静态变量的值保持不变。所以“定时器 DB”必须是静态变量，不能在函数块的临时数据区（Temp 区）生成数据类型为 IECTIMER 的变量。

函数块的背景数据块中的变量就是它对应的 FB1 接口区中的 Input、Output、InOut 参数和 Static 变量（见图 5.9）。函数块上的数据因为是用背景数据块保存的，在函数块执行完后也不会丢失，还可以供下次执行时使用。其他代码块也可以访问背景数据块中的变量。不能直接删除和修改背景数据块中的变量，只能在它对应的函数块的接口区中删除和修改这些变量。

生成函数块的输入、输出参数和静态变量时，它们被自动指定一个默认值（见图 5.9），可以修改这些默认值。局部变量的默认值被传送给 FB 的背景数据块，可以在背景数据块中修改作为同一个变量的启动值。调用 FB 时没有指定实参的形参使用背景数据块中的启动值。

3. 用于定时器计数器的多重背景

除了 IEC 定时器指令外，IEC 计数器指令实际上也是函数块，若每次调用该类指令时都指定一个背景数据块，则会生成大量的数据块碎片。为了解决这个问题，如上文所述，在函数块中使用定时器、计数器指令时，可以在函数块的接口区定义数据类型为 IEC Timer（IEC 定时器）或 IEC Counter（IEC 计数器）的静态变量（见图 5.9 中的“定时器 DB”），用这些静态变量来提供定时器和计数器的背景数据。这种程序结构称为多重背景。

多重背景的设定较为简单，以上文示例生成的图 5.8 的示例程序为例，该程序接口区已生成变量“定时器 DB”。在使用新定时器或计数器时，只需将其选中，将指令方框拖放到示例程序的程序区内，即可出现“调用选项”的对话框（如图 5.10 所示）。在 STEP 7 V15 中，多重背景称为多重实例，因此单击选中“多重实例”，在“接口参数中的名称”的选择框中，选中列表中的已生成的静态变量“定时器 DB”，即可使用 FB1 的静态变量“定时器 DB”提供新定时器的背景数据。

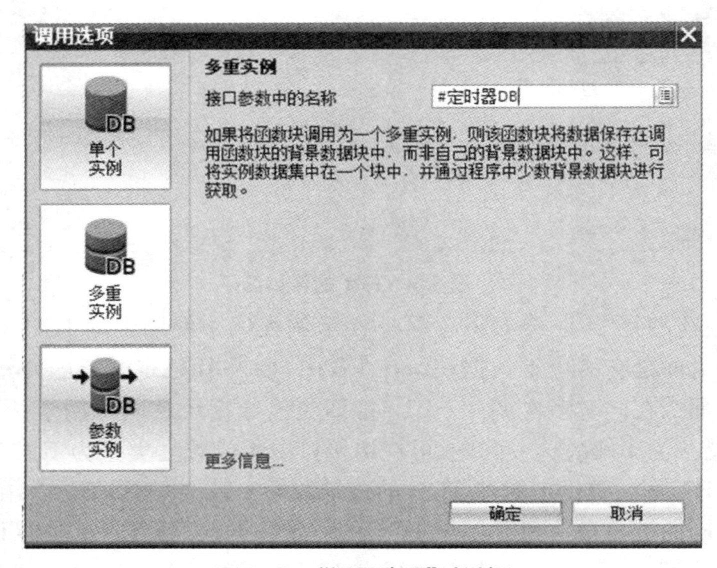

图 5.10　“调用选项”对话框

这样处理后，多个定时器或计数器的背景数据被包含在了它们所在的函数块的背景数据块（即多重背景数据块）中，就不需要为每个定时器或计数器设置一个单独的背景数据块了。这样不仅减少了处理数据的时间，还更合理地利用了存储空间。此外，也解决了多次调用使用固定背景数据块的定时器、计数器的函数块 FB1 所带来的问题。

4. 在 OB1 中调用 FB1

在前文第 1 小节和第 2 小节中，我们已经完成了函数块 FB1 的设置，可实现任务要求。现在我们要设计新的导向任务来介绍在主程序 OB1 中调用 FB1 的流程：要求同时控制两台电动机的启动、停止和制动延续时间。

由导向任务可知，OB1 的程序应调用两次 FB1。首先在 PLC 变量表中生成两次调用 FB1 使用的符号地址（见图 5.11）。

名称	数据类型	地址
启动按钮1	Bool	%I0.0
停止按钮1	Bool	%I0.1
1号设备	Bool	%Q0.0
制动1	Bool	%Q0.1
启动按钮2	Bool	%I0.2
停止按钮2	Bool	%I0.3
2号设备	Bool	%Q0.2
制动2	Bool	%Q0.3

图 5.11　PLC 变量表

然后将项目树中的 FB1 连续两次拖放到程序区的水平“导线”上(见图 5.12)。每次调用 FB1 时都会出现“调用选项”的对话框,在对话框中输入背景数据块的名称。单击“确定”按钮,自动生成 FB1 的背景数据块。为各形参指定实参时,既可以使用变量表或全局数据块中定义的符号地址,也可以使用绝对地址,还可以在变量表中修改自动生成的符号的名称。

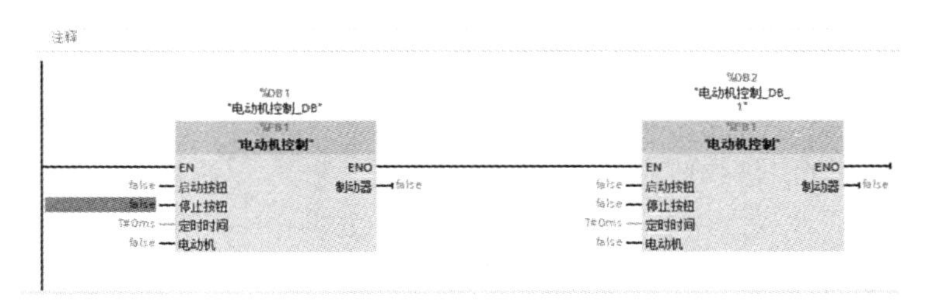

图 5.12　OB1 调用 FB1 的程序

当程序执行时,通过在 OB1 中连续两次调用 FB1,即可实现两个对应电动机的启动、停止。延时时间的修改可以在 FB1 程序中进行。

5.1.3　多重背景

当程序中有多个函数块时,如每个函数块对应一个背景数据块,程序中需要较多的背景数据块时,在项目中就会出现大量的背景数据“碎片”,影响程序的执行效率。使用多重背景,可以将几个函数块,共用一个背景数据块,这样可以减少数据块的个数,提高程序的执行效率。其主要有以下三个优点:

(1) 多个实例只需要一个 DB。

(2) 在为各个实例创建“私有”数据区时,无需任何额外的管理工作。

(3) 多重背景模型使得“面向对象的编程风格”成为可能(通过“集合”的方式实现可重用性)。

上一节介绍了用于定时器、计数器的多重背景,本节将介绍用于用户生成的函数块的多重背景。

我们依然使用上节内容介绍的“电动机控制”的程序作为示例。为了实现多重背景,生成一个名为“多台电动机控制”的函数块 FB3,去掉 FB3“优化的块访问”属性。在它的接口区生成两个静态变量“1 号电动机”和“2 号电动机”,设置其数据类型为“电动机控制”,则每个静态变量内部的输入参数、输出参数等局部变量都会自动复制生成为 FB1“电动机控制”的局部变量(见图 5.13)。

双击打开 FB3 程序区,两次拖动 FB1“电动机控制”项目至 FB3 程序区导线,进行对 FB1 的调用,生成如图 5.14 所示的程序段。

在调用 FB1 时出现“调用选项”的对话框(见图 5.15)。对多重背景的设置与 5.1.2 小节相同,单击选中“多重示例”按钮,在“接口参数中的名称”选择框中,选中列表中的已生成的静态变量“1 号电动机”,即可使用 FB3 的静态变量“1 号电动机”提供名为“电动机控制”的 FB1 的背景数据。再使用同样的方法,在 FB3 中再次调用 FB1,用 FB3 的静态变量“2 号电动机”提供 FB1 的背景数据。

▼ 1号电动机	"电动机控制"	0.0	
▼ Input			
启动按钮	Bool	0.0	false
停止按钮	Bool	0.1	false
定时时间	Time	2.0	T#0ms
▼ Output			
制动器	Bool	6.0	false
▼ InOut			
电动机	Bool	8.0	false
▼ Static			
▶ 定时器DB	IEC_TIMER	10.0	
▶ 2号电动机	"电动机控制"	26.0	

图 5.13　FB3 接口区

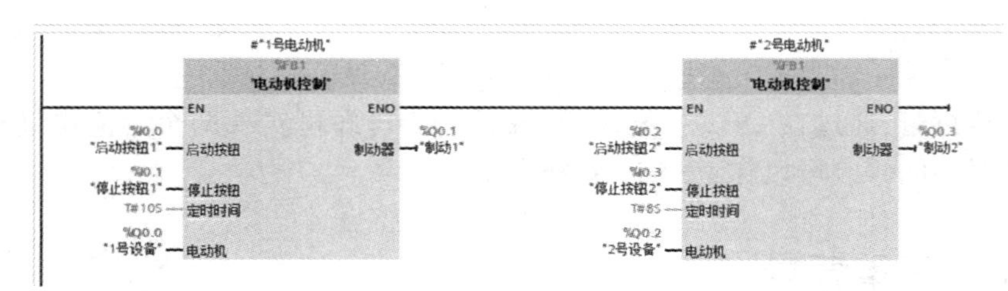

图 5.14　多台电动机控制 FB3

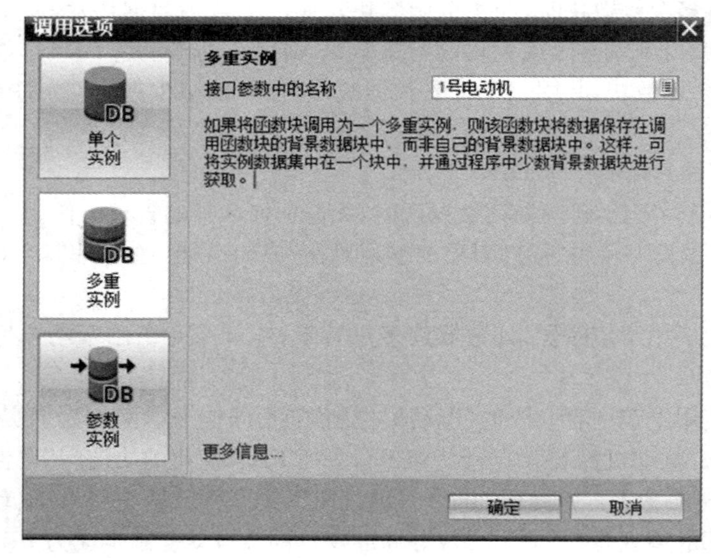

图 5.15　调用选项

在 OB1 中调用 FB3"多台电动机控制"(将 FB3 函数块拖动至 OB1 程序区"多台电动机控制"导线上，如图 5.16 所示)，其背景数据块为"电动机控制 DB"(DB3)。FB3 的背景数据块与图 5.14 中 FB3 的接口区均只有静态变量"1 号电动机"和"2 号电动机"。两次调用 FB1 的背景数据都在 FB3 的背景数据块 DB3 中。

至此，通过函数块的多重背景设置，完成了两台电动机同时控制的任务，其程序功能与 5.1.2 小节示例完全相同，区别在于上一节中通过直接在 OB1 中调用两个"电动机控制"函数块实现功能，本节则再次进行函数块的编写，通过调用两个"电动机控制"的函数块，首先生成可以实现两台电动机同时控制功能的函数块FB3，再在OB1中对该功能函数块进行调用，从而实现功能。其中特殊点在于，由于FB3中调用了两个具有背景数据块的函数块，所以使用时必须进行多重背景设置，通过静态变量来提供函数块的背景数据。

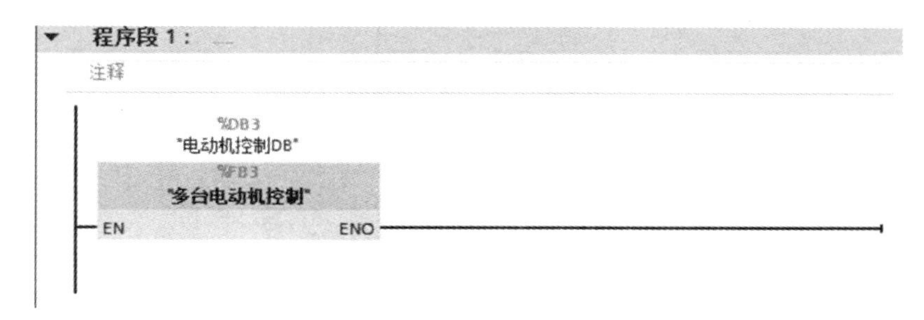

图5.16 多重背景示例OB1

5.2 数据类型与间接寻址

5.2.1 数据类型

1. 数据类型的分类

(1) 参数类型。参数类型是传递给被调用块的形参的数据类型。参数类型Void不保存数值，它用于函数不需要返回值的情况，如图5.3局部变量中文件夹Return里自动生成的与函数名称相同的返回值“计算压力”。

(2) 系统数据类型。系统数据类型(SDT)由系统提供，可供用户使用，具有不能更改的预定义结构。TIA博途的帮助给出了系统数据类型和硬件数据类型详细的说明。

下面是部分系统数据类型：IEC定时器指令的定时器结构IEC_TIMER；数据类型为SInt、USInt、UInt、Int、Dint和UDInt的计数器指令的计数器结构；用于GET_ERROR指令的错误信息结构ErrorStruct；RCV_GFG指令用于定义数据接收的开始条件和结束条件的CONDITIONS，用于存储PROFINET开放式用户通信的连接描述数据块的结构TADDR_Param和TCON_Param；HSC_Perirod用于高速计数器的CTRL_HSC_EXT指令。

(3) 硬件数据类型。硬件数据类型由CPU提供，与硬件组态时模块的设置有关。它用于识别硬件元件、事件和中断OB等与硬件有关的对象。用户程序使用与模块有关的指令时，用硬件数据类型的常数来作指令的参数。

PLC变量表的“系统常量”选项卡列出了项目中的硬件数据类型变量的值，即硬件组件和中断事件的标识符。其中的变量与项目中组态的硬件结构和组件的型号有关。例如高速计数器的硬件数据类型为Hw_Hsc。

2. 数据类型的转换方式

用户程序中的操作与特定长度的数据对象有关，例如位逻辑指令使用位（bit）数据，MOVE 指令使用字节、字和双字数据。

一个指令中有关的操作数的数据类型应是协调一致的，这一要求也适用于块调用时的参数设置。如果操作数具有不同的数据类型，应对它们进行转换，有以下两种不同的转换方式。

隐式转换：在执行指令时自动地进行转换。

显式转换：在执行指令之前使用转换指令进行转换。

（1）隐式转换。如果操作数的数据类型兼容，将自动执行隐式转换。兼容性测试可以使用两种标准：

① 使用 IEC 检查，采用严格的兼容性规则，与指令有关的操作数应具有相同的数据类型。

② 不使用 IEC 检查，兼容性测试采用不太严格的标准，因此允许转换的数据类型较多。

（2）显式转换。操作数不兼容时，不能执行隐式转换，可以使用显式转换指令。转换指令在指令列表的“数学函数”“转换操作”和“字符串＋字符”文件夹中。

显式转换的优点是可以检查出所有不符合标准的问题，并用 ENO 的状态指示出来。

5.2.2 间接寻址

1. 使用 FieldRead 与 FieldWrite 指令的间接寻址

下面我们通过新建示例项目，介绍间接寻址的使用方法。首先生成新项目，CPU 选择为 CPU 1214C。生成名为“数据块 1”的全局数据块 DB1，双击 DB1，进入数据设置界面，添加数据行，将其命名为“数组 1”，在数据类型下拉选项栏中选中“Array[0..1]of”选项，表示该数据行为数组；进入下一级菜单，选中“Array[0..1]ofInt”，表示数组内数据类型为整数，且有编号 0 和编号 1 两个数据；再进一步点击数据类型，进行重命名，将数据类型命名为“Array[1..5]of Int”，即可将数组 1 设置成包含 5 个数据类型为整数 Int 的元素，编号从 1 到 5，如图 5.17 所示。

进入 OB1 程序区，在页面右侧如图 5.18 所示的指令列表的文件夹“\移动操作\原有”中，分别选中 FieldRead（读取域）和 FieldWrite（写入域）指令，并将其拖动到程序区，构成程序段，实现间接寻址，如图 5.19 所示。

单击生成的指令框中的“???”，用下拉式列表设置要写入或读取的数据类型为 Int。两条指令的参数 MEMBER 的实参必须是上述数组的第一个元素“数据块 1”.数组 1[1]。

数据块1

	名称	数据类型	起始值
1	▼ Static		
2	▼ 数组1	Array[1..5] of Int	
3	数组1[1]	Int	11
4	数组1[2]	Int	22
5	数组1[3]	Int	33
6	数组1[4]	Int	44
7	数组1[5]	Int	55

图 5.17　间接寻址

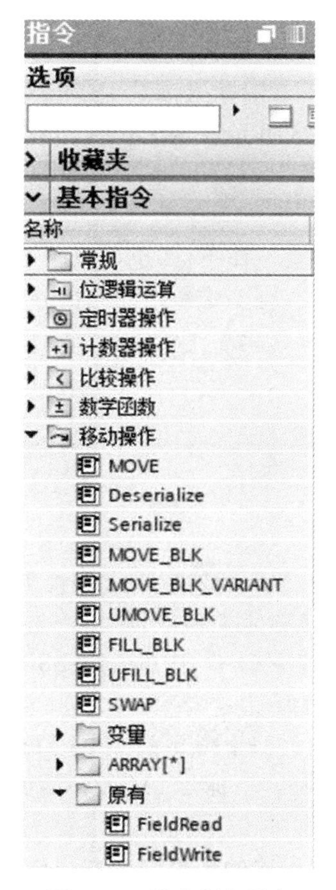

图 5.18　基本指令列表

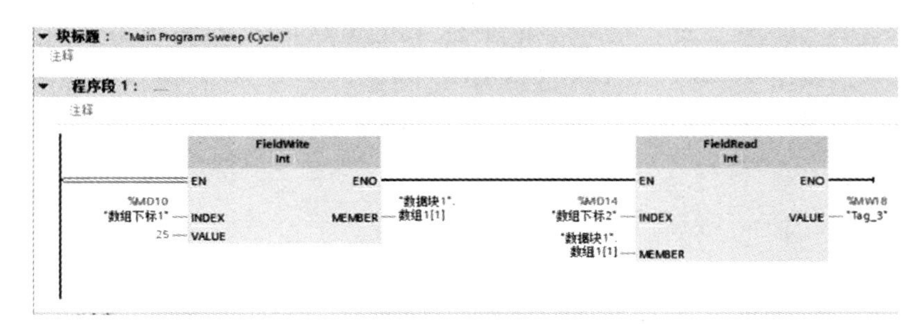

图 5.19　间接寻址程序

指令的输入参数索引值“INDEX”是要写入或读取的数组元素的下标，数据类型为 DInt（双整数）。参数“ VALUE”是要写入数组元素的操作数或保存读取的数组元素的值的地址。

选中项目树中的 PLC_1，单击工具栏上的“启动仿真”按钮，打开 S7-PLCSIM。将程序下载到仿真 PLC，后者进入 RUN 模式。打开 OB1，单击工具栏上的按钮，启动程序状态监视功能。

用鼠标右键单击指令 FieldWrite 的输入参数 INDEX 的实参 MD10，执行出现的快捷菜单中的命令“修改”→“修改值”，用出现的“修改”对话框将 MD10 的值修改为 3。启用数据块 1 的监视功能，可以看到输入参数 VALUE 的值 25 被写入下标为 3 的数组元素"数据块 1".数组 1[3]。再次修改 INDEX 的值，VALUE 的值将被写入 INDEX 对应的数组元素。

用上述方法设置指令 FieldRead 的输入参数 INDEX 的值为 3，输出参数 VALUE 的实参 MW18 是读取的下标为 3 的数组元素“数据块 1”.数组 1[3]的值。

2. 使用 MOVE 指令的间接寻址

要寻址数组的元素，既可以用常量作下标，也可以用 DInt 数据类型的变量作下标。可以用多个变量作多维数组的下标，实现多维数组的间接寻址，示例程序可见图 5.20。

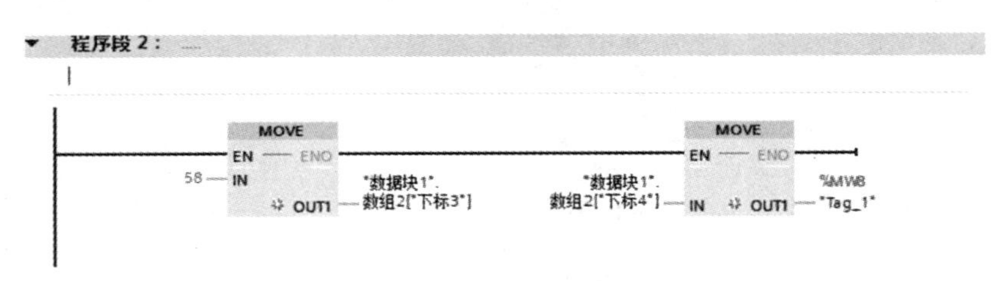

图 5.20　使用 MOVE 指令的间接寻址程序

程序段中左侧 MOVE 指令的功能类似于图 5.19 中的 FieldWrite 指令。修改参数 OUT1 的实参“数据块 1”.数组 2[“下标 3”]中的“下标 3”(MD30)的值，就可以改写“数据块 1”.数组 2 中不同下标的元素的值。

右侧的 MOVE 指令的功能则类似于图 5.19 中的 FieldRead 指令。修改参数 IN 的实参“数据块 1”.数组 2[“下标 4”]中的“下标 4”(MD34)的值，就可以读取“数据块 1”.数组 2 中不同下标的元素的值。

使用 MOVE 指令的间接寻址程序的仿真调试方法与使用 FieldRead 和 FieldWrite 指令程序的方法也相同。

刚进入 RUN 模式时变量“下标 3”和“下标 4”的值默认为 0，超出了数组 2 定义的范围，出现了区域长度错误，CPU 的 ERROR LED 闪烁。令“下标 3”和“下标 4”的值为 1～5 后，错误消失，ERROR LED 熄灭。为了避免出现上述错误，可以将数组下标的起始值设置为 1。

5.3　中断事件与中断指令

5.3.1　事件与组织块

1. 启动组织块的事件

组织块(OB)是操作系统与用户程序之间的接口，由操作系统调用，负责循环中断驱动的程序执行、PLC启动特性和错误处理，可通过对组织块进行编程来确定CPU特性。

组织块(OB)可由操作系统根据对应的规定事件自行调用，主要分为三种情况：

(1) 系统空闲。当出现规定的启动组织块的事件时，由操作系统自行调用对应的组织块。

(2) 系统占用。系统内对可启动组织块的事件进行了优先级的划分，当优先级高的事件正在调用组织块时，低优先级事件即使发生也不能由系统进行对应的组织块调用，而是将该调用行为延后，按照事件的优先级排序将其保存到队列，依次执行。

(3) 事件没有分配对应OB。此时会触发系统的默认响应。

如果插入/拔出中央模块，或超出最大循环时间两倍，CPU将切换到STOP模式。系统忽略过程映像更新期间出现的I/O访问错误。块中有编程错误或I/O访问错误时，CPU保持RUN模式不变。

组织块(OB)的调用引入了中断的概念。中断处理用来实现对特殊内部事件或外部事件的快速响应。CPU检测到中断请求时，立即响应中断，调用中断源对应的中断程序，即组织块OB。执行完中断程序后，返回被中断的程序处继续执行程序。例如在执行主程序OB1块时，时间中断块OB10可以中断主程序块OB1正在执行的程序，转而执行中断程序块OB10中的程序，当中断程序块中的程序执行完成后，再转到主程序块OB1中，从断点处执行主程序。

事件源是能向PLC发出中断请求的中断事件，例如日期时间中断、延时中断、循环中断和编程错误引起的中断等。

启动事件与程序循环事件不会同时发生，在启动期间，只有诊断错误事件能中断启动事件，其他事件将进入中断队列，在启动事件结束后再进行处理。OB用局部变量提供启动信息。

2. 事件执行的优先级与中断队列

优先级、优先级组和队列用来决定事件服务程序的处理顺序。每个CPU事件都有它的优先级，通用规则为优先级的编号越大，优先级越高。其中，时间错误中断具有最高的优先级。

按优先级排序处理事件又可分为3种情况：

(1) CPU中待处理事件优先级高低有序。此时即可正常按事件的优先级的高低进行处理，先处理高优先级的事件，并将待处理事件再按优先级顺序排列等候。

(2) 存在优先级相同的事件待处理。此时按"先来先服务"的原则来处理。

(3) 低优先级事件正在被处理，高优先级事件同时又发生。对于这种情况，我们通过设置 CPU 的属性，选择采用不同的处理方式。S7-1200 从 V4.0 开始，可以设置 OB 程序执行过程中是否可以被中断。在设备视图中，选中 CPU 硬件，在"属性>常规>启动"选项卡中，可通过勾选"OB 应该可中断"复选框(见图 5.21)，选择是否允许 OB 程序在执行过程中被中断。

如果勾选"OB 应该可中断"复选框，则 CPU 被设置为可中断模式，优先级为 2～25 的 OB 可被优先级高于当前运行的 OB 的任何事件中断。如果未设置可中断模式，优先级为 2～25 的 OB 不能被任何事件中断。

此外还有两种特殊情况，即无论是否进入可中断模式，优先级大于等于 2 的 OB 将中断循环程序的执行，优先级为 26 的时间错误会中断所有 OB 的执行。

如果执行可中断 OB 时发生多个事件，CPU 将按照优先级顺序处理这些事件。

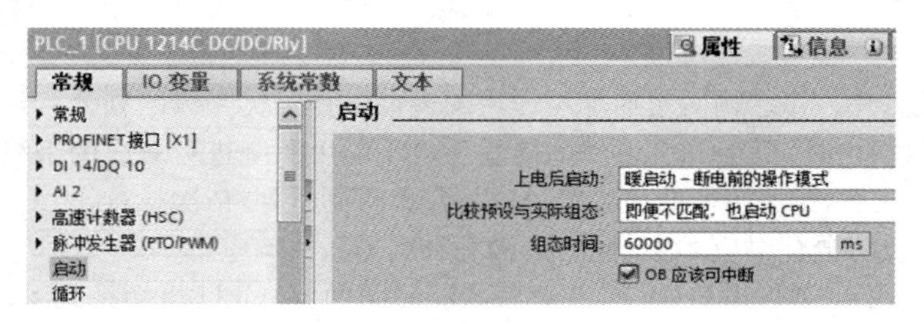

图 5.21 CPU 启动设置

3. 用 DIS_AIRT 与 EN_AIRT 指令禁止与激活中断

使用指令 DIS_AIRT，将延时处理优先级高于当前组织块的中断 OB。输出参数 RET_VAL 返回调用 DIS_AIRT 的次数。

发生中断时，调用指令 EN_AIRT，可以启用以前被 DIS_AIRT 指令延时处理的组织块。要取消所有的延时，则 EN_AIRT 的执行次数必须与 DIS_AIRT 的调用次数相同。

5.3.2 初始化组织块与循环中断组织块

1. 程序循环组织块

主程序 OB1 属于程序循环 OB，CPU 在 RUN 模式时循环执行 OB1，从而实现设计功能。CPU 中也可生成其他程序循环 OB，其编号应大于等于 123，CPU 按程序循环 OB 编号顺序执行程序。

一般只需要一个程序循环 OB。程序循环 OB 的优先级最低，其他事件都可以中断它们。

下面我们以创建新项目为示例，介绍如何生成新的程序循环 OB。

首先打开软件项目视图，生成新项目，CPU 型号选择 CPU 1214C。

打开项目视图中的文件夹"\PLC_1\程序块"，双击其中的"添加新块"，单击打开的对话框中的“组织块”按钮，选中列表中的“Programcycle”项目，生成一个程序循环组织块。OB 默认的编号为 123，语言为 LAD(梯形图)，默认的名称为 Main_1(见图 5.22)。单击“确定”按钮，生成组织块 OB123，可以在项目树的文件夹“\PLC1\程序块”中看到新生成的 OB123。

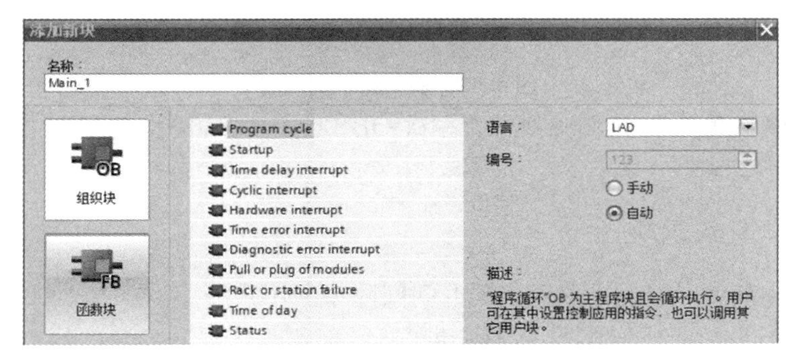

图 5.22　生成程序循环 OB

为验证 OB 的执行，可分别在 OB1 和 OB123 中生成简单的程序(见图 5.23 和图 5.24)，将它们下载到 CPU，CPU 切换到 RUN 模式后，可以用 I0.1 和 I0.2 分别控制 Q0.1 和 Q0.2，说明 OB1 和 OB123 均被循环执行。

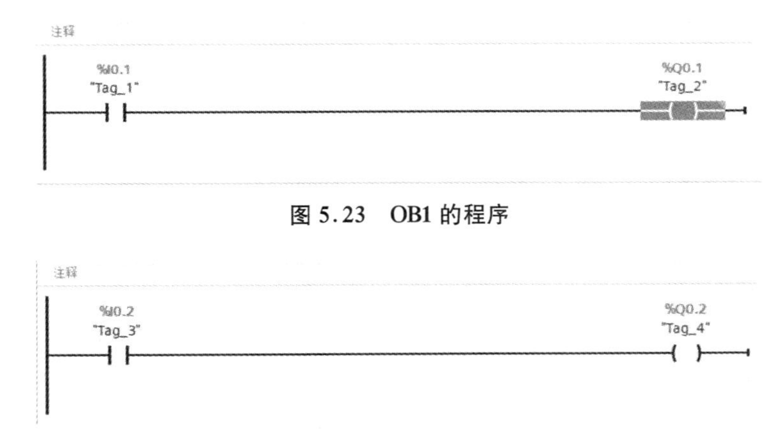

图 5.23　OB1 的程序

图 5.24　OB123 的程序

2. 启动组织块

启动组织块是一种专门的 OB，用于系统初始化，CPU 从 STOP 模式切换到 RUN 模式时，需执行一次启动 OB。执行完成后，读入过程映像输入，再开始执行 OB1。允许生成多个启动 OB，初始启动 OB 的默认编号为 OB100，其他启动 OB 的编号应大于等于 123。一般只需要一个启动组织块。

生成启动 OB 的方法与生成程序循环 OB 类似，依旧在添加新块中进行设置，启动 OB 的项目名为“Startup”。按上文方法，可生成默认的 OB100 启动 OB。OB100 中的初始化程序见图 5.25。将该程序下载到 CPU，并将 CPU 切换到 RUN 模式后，可以看到 QB0 的值被 OB100 初始化为 7，其最低 3 位为 1。

该项目的 M 区没有设置保持功能，暖启动时 M 区的存储单元的值均为 0。在监控时

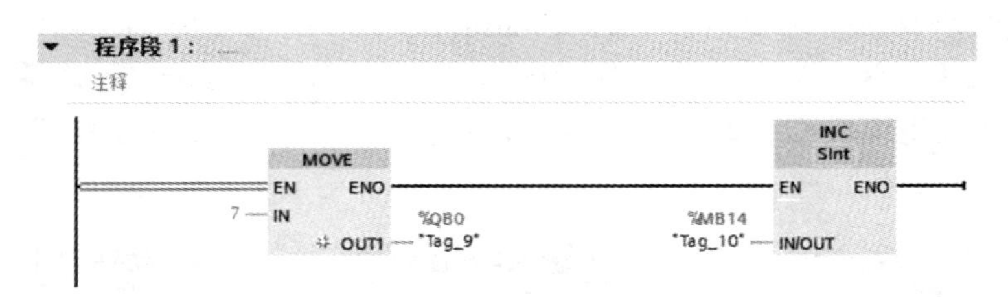

图 5.25　初始化示例程序

如果看到 MB14 的值为 1，说明只执行了一次 OB100，是 OB100 中的 INC 指令使 MB14 的值加了 1。

3. 循环中断组织块

所谓循环中断就是经过一段固定的时间间隔中断用户程序，在 S7-1200 中即以设定的循环时间（1～60000 ms）周期性地执行中断循环，而与程序循环 OB 的执行无关。该指令很常用，TIA 博途软件中有 9 个固定循环中断组织块，编号为 OB30～OB38，另有 11 个组织块未指定编号，可自行命名，但编号数必须大于等于 123。在使用过程中需要注意的是，循环中断组织块和延时中断组织块的个数之和最多为 4。

激活循环中断（EN_IRT）和禁用循环中断（DIS_IRT）指令的参数见表 5.1。

表 5.1　激活循环中断和禁用循环中断指令的参数

参数	声明	数据类型	存储区间	参数说明
OB_NR	INPUT	INT	I、Q、M、D、L 和常数	OB 的编号
MODE	INPUT	BYTE	I、Q、M、D、L 和常数	指定禁用哪些中断和异步错误
RET_VAL	OUTPUT	INT	I、Q、M、D 和 L	如果出错，则 RET_VAL 的实际参数将包含错误代码

参数 MODE 指定禁用哪些中断和异步错误，含义比较复杂，MODE＝0 表示激活所有的中断和异步错误，MODE＝1 表示启用属于指定中断类别的新发生事件，MODE＝2 表示启用指定中断的所有新发生事件，可使用 OB 编号来指定中断。具体可参考相关手册或者寻求 TIA 博途软件的帮助。

循环中断 OB 的生成依旧在“添加新块”界面，选中出现的对话框中的“Cyclic interrupt”项目，即生成循环中断 OB，生成的首个 OB 默认编号为 OB30，见图 5.26。除 OB 编号外，循环中断 OB 还可设置“循环时间”项，即循环中断的时间间隔，默认值为 100 ms，可修改为 1～60000 ms。

除了在生成 OB 时可设置循环时间外，还可在 OB 的属性界面进行修改。右键点击项目树中的 OB30，在快捷菜单中选择“属性”，进入设置界面，在“常规>循环中断”界面可对循环时间进行修改设置，除时间外，还可以修改 OB 的相移，如图 5.27 所示。

相移是相位偏移的简称，用于防止循环时间有公倍数的几个循环中断 OB 同时启动（如时间间隔为 100 ms 和 1000 ms 的中断 OB，会在 1000 ms 时同时启动），导致连续执行中断程序的时间太长。

相移的默认值为 0。

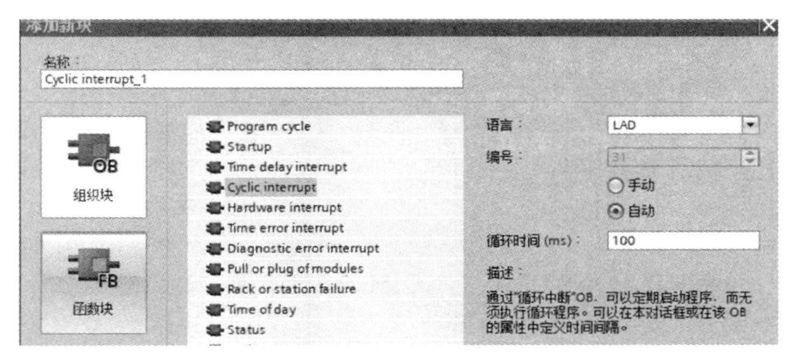

图 5.26　添加循环中断组织块

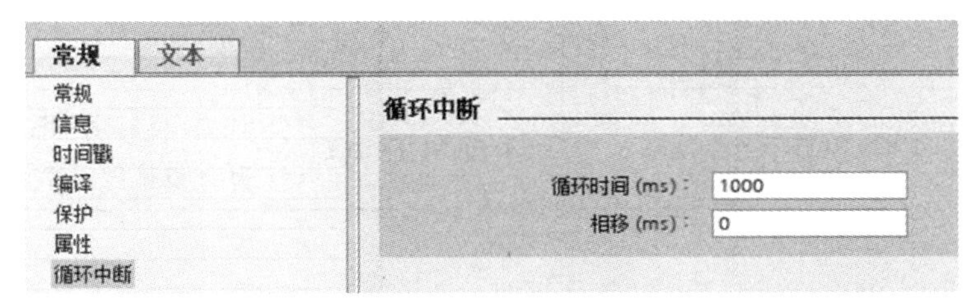

图 5.27　循环中断组织块属性设置

如果循环中断 OB 的执行时间大于循环时间，将会启动时间错误 OB。

5.3.3　时间中断组织块

1. 时间中断的功能

时间中断又称为"日时钟中断"，用于在设置的日期和时间产生一次中断，或者从设置的日期时间开始，周期性地重复产生中断，即可以在用户指定的日期时间及特定的周期产生中断。例如，通过使用时间中断组织块，控制 PLC 系统每天 12:00 自动中断程序，执行一次数据保存。

时间中断最多可以使用 20 个，默认范围是 OB10～OB17，其余可组态 OB 编号 123 以上的组织块。

可以使用专用的指令"SET_TINT""CAN_TINT"和"ACT_TINT"来设置、取消和激活日期时间中断，参数见表 5.2。

表 5.2　"SET_TINT""CAN_TINT"和"ACT_TINT"的参数

参数	声明	数据类型	存储区间	参数说明
OB_NR	INPUT	INT	I、Q、M、D、L 和常数	OB 的编号
SDT	INPUT	DT	D、L 和常数	开始日期和开始时间

续表

参数	声明	数据类型	存储区间	参数说明
PERIOD	INPUT	WORD	I、Q、M、D、L 和常数	从启动点 SDT 开始的周期： W16＃0000＝一次 W 井 16＃0201＝每分钟 W＃16＃0401＝每小时 W＃16＃1001＝每日 W＃16＃1202＝每周 W＃16＃1401＝每月 W＃16＃1801＝每年 W＃16＃2001＝月末
RET_VAL	OUTPUT	INT	I、Q、M、D 和 L	如果出错，则 RET_VAL 的实际参数将包含错误代码

2. 生成组织块

在项目视图中生成一个新项目，CPU 型号选用 CPU 1214C。

打开项目视图中的文件夹“\PLC_1\程序块”，在如图 5.28 所示的添加新块项目的界面，添加一个名为“Time of day”(日时钟)的组织块，即时间中断组织块，默认的编号为 10，默认的语言为 LAD(梯形图)。

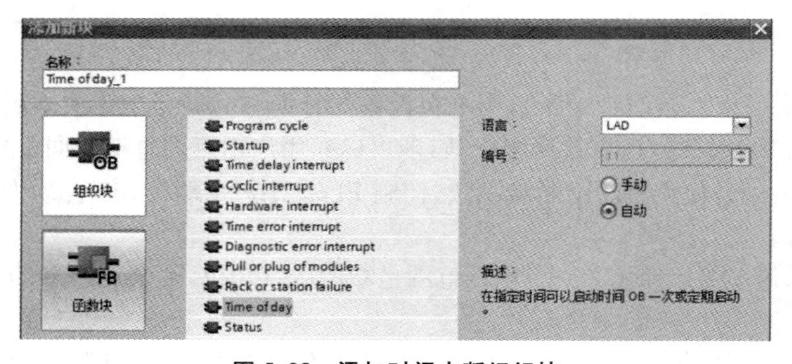

图 5.28　添加时间中断组织块

3. 程序设计

时间中断有关的指令在指令列表的“扩展指令”窗格的“中断”文件夹中。在 OB1 中调用指令 QRY_TINT 来查询时间中断的状态，其具体程序如图 5.29 所示，读取的状态字用 MW8 保存。

在 I0.0 的上升沿，调用指令 SET_TINTL 和 ACT_TINT 来分别设置和激活时间中断 OB10。在 I0.1 的上升沿，调用指令 CAN_TINT 来取消时间中断。

上述指令的参数 OB_NR 是组织块的编号，SET_TINT 用来设置时间中断，它的参数 SDT 是开始产生中断的日期和时间。参数 LOCAL 为 TRUE(1) 和 FALSE(0)分别表示使用本地时间和系统时间。参数 PERIOD 用来设置执行的方式，16＃0201 表示每分钟产

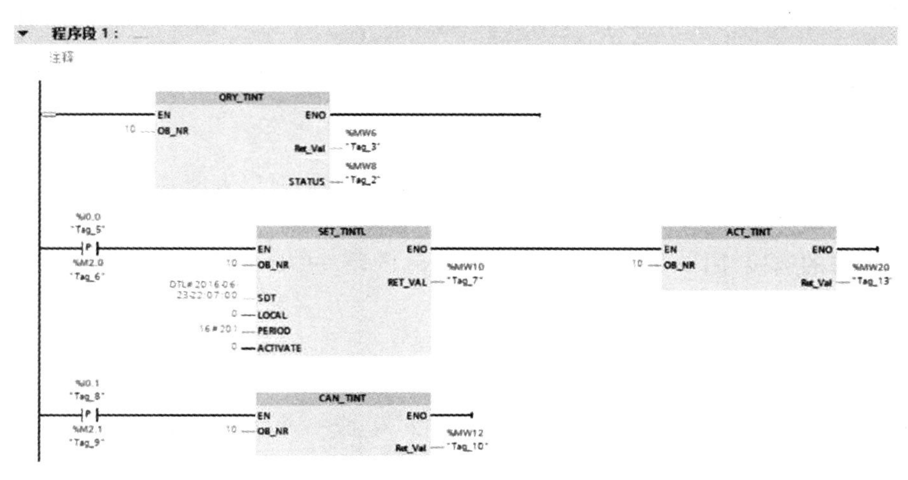

图 5.29　时间中断 OB 调用示例

生一次时间中断。参数 ACTIVATE 为 1 时，该指令设置并激活时间中断；参数 ACTIVATE 为 0 时仅设置时间中断，需要调用指令 ACT_TINT 来激活时间中断。RET_ VAL 是执行时可能出现的错误代码，为 0 时表示无错误。图 5.29 中的程序用 ACT_TINT 来激活时间中断。

此外，图 5.29 中调用的 OB10 具体程序如图 5.30 所示，每调用一次 OB10，将 MB4 加 1。

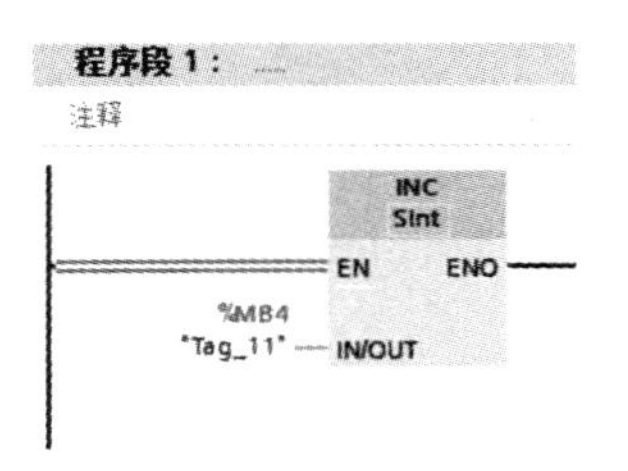

图 5.30　OB10 程序

5.3.4　硬件中断组织块

1. 硬件中断事件与硬件中断组织块

硬件中断事件属于需要快速响应的过程事件。出现硬件中断事件时，应立即中止当前正在执行的程序，改为执行对应的硬件中断 OB。

最多可以生成 50 个硬件中断 OB，在硬件组态时定义中断事件，硬件中断 OB 的编号应为 40～47，或大于等于 123。S7-1200 支持下列硬件中断事件：

(1) CPU 内置的数字量输入和信号板的数字量输入的上升沿事件和下降沿事件。

(2) 高速计数器(HSC)的实际计数值等于设定值。

(3) HSC 的方向改变，即计数值由增大变为减小，或由减小变为增大。

(4) HSC 的数字量外部复位输入的上升沿，计数值被复位为 0。

如果在执行硬件中断 OB 期间，同一个中断事件再次发生，则新发生的中断事件丢失。

如果一个中断事件发生，在执行该中断 OB 期间，又发生多个不同的中断事件，则新发生的中断事件进入排队，等待第一个中断 OB 执行完毕后依次执行。

2. 硬件中断事件的处理方法

(1) 给一个事件指定一个硬件中断 OB，这种方法最为简单方便，应优先采用。

(2) 多个硬件中断 OB 分时处理一个硬件中断事件，需要用 DETACH 指令取消原有的 OB 与事件的连接，用 ATTACH 指令将一个新的硬件中断 OB 分配给中断事件。

3. 生成硬件中断组织块

在项目视图文件夹“\PLC_1\程序块”中选择“添加新块”，在生成界面选中“组织块”按钮，选中“Hardware interrupt”(硬件中断)项目，生成一个硬件中断组织块，如图 5.31 所示。

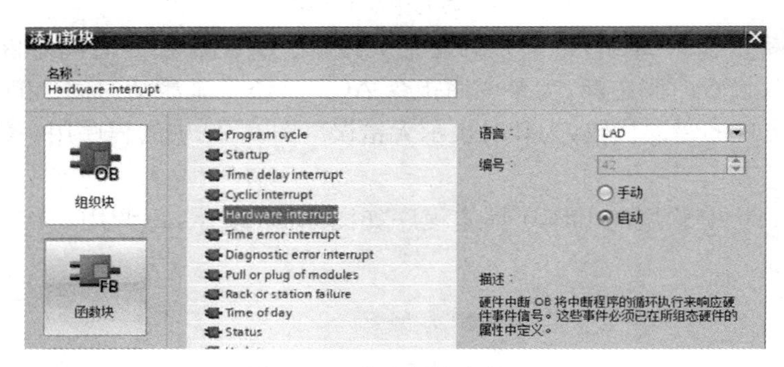

图 5.31　生成硬件中断 OB

OB 的编号默认从 40 开始，语言为 LAD(梯形图)。

4. 组态硬件中断事件

用鼠标双击项目树的文件夹“PLC_1”中的“设备组态”，打开设备视图，首先选中 CPU，再选中巡视窗口的“属性>常规”选项卡左边的“数字量输入”的通道 0(即 I0.0，见图 5.32)，用复选框启用上升沿检测功能。单击选择框“硬件中断”右边的按钮，用下拉式列表选中刚才生成的示例程序，即将此硬件中断 OB 指定给 I0.0 的上升沿中断事件，出现该中断事件时就调用该示例 OB。

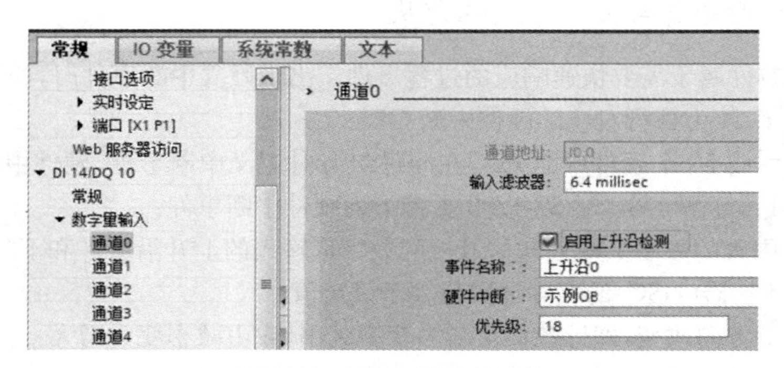

图 5.32　硬件中断事件组态

如果在此处下拉式列表中不选择任何 OB，而是选中列表中的“-”项目，则表示没有 OB 连接到中断事件。

选中巡视窗口的“属性>常规>系统和时钟存储器”，启用系统存储器字节 MB1。

5.3.5　中断连接指令与中断分离指令

1. ATTACH 指令与 DETACH 指令

“将 OB 附加到中断事件”指令 ATTACH 和“将 OB 与中断事件分离”指令 DETACH 分别用于在 PLC 运行时建立和断开硬件中断事件与中断 OB 的连接。

2. 组态硬件中断事件

现通过编程示例介绍两种指令的使用方法。首先通过“添加新块”生成两个硬件中断 OB，默认编号为 OB40 和 OB41，将其分别命名为“硬件中断 1”和“硬件中断 2”。

选中设备视图中的 CPU，再选中巡视窗口的“属性>常规”选项卡左边的“数字量输入”的通道 0(即 I0.0，见图 5.23)，用复选框启用上升沿中断功能。单击选择框“硬件中断”右边的...按钮，将 OB40(硬件中断 1)指定给 I0.0 的上升沿中断事件。出现该中断事件时调用 OB40。

3. 程序的基本结构

要求使用指令 ATTACH 和 DETACH，在出现 I0.0 上升沿事件时，交替调用硬件中断组织块 OB40 和 OB41，分别将不同的数值写入 QB0。

在 OB40 中，用 DETACH 指令断开 I0.0 上升沿事件与 OB40 的连接，用 ATTACH 指令建立 I0.0 上升沿事件与 OB41 的连接(见图 5.33)。用 MOVE 指令给 QB0 赋值为 16#F。

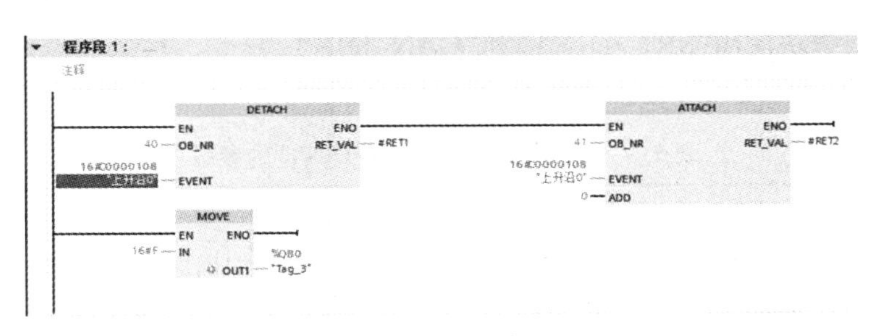

图 5.33　OB40 的程序

程序编写完成后，在程序编辑器上面的接口区生成两个临时局部变量 RET1 和 RET2，用来作指令 ATTACH 和 DETACH 的返回值的实参。返回值是指令的状态代码。

打开指令列表中的“扩展指令”窗格的“中断”文件夹，将其中的指令 DETACH 拖放到程序编辑器中，设置参数 OBNR(组织块的编号)为 40。

双击中断事件 EVENT 左边的红色问号，然后单击出现的按钮，选中出现的下拉式列表中的中断事件“上升沿 0”(I0.0 的上升沿事件)，其代码值为 16#C0000108。在 PLC 默认的变量表的“系统常量”选项卡中，也能找到“上升沿 0”的代码值。DETACH 指令用来断开 I0.0 的上升沿中断事件与 OB40 的连接。

图 5.33 中的 ATTACH 指令将参数 OB_NR 指定的 OB41 连接到 EVENT 指定的事件“上升沿 0”。该事件发生时，将调用 OB41。参数 ADD 为默认值 0 时，指定的事件取代连接到原来分配给这个 OB 的所有事件。

下一次出现 I0.0 上升沿事件时，调用 OB41(见图 5.34)。在 OB41 的接口区生成两个临时局部变量 RET1 和 RET2，用 DETACH 指令断开 I0.0 上升沿事件与 OB41 的连接，用 ATTACH 指令建立 I0.0 上升沿事件与 OB40 的连接。用 MOVE 指令给 QB0 赋值为 16＃F0。

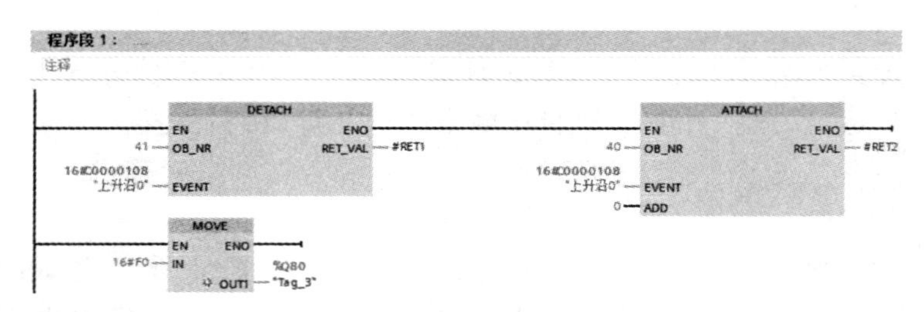

图 5.34 OB41 的程序

5.3.6 延时中断组织块

在 PLC 项目的设计中，延时是使用频率较高的常用功能。PLC 通常使用其自带的定时器指令实现延时，但由于 PLC 中普通定时器的定时过程不断受到变化的扫描周期的影响，因此其定时精度较低。如果需要高精度的延时，应使用延时中断指令。延时中断指令功能与定时器类似，可实现延时执行某些操作，同时可以达到以 ms 为单位的高精度延时。

延时中断组织块最多可以使用 20 个，默认范围是 OB20～OB23，其余可组态 OB 编号 123 以上的组织块。在使用过程中，当同时调用循环中断和延时中断组织块时，其个数之和最多为 4。

延时中断组织块使用“SRT_DINT”和“CAN_DINT”指令，设置、取消激活延时中断，参数见表 5.3。

表 5.3 “SRT_DINT”“CAN_DINT”的参数

参数	声明	数据类型	存储区间	参数说明
OB_NR	INPUT	INT	I、Q、M、D、L 和常数	延时时间后要执行的 OB 的编号
DIME	INPUT	DTIME		延时时间(1～60000 ms)
SIGN	INPUT	WORD	I、Q、M、D、L 和常数	调用延时中断 OB 时 OB 的启动事件信息中出现的标识符
RET_VAL	OUTPUT	INT	I、Q、M、D 和 L	如果出错，则 RET_VAL 的实际参数将包含错误代码

1. 硬件组态

生成新的示例项目，在“添加新块”界面中生成名为“硬件中断”的组织块 OB40，名为

“延时中断”的组织块 OB20，以及全局数据块 DB1。

选中设备视图中的 CPU，再选中巡视窗口的“属性＞常规”选项卡左边的“数字量输入”的通道 0(即 I0.0)，用复选框启用上升沿中断功能。单击选择框“硬件中断”右边的...按钮，用下拉式列表将 OB40 指定给 I0.0 的上升沿中断事件。出现该中断事件时调用 OB40。

2. 硬件中断组织块程序设计

在 I0.0 的上升沿触发硬件中断，CPU 调用 OB40，在 OB40 中调用指令 SRT_DINT 启动延时中断的延时，延时时间为 10 s。具体调用程序为：在指令 SRT_DINT 的 EN 使能输入的上升沿，启动延时过程。延时时间到时触发延时中断，从而调用指定的延时中断组织块，其程序设计如图 5.35 所示。

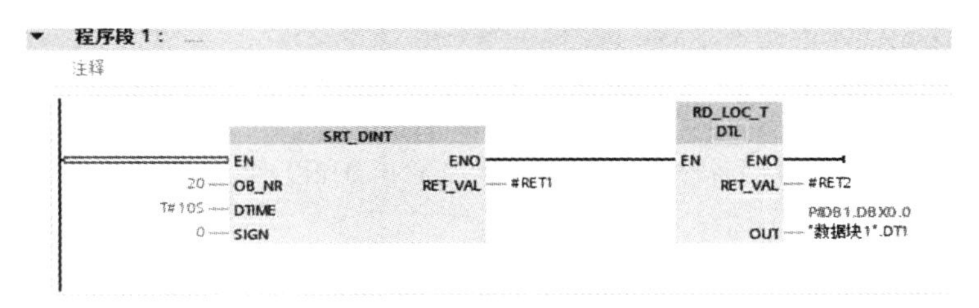

图 5.35　OB40 的程序

延时时间到时调用参数 OB_RN 指定的延时中断组织块 OB20。参数 SIGN 是调用延时中断 OB 时 OB 的启动事件信息中的标识符。RET_VAL 是指令执行的状态代码。RET1 和 RET2 是数据类型为 Int 的 OB40 的临时局部变量。

为了保存读取的定时开始和定时结束时的日期时间值，在 DB1 中生成数据类型为 DTL 的变量 DT1 和 DT2。在 OB40 中调用“读取本地时间”指令 RD_LOC_T，读取启动 10 s 延时的实时时间，用 DB1 中的变量 DT1 保存。

3. 时间延迟中断组织块程序设计

在 I0.0 上升沿调用的 OB40 中启动时间延迟，延时时间到时调用时间延迟组织块 OB20。在 OB20 中调用 RD_LOC_T 指令，具体程序如图 5.36 所示，读取 10 s 延时结束的实时时间，用 DB1 中的变量 DT2 保存。同时将 Q0.4：P 立即置位。

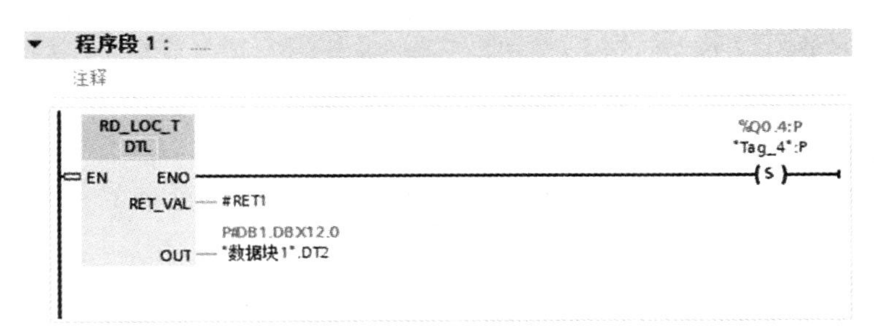

图 5.36　OB20 的程序

4. OB1 的程序设计

在 OB1 中调用指令 QRY_DINT 来查询延时中断的状态字 STATUS，具体程序如图 5.37 所示，查询的结果用 MW8 保存，其低字节为 MB9。OB_NR 的实参是 OB20 的编号。

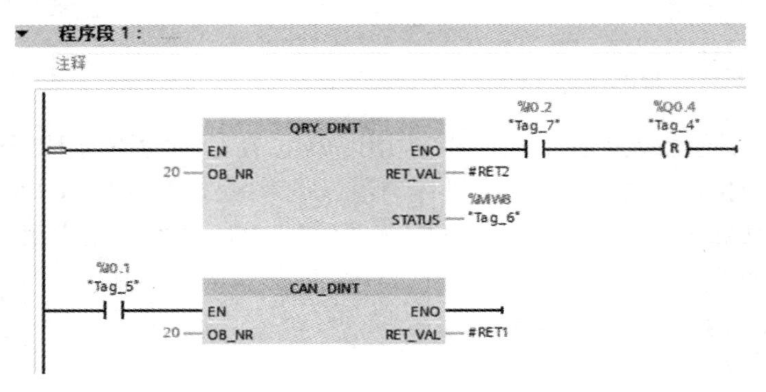

图 5.37　OB1 的程序

延时过程中，在 I0.1 为 1 状态时调用指令 CAN_DINT 来取消延时中断过程。在 I0.2 为 1 状态时复位 Q0.4。

5.3.7　错误处理组织块

1. 错误处理概述

S7-1200 PLC 对于其内部的功能性错误或编程错误具有很强的错误(或称故障)检测和处理能力。当 CPU 检测到错误后，操作系统会根据不同的情况，采取不同的应对措施：

(1) 存在对应错误处理 OB。S7-1200 PLC 系统中存在默认的错误处理 OB，此外用户也可以自行在组织块中进行编程，生成对应各项错误的错误处理 OB。当错误发生时，操作系统会检测错误类型，自动调用对应的组织块，执行错误处理 OB，对发生的错误采取相应的措施。

(2) 没有错误处理 OB。由于 PLC 中可发生错误类型繁多，正常情况下不可能为系统运行过程有概率发生的错误逐一编写对应的错误处理 OB。因此，对于大多数在系统中没有对应错误处理 OB 的错误，当其出现时，操作系统将自动采取默认操作，控制 CPU 直接进入 STOP 模式，停止工作。

2. 错误的分类

能被 S7 CPU 检测到并且用户可以通过组织块对其进行处理的错误分为两个基本类型。

(1) 异步错误。异步错误是与 PLC 的硬件或操作系统密切相关的错误，与程序执行无关，后果严重。异步错误 OB 具有最高等级的优先级，其他 OB 不能中断它们。同时有多个相同优先级的异步错误 OB 出现时，CPU 将按出现错误的顺序处理。

(2) 系统程序可检测的其他错误。系统程序可检测的其他错误包括不正确的 CPU 功能、系统程序执行中的错误、用户程序中的错误和 I/O 中的错误。根据错误类型的不同，

CPU 设置为进入 STOP 模式或调用一个错误处理组织块(OB)。

当 CPU 检测到错误时,会调用适当的组织块,见表 5.4。如果没有相应的错误处理 OB,CPU 将进入 STOP 模式。用户可以在错误处理 OB 中编写如何处理这种错误的程序,以减小或消除错误的影响。

表 5.4　错误处理组织块

<table>
<tr><th>OB 号</th><th>错误类型</th><th>优先级</th></tr>
<tr><td>OB80</td><td>时间错误</td><td rowspan="4">2～26</td></tr>
<tr><td>OB82</td><td>诊断中断</td></tr>
<tr><td>OB83</td><td>插入/取出模块中断</td></tr>
<tr><td>OB86</td><td>机架故障或分布式 I/O 的站故障</td></tr>
<tr><td>OB821</td><td>编程错误</td><td rowspan="2">引起错误的 OB 的优先级</td></tr>
<tr><td>OB122</td><td>I/O 访问错误</td></tr>
</table>

5.4　交叉引用表与程序信息

5.4.1　交叉引用表

1. 交叉引用表

交叉引用表提供用户程序中操作数和变量使用情况的概览。可以从交叉引用表直接跳转到使用操作数和变量的地方。

在程序测试和查错时,可以从交叉引用表获取下列消息:某个操作数在哪些块的哪个程序段使用;某个变量被用于 HMI 哪个画面中的哪个元件;某个块被哪些块调用。

2. 生成和显示交叉引用表

在项目视图中,可以生成下列对象的交叉引用:PLC 文件夹、程序块文件夹、单独的块和 PLC 变量表。生成和显示交叉引用表最简单的方法是用鼠标右键单击项目树中的上述对象,执行快捷菜单中的命令“交叉引用”。

3. PLC 变量表的交叉引用表

现以示例项目“PLC_HMI”为例,介绍交叉引用表的基本情况。选中“PLC_HMI”的项目树的“默认变量表”,单击工具栏上的交叉引用按钮,生成该变量表的交叉引用表,如图 5.38 所示。

从图 5.38 中可以看出,默认变量表中的变量“电动机”在主程序 Main 的程序段 1(NW1)中被两次使用。

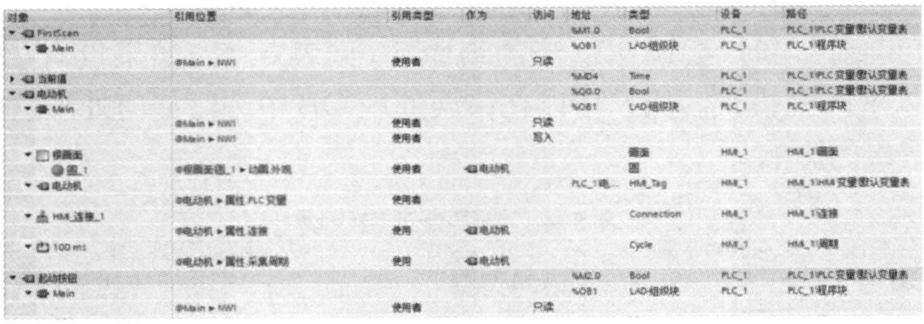

对象	引用位置	引用类型	作为	访问	地址	类型	设备	路径
▼ FirstScan					%M1.0	Bool	PLC_1	PLC_1\PLC变量\默认变量表
▼ Main					%OB1	LAD-组织块	PLC_1	PLC_1\程序块
	@Main ▶ NW1	使用者		只读				
▶ 当前值					%MD4	Time	PLC_1	PLC_1\PLC变量\默认变量表
▼ 电动机					%Q0.0	Bool	PLC_1	PLC_1\PLC变量\默认变量表
▼ Main					%OB1	LAD-组织块	PLC_1	PLC_1\程序块
	@Main ▶ NW1	使用者		只读				
	@Main ▶ NW1	使用者		写入				
▼ 根画面						画面	HMI_1	HMI_1\画面
圆_1	@根画面\圆_1 ▶ 动画.外观	使用者	电动机			圆		
▼ 电动机					PLC_1\电...	HMI_Tag	HMI_1	HMI_1\HMI变量\默认变量表
	@电动机 ▶ 属性.PLC变量	使用者						
▼ HMI_连接_1						Connection	HMI_1	HMI_1\连接
	@电动机 ▶ 属性.连接	使用	电动机					
▼ 100 ms						Cycle	HMI_1	HMI_1\周期
	@电动机 ▶ 属性.采集周期	使用	电动机					
▼ 起动按钮					%M2.0	Bool	PLC_1	PLC_1\PLC变量\默认变量表
▼ Main					%OB1	LAD-组织块	PLC_1	PLC_1\程序块
	@Main ▶ NW1	使用者		只读				

图5.38　PLC默认变量表的交叉引用表

“引用类型”列的“使用者”表示源对象“电动机”被对象Main和“圆_1”使用。该列中的“使用”表示源对象“电动机”使用其连接属性中的对象“HMI_连接_1”。

“作为”列是被引用对象更多的信息，“访问”列是访问的读、写类型，“地址”列是操作数的绝对地址，“类型”列是创建对象时使用的类型和语言，“路径”列是项目树中该对象的路径以及文件夹和组的说明。

工具栏上的按钮用来更新交叉引用表，按钮用来关闭下一层的对象，按钮用来展开下一层的对象。

4. 在巡视窗口显示单个变量的交叉引用信息

选中OB1中的变量“电动机”(Q0.0)，在下面的巡视窗口的“信息>交叉引用”选项卡中，可以看到选中的变量的交叉引用信息，与图5.38所示基本相同。

5. 程序块的交叉引用表

选中项目树中的主程序Main，单击工具栏上的交叉引用按钮，生成Main的交叉引用表，如图5.39所示。由交叉引用表可以看到各对象在程序中的引用位置。

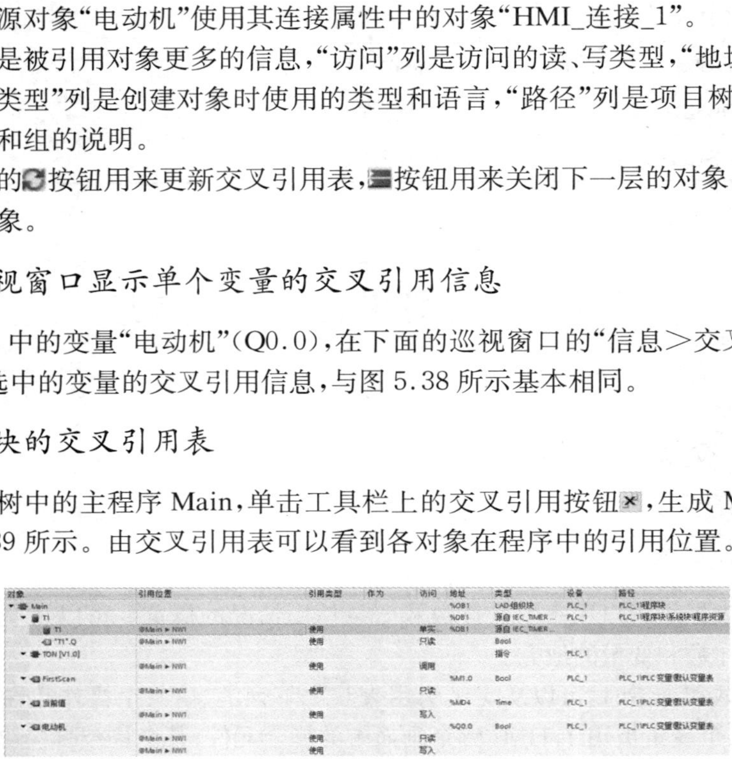

对象	引用位置	引用类型	作为	访问	地址	类型	设备	路径
▼ Main					%OB1	LAD-组织块	PLC_1	PLC_1\程序块
▼ T1					%DB1	源自 IEC_TIMER...	PLC_1	PLC_1\程序块\系统块\程序资源
T1	@Main ▶ NW1	使用		单实...	%DB1	源自 IEC_TIMER...		
"T1".Q	@Main ▶ NW1	使用		只读		Bool		
▼ TON [V1.0]						指令	PLC_1	
	@Main ▶ NW1	使用		调用				
▼ FirstScan					%M1.0	Bool	PLC_1	PLC_1\PLC变量\默认变量表
	@Main ▶ NW1	使用		只读				
▼ 当前值					%MD4	Time	PLC_1	PLC_1\PLC变量\默认变量表
	@Main ▶ NW1	使用		写入				
▼ 电动机					%Q0.0	Bool	PLC_1	PLC_1\PLC变量\默认变量表
	@Main ▶ NW1	使用		只读				
	@Main ▶ NW1	使用		写入				

图5.39　程序块的交叉引用表

5.4.2　分配列表

用户程序的程序信息包括分配列表、调用结构、从属性结构和资源。

1. 分配列表

分配列表提供I、Q、M存储区的字节中各个位的使用情况，显示地址是否被分配给用户程序(被程序访问)，或者地址是否被分配给S7模块。它是检查和修改用户程序的重要工具。

此处以项目“数据处理指令应用”为示例，选中项目树中的“程序块”文件夹，或选中其中的某个块，执行菜单命令“工具”→“分配列表”，将显示选中的设备的分配列表(见图5.40)。

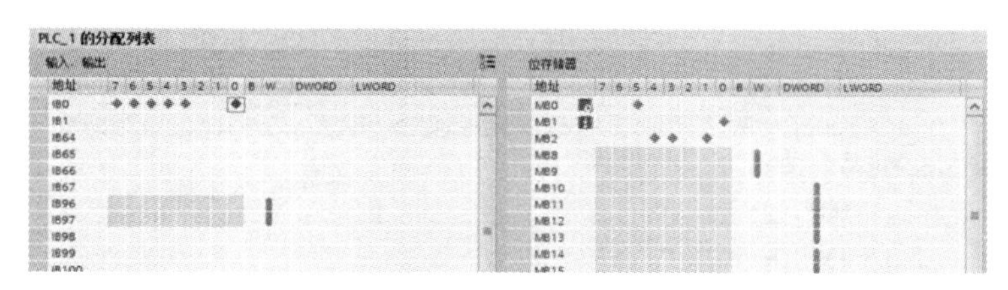

图 5.40　分配列表

2. 分配列表中的图形符号

分配列表的每一行对应于一个字节，每个字节由 0～7 位组成。单击表格上面的按钮，将显示分配列表中的图形符号列表。

分配列表中 B、W、DWORD 和 LWORD 列的竖条用来表示程序使用了对应的字节、字、双字和 64 位位字符串来访问地址，组成它们的位用浅色的小正方形表示。例如 MB10～MB13 的 DWORD 列的竖条表示程序使用了这 4 个字节组成的双字 MD10。

图 5.40 的表示 MB0 被设置为时钟存储器字节，用户使用了其中的 M0.5。表示 MB1 被设置为系统存储器字节，用户使用了其中的 M1.0。

3. 显示和设置 M 区的保持功能

单击分配列表工具栏上的按钮，可以用打开的对话框设置 M 区从 MB0 开始的具有断电保持功能的字节数。单击工具栏上的按钮，可以隐藏或显示 M 区地址的保持功能。有保持功能的 M 区的地址用地址列的符号表示。

4. 分配列表的附加功能

(1) 选中分配列表中的某个地址(图 5.40 中选择了 I0.0)，在下面的巡视窗口的“信息>交叉引用”选项卡中显示出选中的地址的交叉引用信息。

(2) 用鼠标右键单击分配列表中的某个地址(包括位地址)，执行快捷菜单中的“打开编辑器”命令，将会打开 PLC 变量表，可以编辑变量的属性。

(3) 单击工具栏上的按钮，出现的下拉式列表中有两个复选框。“已使用的地址”复选框用于激活或禁止显示已使用的地址；“空闲的硬件地址”复选框用于激活或禁止显示未使用的硬件地址。

5. 过滤器

可以使用预定义的过滤器(Filter)或生成自己的过滤器来“过滤”分配列表显示的内容。

单击工具栏上的按钮，打开如图 5.41 所示的“过滤分配表”对话框，用它来生成自己的过滤器。可以生成和编辑几个不同用途的过滤器，单击工具栏上的按钮，生成一个新的过滤器。单击按钮，将删除当前的过滤器。

单击图 5.41 所示的工具栏上选择框右边的按钮，选中出现的下拉式列表中的某个过滤器，分配列表按选中的过滤器的要求显示过滤后的地址。

如果未选中图中的某个复选框，分配列表不显示对应的地址区。

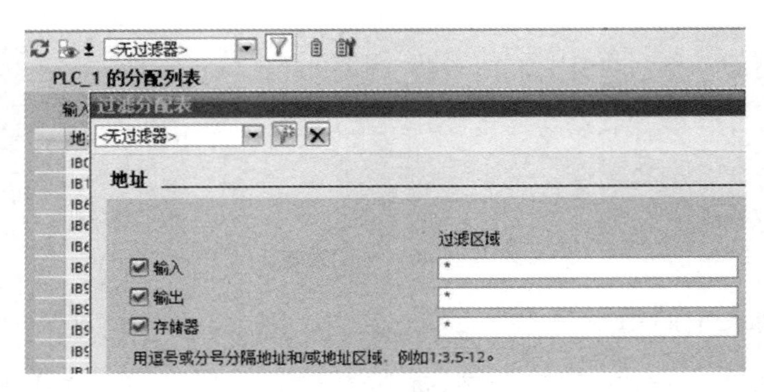

图 5.41　分配列表的过滤器

可以在“过滤区域”的文本框中输入要显示的唯一的地址或部分地址，例如在“存储器”(M)区的文本框中输入12表示只显示MB12；输入“0；12；18”表示只显示MB0、MB12和MB18；输入“10-19”表示只显示MB10～MB19范围内已分配的地址；输入“＊”表示显示该地址区所有已分配的地址。注意上述表达式应使用英文的标点符号。最后单击“确定”按钮，确认对过滤器的编辑。

5.5　实训：函数与函数块应用实验

1. 实验目的

通过设计和调试程序，熟悉函数和函数块的编程和调试方法。

2. 实验内容

(1) 打开例程“函数与函数块”，将用户程序下载到仿真PLC，将仿真PLC切换到RUN模式，生成一个PLCSIM项目。在S7-PLCSIM的SIM表格_1中生成IB0、IW64和MD18的条目。令图5.6中的I0.6(“压力计算”)变为1状态，FC1被调用。令“压力转换值”IW64分别为0、27648和任意的中间值，观察MD18中的“压力计算值”是否符合理论值。

(2) 在S7-PLCSIM的SIM表格_1中生成IB0和QB0的条目，两次单击图5.12中的启动按钮(I0.0或I0.2)对应的小方框，观察对应的电动机(Q0.0或Q0.2)是否变为1状态。两次单击停止按钮(I0.1或I0.3)对应的小方框，观察对应的电动机是否变为0状态，对应的制动器(Q0.1或Q0.3)是否变为1状态。到参数“定时时间”设置的时间后，对应的制动器是否变为0状态。可以令两台设备几乎同时启动和同时制动延时。

习　题

1. 填空题

(1) 局域变量表里的主要参数项目有(　　)、(　　)、(　　)、(　　)、(　　)和(　　)。

(2) S7-1200 PLC中的数据类型可分为(　　)、(　　)、(　　)。

(3) 当出现(　　)、(　　)、(　　)的情况时，组织块(OB)可由操作系统自行调用。

(4) TIA博途软件中有(　　)个固定循环中断组织块，其编号为(　　)～(　　)，另有(　　)个组织块未指定编号，可自行命名，但编号数必须大于等于(　　)。

(5) 背景数据块中的数据是函数块的(　　)中的参数和数据(不包括临时数据和常数)。

(6) 在梯形图中调用函数和函数块时，方框内是块的(　　)，方框外是对应的(　　)。方框的左边是块的(　　)参数和(　　)参数，右边是块的(　　)参数。

2. 问答题

(1) 函数和函数块有什么区别?

(2) 在什么情况下应使用函数块?

(3) 组织块与FB和FC有什么区别?

(4) 怎样实现多重背景?

(5) 在哪里可以找到硬件数据类型变量的值?

第 6 章　PLC 控制系统梯形图的设计方法

6.1　梯形图的经验设计法

可以用设计继电器电路图的方法来设计比较简单的 PLC 控制系统梯形图。经过调试和修改可以增加一些中间编程元件和触点。

PLC 编程的基础是找出符合控制要求的系统各个输出的工作条件，这些条件总是以机内各种器件的逻辑关系出现。

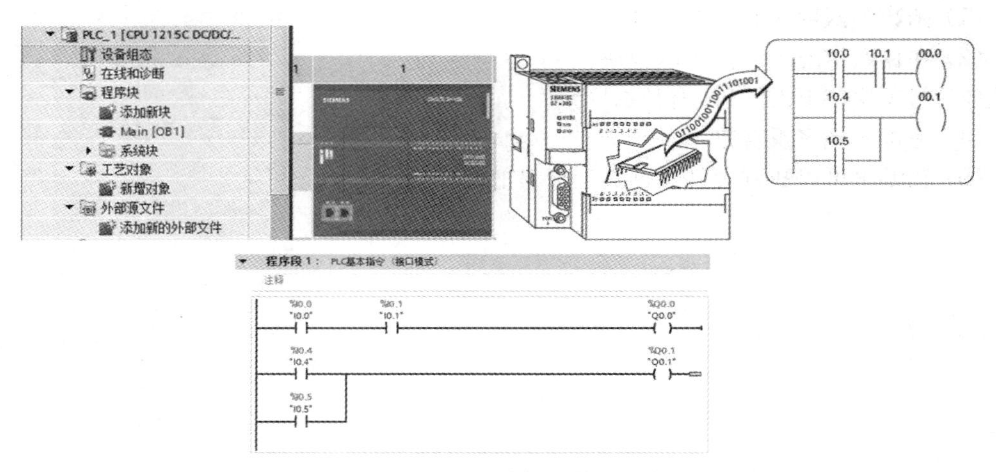

图 6.1　PLC 接口模式示意图与基本指令程序编译

梯形图的基本模式是启-保-停电路，如图 6.1 所示。PLC 编程控制软件每个启-保-停电路一般只针对一个输出，这个输出可以是实际输出，也可以是中间变量。通常，梯形图编程中常使用的一些基本环节都具备一定的功能，如延时、振荡和互锁环节等。

梯形图的基本编程步骤可以概括为：

(1) 在准确了解控制要求后，合理地为控制系统中的事件分配输入/输出口。选择必要的机内编程元件，如定时器、计数器、辅助继电器等。

(2) 对于一些控制要求比较简单的输出，可直接写出它们的工作条件，按启-保-停电路模式完成相关的梯形图支路。

(3) 对于比较复杂的控制要求，为了能用启-保-停电路模式绘出各输出口的梯形图，要正确分析控制要求，并确定组成总的控制要求的关键点。在空间类逻辑为主的控制中，关键点为影响控制状态的点；在时间类逻辑为主的控制中，关键点为控制状态转换的时间。

(4) 将关键点用梯形图表达出来。关键点总是用编程元件来表达的，需要合理安排编程元件。绘关键点的梯形图时，可以使用常见的基本环节，如定时器计时环节、振荡环节、分频环节等。

(5) 在完成关键点梯形图的基础上，针对系统最终的输出编绘梯形图，使用关键点综合出最终输出的控制要求。

6.1.1 启-保-停电路与置位复位电路

启-保-停电路最主要的特点是具有"记忆"功能。这种记忆功能也可以用置位复位电路来实现。

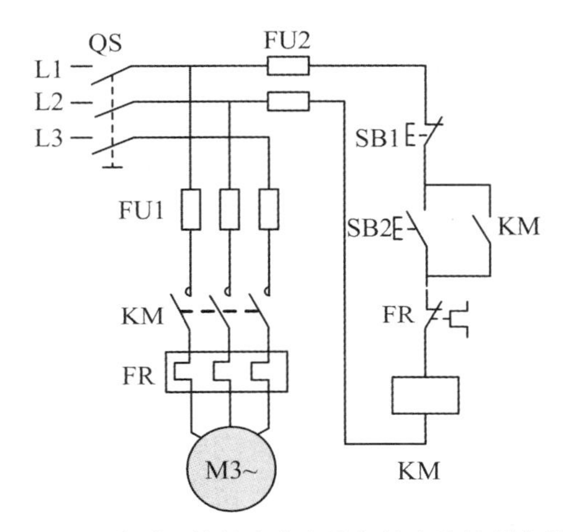

图 6.2　启-保-停基本主电路和继电路控制电路

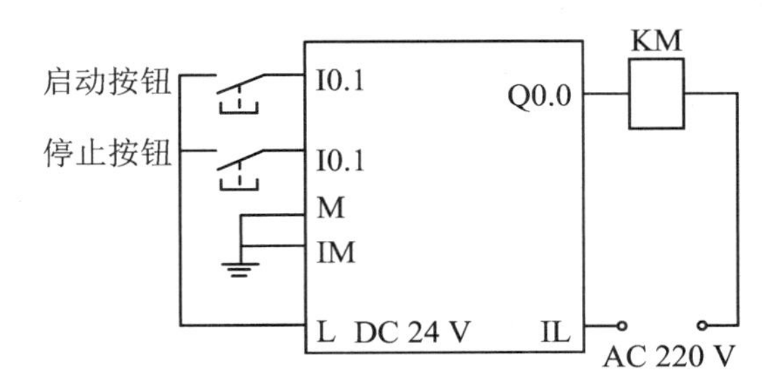

图 6.3　PLC 外部接线图

如图 6.2 所示，在自动控制电路中，启动按钮 SB2、停止按钮 SB1 和交流接触器 KM 组成了启动、保持、停止的典型控制电路(简称启-保-停电路)。

启动时，合上隔离开关 QS。引入三相电源，按下启动按钮 SB2，接触器 KM 的线圈通电，接触器的主触头闭合，电动机接通电源直接启动运转。同时与 SB2 并联的常开辅助触头 KM 也闭合，使接触器线圈经两条路通电，这样，当 SB2 复位时，KM 的线圈仍可通过 KM 触头继续通电，从而保持电动机连续运行。这种依靠接触器自身的常开辅助触头使线圈保持通电的功能称为自保或自锁，这一对起自锁作用的触头称作自锁触头。

按下停止按钮 SB1，使控制电路断开，接触器 KM 断电释放，KM 的常开主触头将三相电源切断，则电动机停止运转。当松开按钮 SB1 而使电路恢复闭合时，接触器线圈已不能

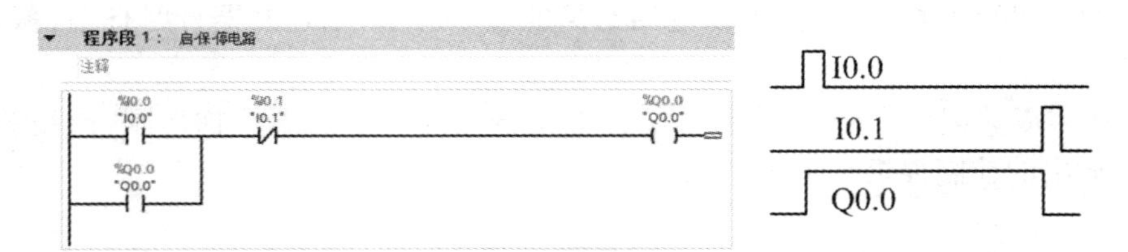

图 6.4 启-保-停电路和时序图

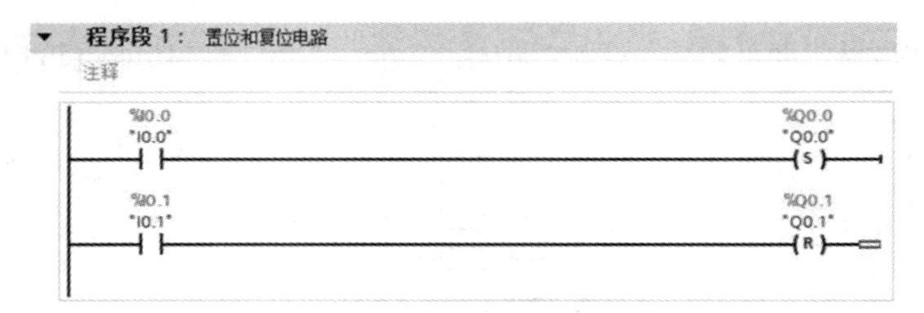

图 6.5 置位和复位电路

再依靠自锁触头通电了，因为原来闭合的触头早已随着接触器的断电而断开了。启-保-停电路实现了电动机的连续运行控制。

6.1.2 三相异步电动机的正反转控制电路

如图 6.6 所示，用 KM1 和 KM2 的主触点改变电动机的旋转方向，FR 是热继电器，用按钮控制电机的启动、停止和旋转方向。为了方便操作和保证 KM1 和 KM2 不会同时动作，设置了“按钮联锁”。为了防止 KM1 和 KM2 的主触点同时闭合，造成三相电源相间短路的故障，将 KM1、KM2 的线圈和辅助常闭触点组成硬件互锁电路。

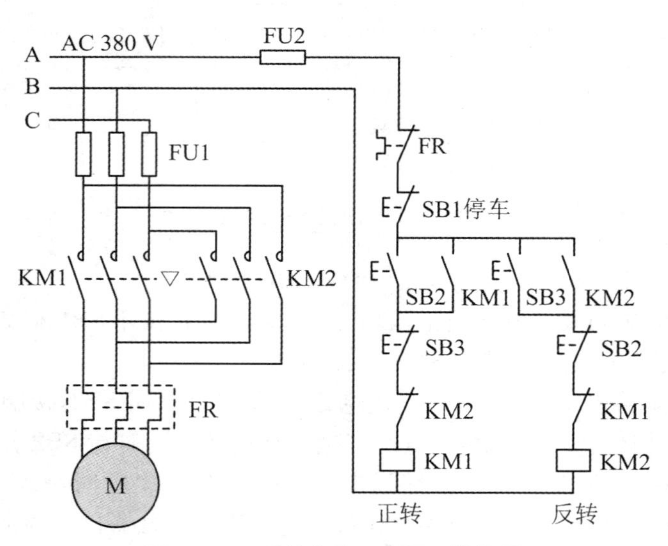

图 6.6 正反转电路工作原理接线图

如果没有硬件互锁，在电动机从正转切换到反转的过程中，由于电感的延时作用，可能会出现原来接通的接触器主触点还未断弧，另一个接触器的主触点已经合上的现象，从而电流瞬间过大造成短路的故障。此外，如果没有硬件互锁，因为主电路电流过大或接触器质量不高，一个接触器的主触点被断电时产生的电弧熔断被粘结，其线圈断电后主触点仍然是接通的，这时如果另一个接触器的线圈通电，也会造成三相电源短路故障。

图6.7和图6.8是实现上述功能的PLC的外部接线图和梯形图。将继电器电路图转换为梯形图时，首先应确定PLC的输入信号和输出信号。

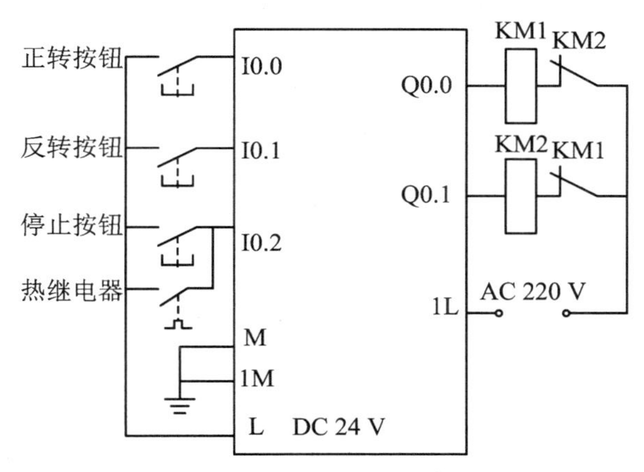

图6.7　PLC外部接线图

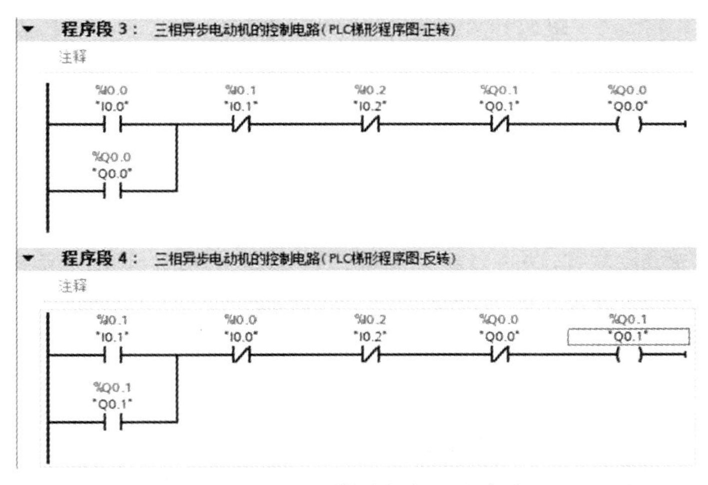

图6.8　PLC梯形程序图及地址

表6.1　异步电机正反转的输入/输出端口定义

功能名	触点	I/O接口
正转按钮	SB2	I0.0
反转按钮	SB3	I0.1
停止按钮	SB1	I0.2
热继电器	FR	I0.2
正转线圈	KM1	Q0.0
反转线圈	KM2	Q0.1

为了防止出现三相电源瞬间短路的事故，除了梯形图中Q0.0和Q0.1的常闭触点组成的软件互锁电路，还应在PLC的输出回路设置由KM1和KM2的辅助常闭触点组成的硬件互锁电路。图6.6中I0.2的常闭触点对应于SB1和FR的常闭触点串联电路。

6.1.3　小车自动往返控制的程序设计

可以用经验设计法来设计比较简单的数字量控制系统的梯形图。PLC外部接线图增加了接在I0.3和I0.4输入端子左限位开关SQ1和右限位开关SQ2的常开触点(见图6.8)。要求按下右行启动按钮或左行启动按钮后，小车在两个限位开关之间不停地循环往返，按下停止按钮后，电动机断电，小车停止运行。

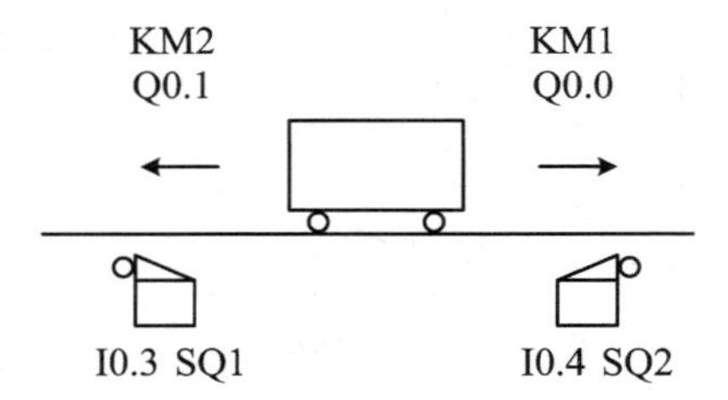

图6.9　小车自动运行与控制往返示意图

如图6.9所示，为了使小车在极限位置自动停止，将右限位开关I0.4的常闭触点与控制右行的Q0.0线圈串联。为了使小车自动改变运动方向，将左限位开关I0.3的常开触点与手动启动右行的I0.0常开触点并联。

假设启动小车左行，碰到左限位开关时，I0.3的常闭触点使Q0.1的线圈断电，小车停止左行。I0.3的常开触点接通，使Q0.0的线圈通电，小车开始右行。碰到右限位开关时，小车停止右行，开始左行。以后将这样不断地往返运动，直到按下停车按钮。

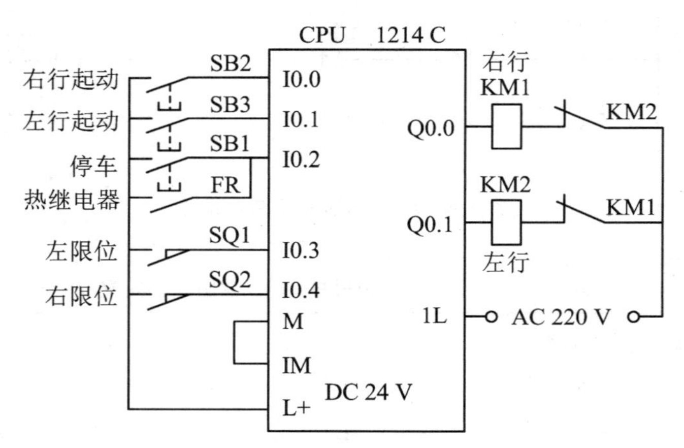

图6.10　小车自动控制运行的PLC外部接线图

6.1.4　小车自动运行控制的程序设计

控制要求如下：

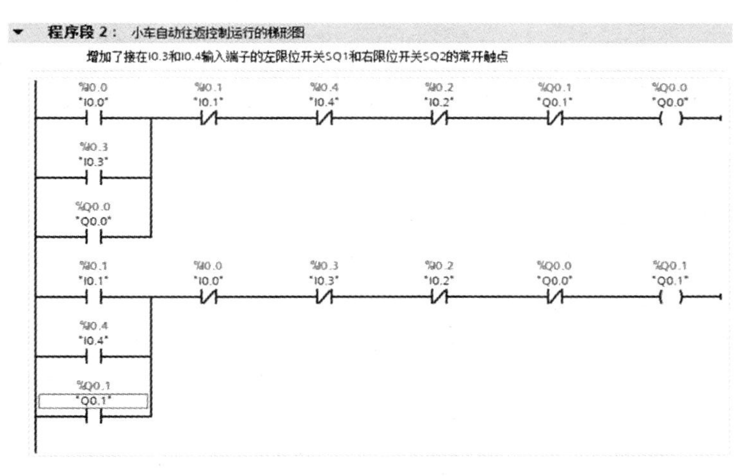

图 6.11　小车自动往返控制运行的梯形图

(1) 按下右行启动按钮 SB2，小车右行。

(2) 运行到右限位开关 SQ2 处停止运动，延时 8 s 后开始左行。

(3) 回到左限位开关 SQ1 处时停止运动。

以异步电动机正反转控制电路为基础，在控制右行的 Q0.0 的线圈回路中串联 I0.4 的常闭触点，小车运行到右限位开关 SQ2 处时，使 Q0.0 的线圈断电。同时 I0.4 的常开触点闭合，T1 的线圈通电，开始定时。8 s 后定时时间到，“T1”.Q 的常开触点闭合，使 Q0.1 的线圈通电并自动保持，小车开始左行。

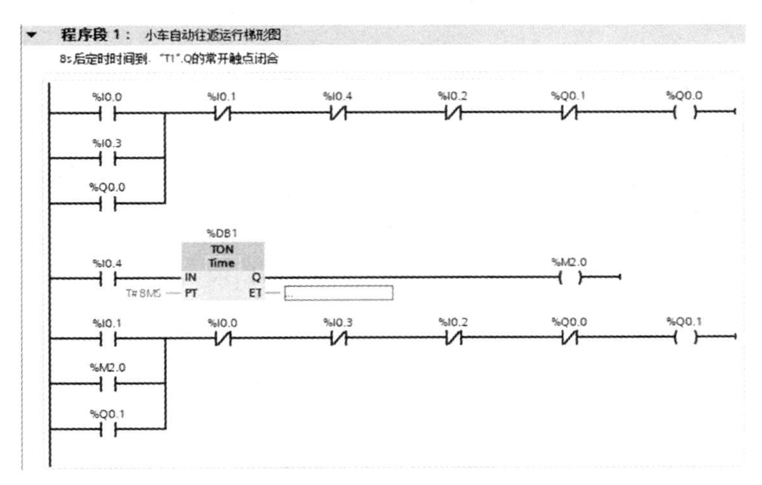

图 6.12　小车自动往返运行梯形图

离开限位开关 SQ2 后，I0.4 的常开触点断开，T1 因为其线圈断电而被复位。小车运行到左边的起始点时，左限位开关 SQ1 的常开触点闭合，I0.3 的常闭触点断开，使 Q0.1 的线圈断电，小车停止运动。

6.2 顺序控制设计法与顺序功能图

所谓顺序控制，就是按照生产工艺预先规定的顺序，在各个输入信号的作用下，根据内部状态和时间顺序，在生产过程中的各个执行机构自动地有秩序地进行操作。

S7-1200 PLC 没有配备功能图语言，但可以用 SFC 来描述系统的功能，根据它来设计梯形图程序。顺序功能图 SFC 是描述控制系统的控制过程、功能和特点的一种图形，也是设计 PLC 顺序控制程序的重要工具。顺序控制设计法首先根据系统的工艺过程，画出顺序功能图，然后根据顺序功能图画出梯形图。

6.2.1 顺序功能图的基本元件

顺序控制设计法是针对顺序控制系统的一种专门的设计方法。这种设计方法是将系统的一个工作周期划分为若干个顺序相连的阶段，这些阶段被称为“步”(Step)，并用编程元件(例如 M)来代表各步。

步是根据 PLC 输出状态的变化来划分的，在任何一步内，输出状态不变，但是相邻步之间的输出状态是不同的。顺序控制设计法用转换条件控制代表各步的编程元件，让它们的状态按一定的顺序变化，然后用代表各步的编程元件去控制 PLC 的各个输出位。

1. 步

上面我们已经介绍了步的基本概念，下面我们以小车运行作为示例来详细介绍。

如图 6.13 所示，小车开始时停在最左边，限位开关 I0.2 为 1 状态。按下启动按钮，Q0.0 变为 1 状态，小车右行。碰到右限位开关 I0.1 时，Q0.0 变为 0 状态，Q0.1 变为 1 状态，小车改为左行。返回起始位置时，Q0.1 变为 0 状态，小车停止运行，同时 Q0.2 变为 1 状态，使制动电磁铁线圈通电，接通延时定时器 T1 开始定时。定时时间到，制动电磁铁线圈断电，系统返回初始状态。

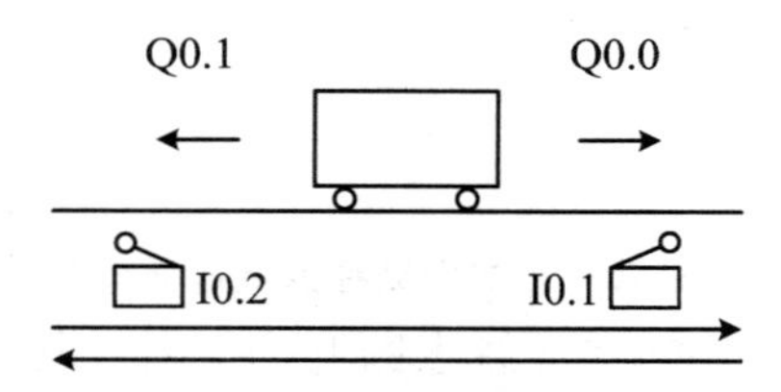

图 6.13 小车运行系统示意图

图 6.15 所示是小车运行的状态顺序功能图。根据 Q0.0～Q0.2 的 ON/OFF 状态的变化，将上述工作过程划分为 3 步，分别用 M4.1～M4.3 来代表这 3 步，另外还设置了一个等待启动的初始步，用矩形方框表示。为了便于将顺序功能图转换为梯形图，用代表各步的编程元件的地址作为步的代号。

图 6.15 中的 Q0.0～Q0.2 均为非存储型动作，在步 M4.1 为活动步时，动作 Q0.0 为

ON，步 M4.1 为不活动步时，动作 Q0.0 为 OFF。T1 的线圈在步 M4.3 通电，所以将 T1 放在步 M4.3 的动作框内。

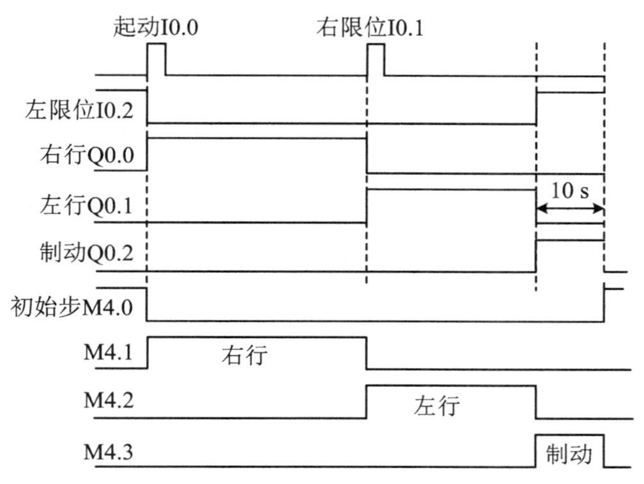

图 6.14　小车运行系统往返控制波形图

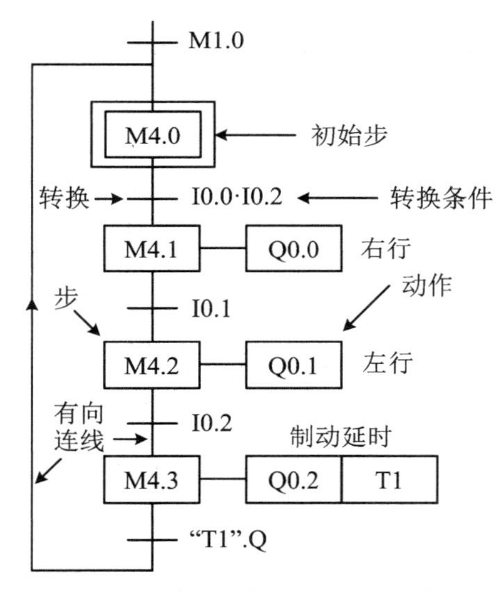

图 6.15　小车运行控制 SFC 顺序功能图

2. 初始步与活动步

初始状态一般是系统等待启动命令时相对静止的状态。与系统初始状态相对应的步称为初始步，初始步用双线方框来表示。

系统正处于某一步所在的阶段时，称该步为“活动步”，执行相应的非存储型动作；处于不活动状态时，则停止执行非存储型动作。

3. 与步对应的动作或命令

用矩形框中的文字或符号来表示动作，该矩形框与相应的步的方框用水平短线相连。应清楚表明动作是存储型的还是非存储型的。

如果某一步有几个动作，可以用图 6.16 中的两种画法来表示。

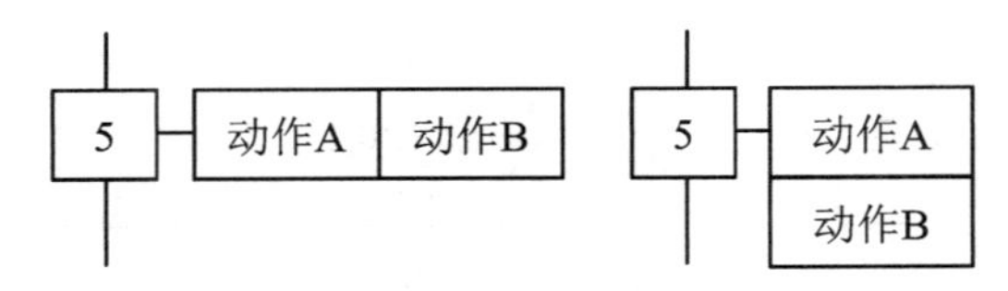

图 6.16　动作的两种画法

4. 有向连线

在 SFC 中，随着时间的推移和转换条件的实现，步的活动将会按着有向连接规定的路线和方向进行。

在画 SFC 顺序功能图时，将代表各步的方框按它们成为活动步的先后顺序排列，并用有向连线将它们连接起来。

步的活动默认的进展方向是从上到下或从左至右，在这两个方向有向连线上的箭头可以省略。如果不是上述的方向，则应在有向连接上用箭头注明进展方向。

5. 转换与转换条件

转换用有向连线上与有向连线垂直的短划线来表示，将相邻的两部分隔开。

使系统由当前步进入到下一步的信号称为转换条件。转换条件可以是外部的输入信号、按钮信号，也可以是 PLC 内部产生的信号，如时间继电器的信号、计数器的信号等。

转换条件可以是多个信号的与、或、非的逻辑组合，还可以是信号的上升沿或下降沿，分别用 ↑ 和 ↓ 来表示，如图 6.17 所示。

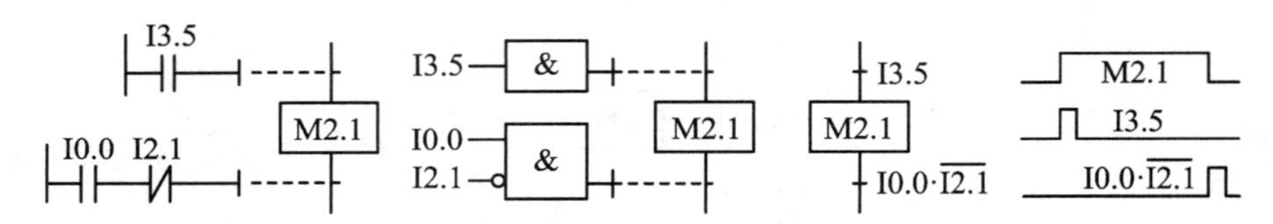

图 6.17　动作的两种画法

图 6.15 中的转换条件“T1”.Q 对应于接通延时定时器 T1 的常开触点，该转换条件在 T1 的定时时间到时满足。

转换条件：表示 I0.0 为 0 状态时转换实现。符号 ↑ I4.3 和 ↓ I4.3 分别表示当 I4.3 从 0 状态变为 1 状态和从 1 状态变为 0 状态时转换实现。

6.2.2　SFC 顺序功能图的基本结构

1. 单序列

单序列结构功能表图的特点是没有分支与合并，每个步后只有一个步，步与步之间只有一个转换条件。这里的“一个”不是指一个信号 I，可能是多个信号的“与”“或”等逻辑关系的组合。

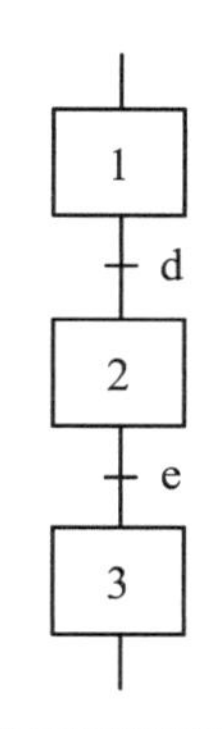

图6.18　单序列顺序功能示意图

2. 选择序列

选择序列的开始称为分支。如图6.23所示，如果步4是活动步，并且转换条件h为ON，则由步4→步5。如果步4是活动步，并且k为ON，则由步4→步7。

选择序列的结束称为合并。如图6.19所示，如果步6是活动步，并且转换条件j为ON，则由步6→步9。如果步8是活动步，并且n为ON，则由步8→步9。

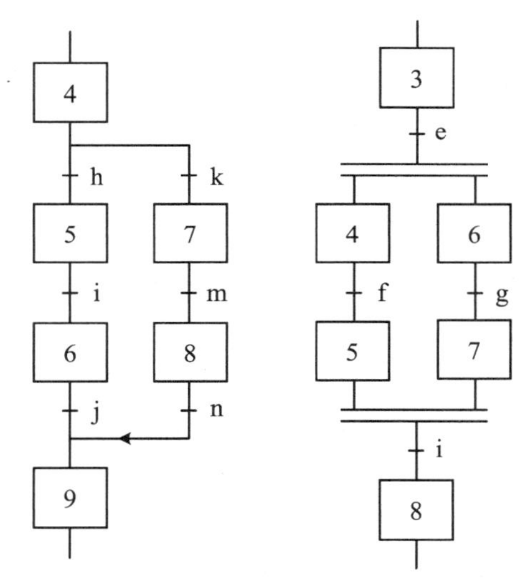

图6.19　选择序列顺序功能示意图

3. 并行序列

并行序列用来表示系统内几个同时工作的独立部分的工作情况。并行序列的开始称为分支。当步3是活动步，并且转换条件e为ON，则从步3转换到步4和步6。为了强调转换的同步实现，水平连线用双线表示。

并行序列的结束称为合并。当步5和步7都处于活动状态，并且转换条件i为ON时，从步5和步7转换到步8。

选择序列和并行序列的共同点是都有分支和合并；不同点是选择序列中各选择分支不能同时执行。若已选择了转向某一分支，则不允许另外几个分支的首步成为活动步。所以各分支之间要互锁。并列序列中各分支的首步同时被激活变成活动步，用双线来表示其分支的开始和合并，以示区别。转换条件放在双线之上或之下。

6.2.3　顺序功能图SFC中转换实现的基本规则

1. 转换实现的条件

(1) 该转换所有的前级步都是活动步。
(2) 相应的转换条件得到满足。

2. 转换实现应完成的操作

(1) 使该转换所有的后续步都变为活动步。
(2) 使该转换所有的前级步都变为不活动步。

3. 绘制顺序功能图的注意事项

(1) 两个步绝对不能直接相连，必须用一个转换将它们隔开。
(2) 两个转换也不能直接相连，必须用一个步将它们隔开。
(3) 初始步对应于系统等待启动的初始状态，初始步必不可少。
(4) 步和有向连接一般应组成闭环。

4. 顺序控制设计法的本质

图6.20(a)是经验设计法，图6.20(b)是顺序控制设计法。

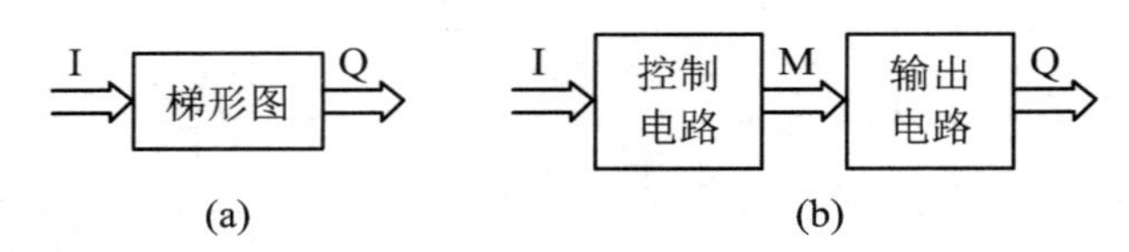

图6.20　顺序控制梯形图的结构框架

(1) 经验设计法试图用输入信号I直接控制输出信号Q。由于不同系统的输出量Q与输入量I之间的关系各不相同，不可能找出一种简单通用的设计方法。

(2) 顺序控制设计法用输入量I控制代表各步的编程元件(例如M)，再用它们控制输出量Q。步是根据输出量Q的状态划分的，M和Q之间有很简单的或关系，输出电路的设计极为简单。

任何复杂系统的代表步的存储器位M的控制电路的设计方法都是通用的，并且很容易掌握，所以顺序控制设计法相比经验设计法，具有简单、规范、通用的特点。

完成一次工艺过程的全部操作之后，在单周期的工作方式下，应从最后一步返回初始步，系统停留在初始状态；在连续循环的工作方式下，应从最后一步返回下一个工作周期开始运行的第一步。

6.3　基于顺序功能图的梯形图设计

6.3.1　基本步骤

(1) 分析控制要求。将控制过程分成若干个工作步，明确每个工作步的功能、步的转换是单向进行还是多向进行，确定步的转换条件(可能是多个信号的与、或等逻辑组合)。可以画一个工作流程图，理顺整个控制过程的进程，分析各步的相互联系。

(2) 为每个步设定控制位。控制位最好使用位存储器M的若干连续位。若用定时器/计数器的输出作为转换条件，则应为定时器/计数器指定输出位。

(3) 确定所需输入和输出点，作出I/O分配。

(4) 在前三步的基础上，画出顺序功能图。

(5) 根据功能图画梯形图。可以采用启-保-停或置位/复位电路。

(6) 添加某些特殊要求的程序。

6.3.2　将顺序功能图转换为梯形图

下面介绍如何将初始化电路、转换电路和输出电路的顺序功能图转换为梯形图。

初始化电路：在OB1中仅在首次扫描循环时，为1状态的M1.0将初始化步对应的编程元件M4.0置1，其余各步的编程元件置0，为实现转换做好准备。

如果MB4没有设置保持功能，启动时将被自动清零，则可以删除MOVE指令或RESET_BF指令。

转换电路：转换条件满足后可以实现转换，即所有的后续步都变为活动步，所有的前级步都变为不活动步。梯形图与转换实现的基本规则之间有严格的对应关系。转换电路可通过置位复位指令和启-保-停电路来实现。

输出电路：用代表步的存储器位的常开触点或它们的并联电路来驱动输出位线圈。

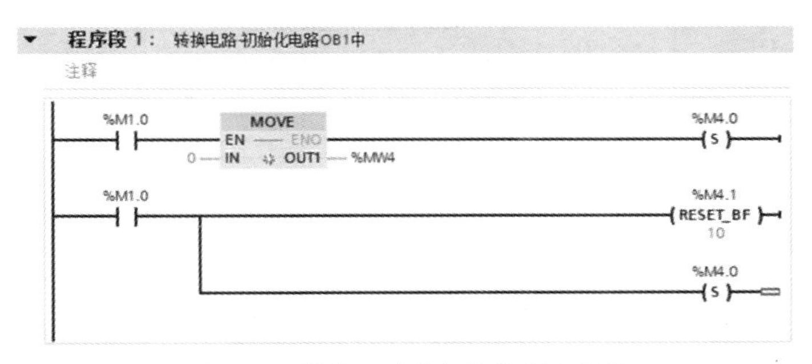

图6.21　转换电路的初始化程序结构

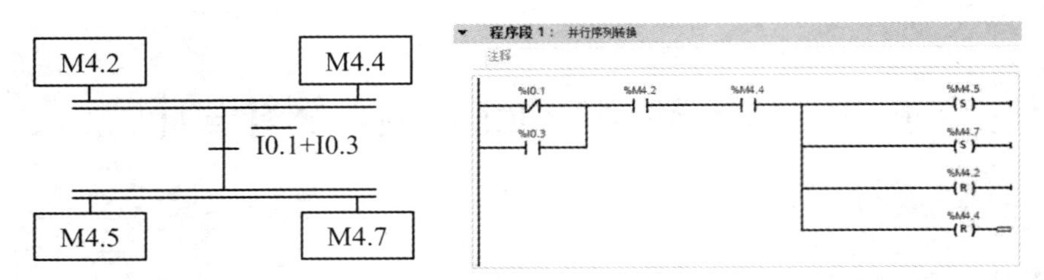

图 6.22　并行序列转换程序图

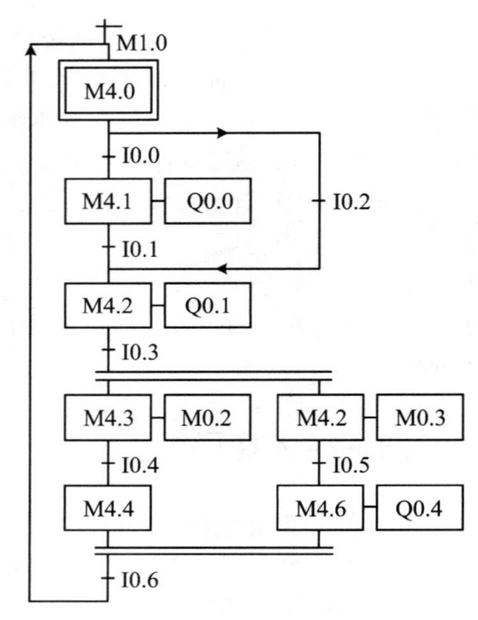

图 6.23　并行序列转换 SFC 程序图

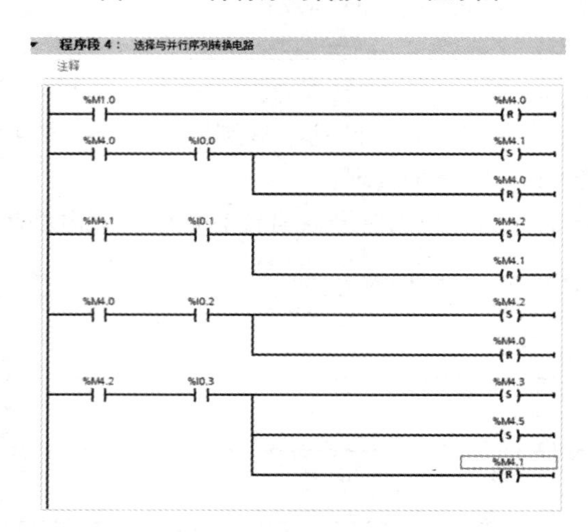

图 6.24　选择与并行转换电路程序编译图

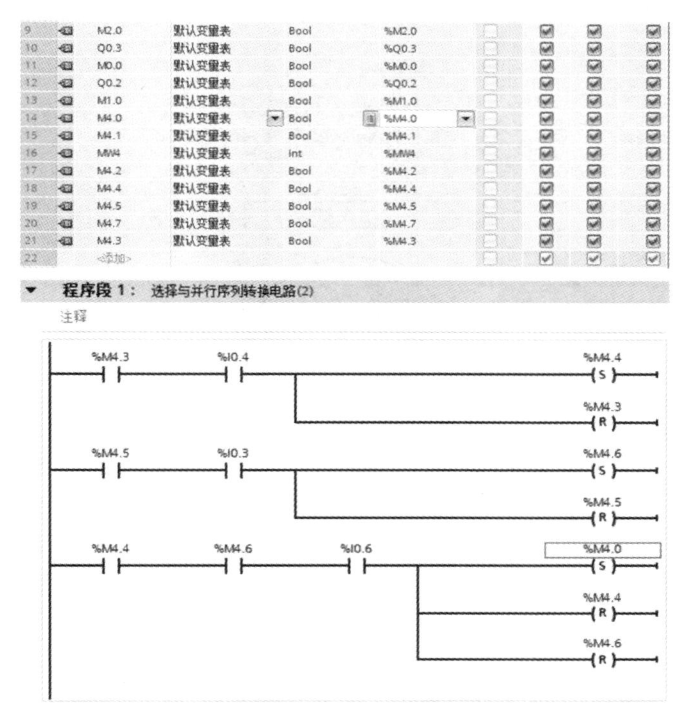

图 6.25　选择与并行序列参数定义和转换电路

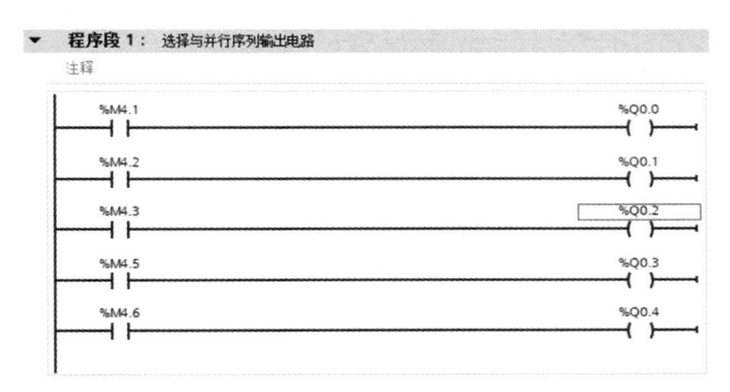

图 6.26　选择与并行序列输出电路

6.3.3　案例说明——专用钻床控制系统

用某专用钻床来加工圆盘状零件上均匀分布的6个孔。在进入自动运行之前，两个钻头在最上面，上限位开关 I0.3 和 I0.5 为 ON，系统处于初始步，加计数器 C1 被清零。操作人员放好工件后，按下启动按钮 I0.0，转换条件 I0.0 * I0.3 * I0.5 得到满足，钻头由初始步转换到步 M4.1，工件被夹紧。夹紧后压力继电器 I0.1 为 ON，由步 M4.1 转换到步 M4.2 和M4.5，两只钻头同时开始向下钻孔。

钻到由下限位开关设定的深度时，钻头上升，升到由上限位开关设定的起始位置时停止上升，进入等待步。在步 M4.6，设定值为3的计数器 C1 的当前值加1，当前值小于设定值，C1 的常闭触点闭合，转换条件$\overline{\text{"C1".Q}}$得到满足。

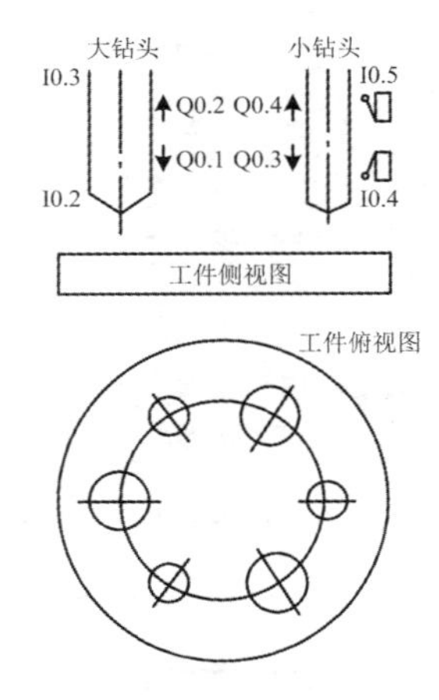

图 6.27　钻床控制系统的运行示意图

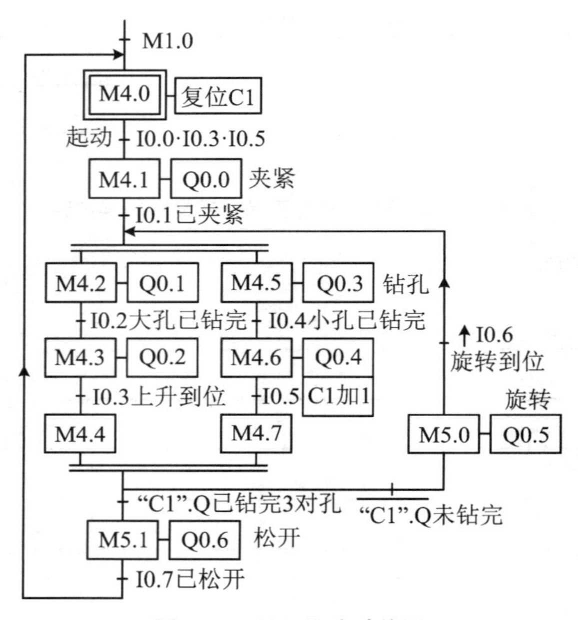

图 6.28　SFC 顺序功能图

钻床的两个钻头都上升到位，将转换到步 M5.0。Q0.5 使工件旋转 120°，旋转后“旋转到位”限位开关 I0.6 变为 0 状态。旋转到位时 I0.6 为 1 状态，返回步 M4.2 和 M4.5，开始钻第二对孔。

转换条件“↑I0.6”中的“↑”表示转换条件仅在 I0.6 的上升沿时有效。如果将转换条件改为 I0.6，由于在转换到步 M5.0 之前 I0.6 就为 1 状态，所以钻头在进入步 M5.0 之后会立即离开步 M5.0，不能使工件旋转。将转换条件改为“↑I0.6”则解决了这个问题。

3 对孔都钻完后，C1 当前值等于设定值 3，“C1”.Q 的常开触点闭合，进入步 M5.1，工件松开。松开到位时，I0.7 为 ON，系统返回初始步 M4.0。

下面我们用并行序列来描述两个钻头同时工作的过程。在步 M4.1 之后，有一个并行序列的分支。当 M4.1 为活动步，且转换条件 I0.1 得到满足时，并行序列的两个单序列中的第 1 步(步 M4.2 和 M4.5)同时变为活动步。此后两个单序列内部各步的活动状态的转换是相互独立的。

程序图 6.28 中,两个单序列的最后一步应同时变为不活动步。但是两个钻头一般不会同时上升到位,所以设置等待步 M4.4 和 M4.7 来同时结束两个并行序列。

在步 M5.4 和 M4.7 之后,有一个选择序列的分支。没有钻完 3 对孔时"C1".Q 的常闭触点闭合,转换条件得到满足,如果两个钻头都上升到位,将从步 M4.4 和 M4.7 转换到步 M5.0。如果已经钻完了 3 对孔,"C1".Q 的常开触点闭合,转换条件"C1".Q 得到满足,钻头将从步 M4.4 和 M4.7 转换到步 M5.1。

在步 M4.1 之后,有一个选择序列的合并。当步 M4.1 为活动步,而且转换条件 I0.1 得到满足(I0.1 为 ON)时,钻头将转换到步 M4.2 和 M4.5。当步 M5.0 为活动步,而且转换条件 ↑I0.6 得到满足时,钻头也会转换到步 M4.2 和 M4.5。

6.4　使用置位复位指令的顺序控制梯形图编程方法

置位/复位指令也是几乎所有型号的 PLC 都有的基本指令。用置位/复位指令可以实现启-保-停回路,也可以直接用来编制顺序控制程序。

在以转换为中心的顺序控制程序的编程方法中,将该转换所有前级步对应的辅助继电器常开触点与转换对应的触点或回路串联(相当于启-保-停回路中的启动回路),作为使所有后续步对应的辅助继电器置位和使所有前级步对应的辅助继电器复位的条件。在任何情况下,都可以利用这一原则来设计代表工步的辅助继电器的控制回路,每一个转换对应一个控制回路。

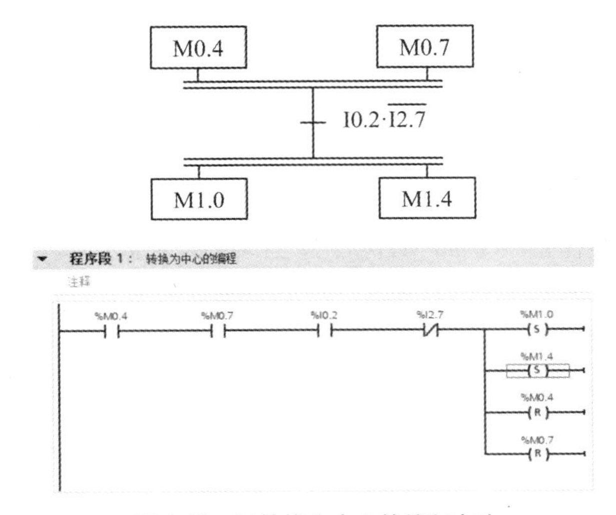

图 6.29　以转换为中心的编程方法

可见,这种编程方法与转换实现的基本规则之间有着严格的对应关系,在编制复杂的顺序控制梯形图时,更能显示出它的优越性。

需要注意的是,使用这种编程方法时,不能将输出位的线圈与置位指令和复位指令并联来获得输出信号。由于前级步和转换条件对应的串联回路的接通时间只有一个扫描周期,转换条件满足后,前级步马上就被复位,该串联回路断开。而输出线圈至少应该在某一步对应的全部时间内被接通,所以应该根据功能表图,用代表工步的辅助继电器的常开触点和它们的并联回路来驱动输出位的线圈。

实现转换同时需要两个条件:一是该转换的前级步是活动步,在梯形图中,用常开触点组成的串联回路来表示上述转换条件。二是当转换条件满足时,用 S 指令将后续步变为活动步,同时用 R 指令将前级步变为非活动步。

以指令为中心的编程方法的特点是同一辅助继电器的置位、复位指令靠在一起,所以很容易改写并适应其他 PLC 指令系统的要求。这种编程方法与使用启-保-停回路的编程方法密切相关,它的置位条件和复位条件分别与启-保-停回路中辅助继电器的启动和停止条件相同,它的保持和停止功能则是通过置位、复位指令来实现的。

6.4.1 单序列的编程方法

1. 设计顺序控制梯形图的基本问题

自动方式和手动方式都需要执行的操作在公用程序中,公用程序还用于处理自动程序和手动程序的相互切换。

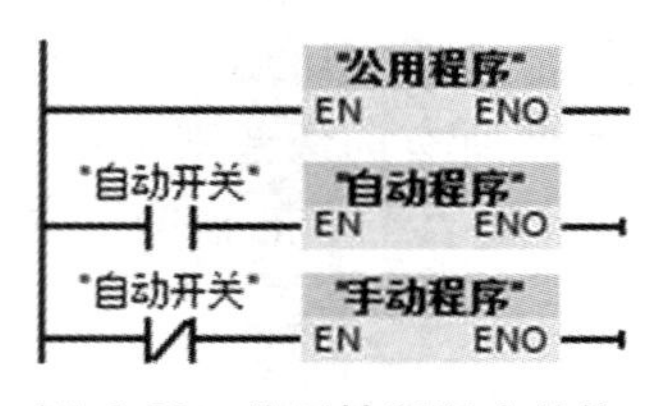

图 6.30 公用控制程序结构

系统满足规定的初始状态后,应将顺序功能图的初始步对应存储器位置为 1 状态,使初始步变为活动步。同时还应将其余各步对应的存储器位复位为 0 状态。

2. 编程的基本方法

在梯形图中,用编程元件(例如 M)代表步,当某步为活动步时,该步对应的编程元件为 ON。当该步之后的转换条件得到满足时,转换条件对应的触点或电路接通。

将转换条件对应的触点或电路与代表所有前级步的编程元件的常开触点串联,作为实现转换对应的电路。该电路接通时,将所有后续步对应的存储器位置位,并将所有前级步对应的存储器位复位。

在顺序功能图中,如果转换所有的前级步(步 M4.2 和步 M4.4)都是活动步,并且满足该转换对应的转换条件(/I0.1 + I0.3),则转换实现。即该转换所有的后续步(步 M4.5 和步 M4.7)都被置位为活动步,该转换所有的前级步(步 M4.2 和步 M4.4)都被复位为不活动步。

3. 编程方法应用举例

在图6.31中，首次扫描时M1.0为1状态，MOVE指令将顺序功能图中的各步(M4.0～M4.3)清零，然后将初始步M4.0置位为活动步。

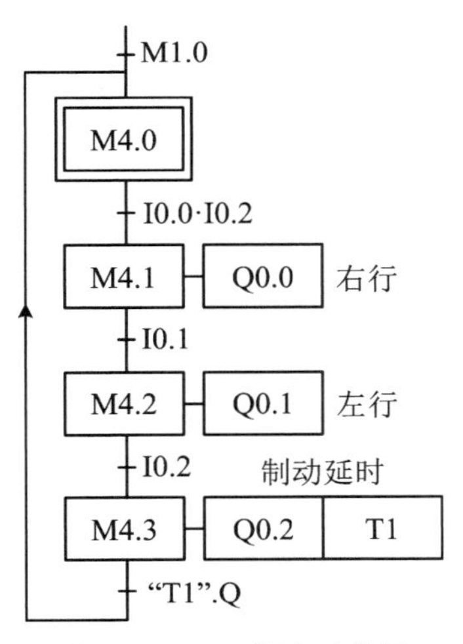

图6.31　SFC顺序功能图

实现项目"小车顺序控制"的顺序功能图中步M4.1下面的I0.1对应的转换需要同时满足两个条件，即该转换的前级步是活动步(M4.1为ON)和转换条件满足(I0.1为ON)。

在梯形图中，将M4.1和I0.1的常开触点串联，作为实现转换对应的电路。该电路接通时，两个条件同时满足。此时用置位指令将M4.2置位，该转换的后续步变为活动步。用复位指令将M4.1复位，该转换的前级步变为不活动步。每一个转换对应一个这样的电路。

4. 输出电路的处理

应根据顺序功能图，用代表步的存储器位的常开触点或它们的并联电路来控制输出位的线圈。Q0.0仅仅在步M4.1为ON，它们的波形完全相同。因此用M4.1的常开触点直接控制Q0.0的线圈。接通延时定时器T1的线圈仅在步M4.3接通，因此用M4.3的常开触点控制T1的线圈。

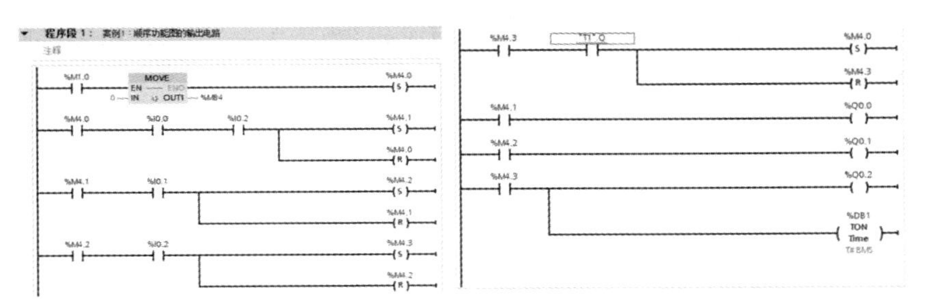

图6.32　顺序功能图的输出电路结构

5. 程序的调试

应根据顺序功能图而不是梯形图来调试顺序控制程序。可以用 PLCSIM 中 IB0、QB0、MB4 的条目来调试程序。

CPU 刚切换到 RUN 模式时,初始步对应的 M4.0 存储器位为 ON,其余各步对应的存储器位为 OFF。

模拟产生启动按钮和停止按钮信号,观察各步对应的存储器位和 Q0.0～Q0.2 的状态变化,以及 T1 当前值的变化。

6.4.2 选择序列与并行序列的编程方法

1. 选择序列的编程方法

如果某一转换与并行序列的分支、合并无关,它的前级步和后续步都只有一个,需要复位、置位的存储器位也只有一个,那么选择序列的分支与合并的编程方法与单序列的编程方法完全相同。

2. 并行序列的编程方法

步 M5.2 之后有一个并行序列的分支,用 M5.2 和转换条件 I0.3 的常开触点组成串联电路,将后续步对应的 M5.3 和 M4.5 同时置位,将前级步对应的 M4.2 复位。

I0.6 对应的转换之前有一个并行序列的合并,用两个前级步 M4.4 和 M4.6 的常开触点,和转换条件 I0.6 的常开触点组成串联电路,将后续步对应的 M4.0 置位,并将前级步对应的 M4.4、M4.6 复位。

3. 复杂的顺序功能图的调试方法

调试复杂的顺序功能图时,应充分考虑各种可能的情况,对系统的各种工作方式、顺序功能图中的每一条支路、各种可能的进展路线,都逐一检查,不能遗漏。

首先调试经过步 M4.1、最后返回初始步的流程,然后调试跳过步 M4.1、最后返回初始步的流程。

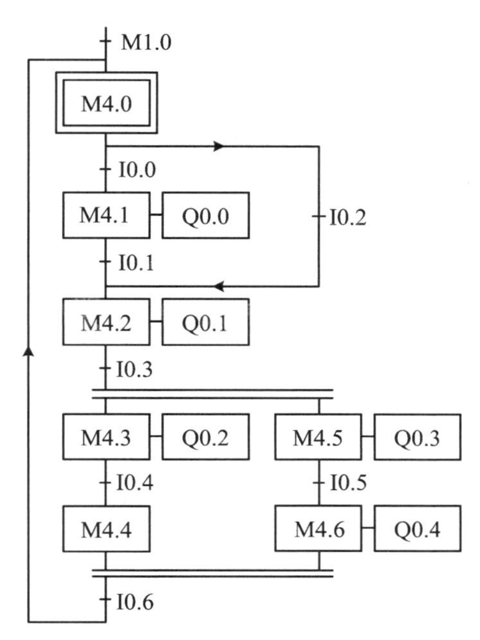

图 6.33　复杂的顺序功能图 STC 的结构框架

习　　题

问答题

(1) PLC梯形图经验设计法的要点有哪些?

(2) "PLC梯形图经验法"编程步骤是什么?

(3) 顺序功能流程图的组成有哪几个部分?

(4) 顺序功能流程图的基本结构有几种类型?

(5) 顺序控制设计法的设计步骤是什么?

(6) 在顺序功能流程图中转换实现的基本规则是什么?

(7) 顺序控制指令格式是什么?

(8) 使用顺序控制指令的注意事项是什么?

(9) 设计一个声光报警系统,当报警信号变为有声时,警铃响,警灯闪(1 s周期,占空比50%)。按下响应按钮后,警灯常亮,警铃静默;报警信号消失后,警铃停,警灯灭。绘制出相应的功能表图,并设计相应的梯形图程序。

第 7 章　S7-1200 的通信技术及应用

7.1　通信基础

在控制系统的实际应用中，PLC 模块作为主机或设备，需要按照一定的协议与外界交换信息，所有这些信息的交换都称为通信。按照数据传输方式，通信可分为并行通信方式和串行通信方式。

7.1.1　数据传输方式

1. 并行通信方式

并行通信方式一般发生在 PLC 内部的各元件之间、主机与扩展模块或近距离智能模块的处理器之间。一组数据的各数据位在多条线上同时被传输，这种传输方式称为并行通信。它以计算机的字长(通常是 8 位、16 位或 32 位)为传输单位，每次传送一个字长的数据。

并行通信的特点有：数据有多少位就需要多少根传输线，传送速率快；但其硬件成本高，抗干扰能力差，不适合远距离通信。

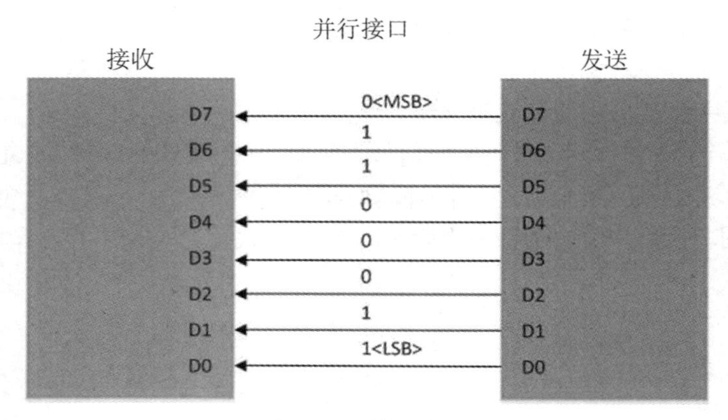

图 7.1　并行传输

2. 串行通信方式

串行通信多用于 PLC 与计算机之间、多台 PLC 之间的数据传送。串行通信在传送数据时，数据的各个不同位分时使用同一条传输线，从低位开始一位接一位顺序传送。

串行通信的特点有：需要的信号线少，最少的只需要两根线（双绞线），适合远距离传送数据。

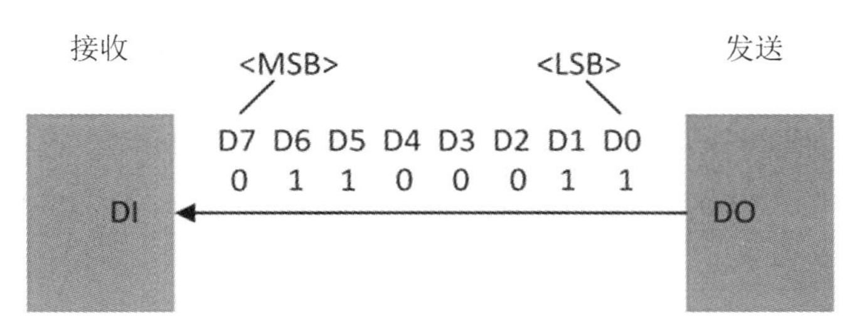

图 7.2　串行传输

串行通信传输速率（又称波特率）即每秒传送的二进制位数，用 bit/s 表示。

串行数据位在硬件传输上的信号分为两种，一种是共模信号，另外一种是差模信号。

共模噪声又称对地噪声，指的是两根线分别对地的噪声；而差模又称串模，指的是两根线之间的信号差值。共模信号是幅度相等，相位相同的信号；而差模信号是幅度相等，相位相反的信号。

共模信号的数据在传输的过程中，如果地线电位发生浮动，那么地线与信号线间的电压就会不稳定，即共模电压不稳定，就会产生共模干扰。若两根线上的共模干扰电压不一致，则还会使这两根信号线的差值发生浮动，引起差模干扰。我们常将信号线做成双绞线的原因就是让两根信号线的空间位置相对接近，使它们的共模干扰电压一致，从而尽可能地消除差模干扰，如果我们想得到的是信号线的差值，这样做就会大大减小误差。

因此差模信号比共模信号抗干扰能力强，应用也比较广泛。

常见的共模信号主要有 RS232，差模信号根据不同的协议以及单双工等又细分为 USB、CAN、RS485、RS422、以太网（RJ45）等。

7.1.2　工业网络通信介绍

随着计算机网络技术的发展以及各企业对自动化程度要求的不断提高，自动化控制从传统的集中式控制向多元化分布式方向发展。世界各工业设备厂商纷纷给自己的产品增加了通信和联网的功能，工业网络也逐步从 RS232 串行通信向 RS485 串行通信过渡，最后走向工业以太网通信，并最终形成金字塔形的网络结构。这些金字塔形的网络结构的共同特点有：上层负责生产管理，底层负责现场控制与检测，中间层负责生产过程的监控及优化。

1. RS232 串行通信

RS232 串行通信应用得相对较少，在一些终端设备（如自动售检票系统、打印机、扫描器等设备）上会有一些使用。但因其性价比高，所以还会继续应用在一些特殊场合。图 7.3

是 DB9 公头和母头的定义，一般用的最多的是 RXD、TXD、GND 三个信号。

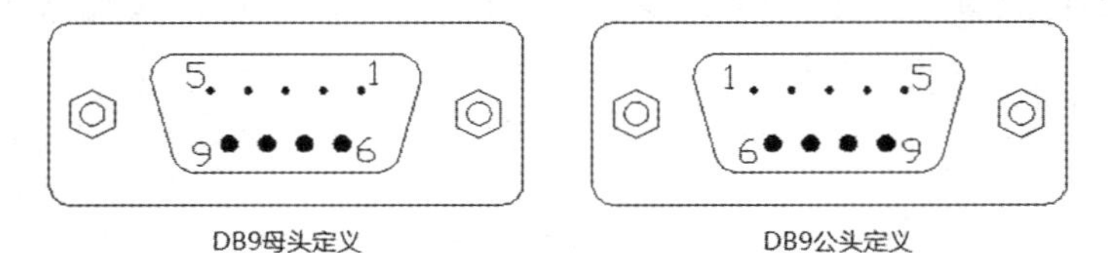

图 7.3　DB9 定义

表 7.1　DB9 管脚名称

引脚顺序	引脚作用＋名称	母头	引脚顺序	引脚作用＋名称	公头
1	数据载波检测	DCD	1	数据载波检测	DCD
2	数据发射	TXD	2	数据接收	RXD
3	数据接收	RXD	3	数据发射	TXD
4	数据终端准备	DTR	4	数据终端准备	DTR
5	地	GND	5	地	GND
6	数据设备准备	DSR	6	数据设备准备	DSR
7	请求发送	RTS	7	请求发送	RTS
8	清除发送	CTS	8	清除发送	CTS
9	振铃指示	RI	9	振铃指示	RI

2. RS485 串行通信

在 2000～2015 年，RS485 串行通信是我国工业市场的主流通讯。但随着技术的发展，国外一些发达国家已经全面在用工业以太网技术。未来随着工业以太网技术的快速发展与其市场需求的增加，RS485 通讯会逐渐减少，只在一些较少场合使用（如 modbus-rtu，profibus-dp 等）。

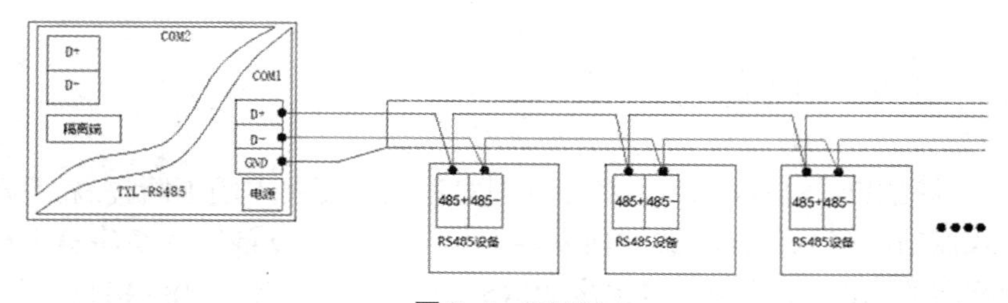

图 7.4　RS485

3. 工业以太网

预计未来 3～5 年内，工业以太网将会取代绝大部分以往的工业通讯技术，成为未来一段时间的主流通讯技术。但由于各厂家均有自己的工业以太网技术，相互之间不能进行通讯，这就导致了在实际工业应用中通讯协议不统一的尴尬问题。随着全球尽可能统一标准的呼声越来越高，工业以太网通讯技术将来一定会是市场认可的真正的主流通讯。

目前主流的工业以太网有 Ethernet/IP，PROFINET，Modbus/TCP，EtherCAT，

Cclink-ie 等。

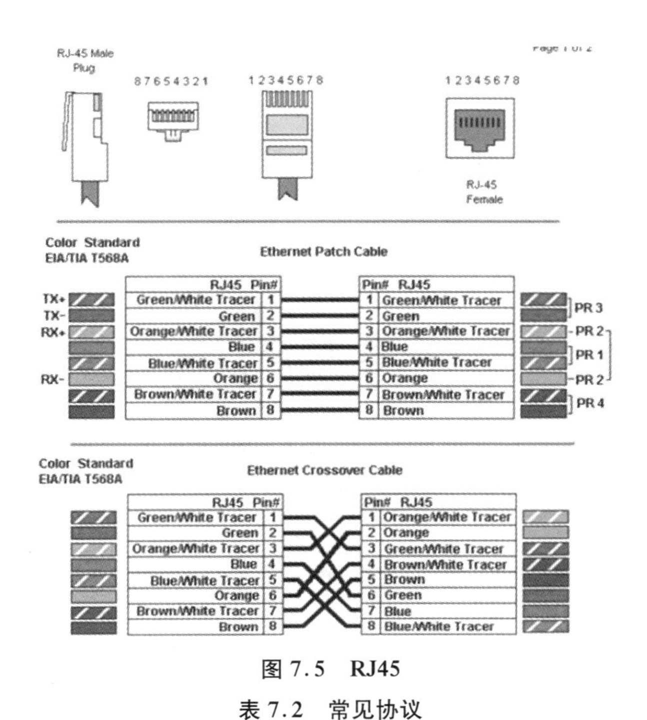

图 7.5　RJ45

表 7.2　常见协议

开发者	协议类型	备注
SIEMENS 公司	Profinet（半开放）；TCP/IP（开放）；ISO-ON-TCP（开放）；Modbus-TCP（开放）；S7（SIEMENS 专用）	S7-1200PLC 均具有
AB 公司	Ethernet/IP（开放）	在美国市场上得到非常好的应用，主要使用罗克韦尔控制系统
Beckoff 自动化	EtherCAT（开放）	德国倍福自动化有限公司

7.1.3　S7-1200 通讯功能介绍

1. PROFINET 通信

S7-1200 CPU 具有一个集成的 PROFINET 端口，支持以太网和基于 TCP/IP 的通信标准。

（1）集成的 PROFINET 接口允许与以下设备通信：

① 编程设备（PC）。

② HMI 设备（触摸屏）。

③ 其他 SIMATIC 控制器（S7-1200，S7-1500，S7-300/S7-400 等）。

（2）除了 PROFINET 协议，通信口还支持以下协议：

① 标准的 TCP/IP 协议(常用于西门子 PLC 与第三方设备的标准以太网协议)。

② ISO-on-TCP(西门子 PLC 之间的协议,基本不支持第三方设备)。

③ S7 通信(服务器端)(西门子 PLC 之间的协议)。

④ MODBUS-TCP 通信。

⑤ OPC UA 通信(仅 S7-1500PLC 支持)。

PROFINET 接口可在编程设备和 CPU 之间建立物理连接。由于 CPU 内置了自动跨接功能,所以该接口既可以使用标准以太网电缆,又可以使用跨接以太网电缆。

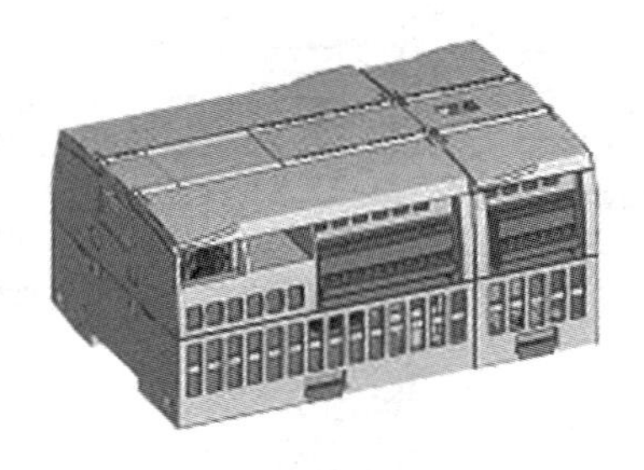

图 7.6 PROFINET 端口

有两种使用 PROFINET 通信的方法:

(1) 直接连接:在连接单个 CPU 的编程设备、HMI 或另一个 CPU 时采用直接通信。

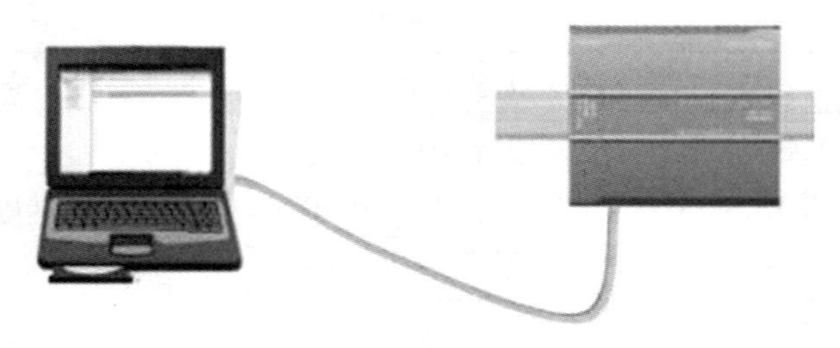

图 7.7 编程设备连接到 S7-1200 CPU

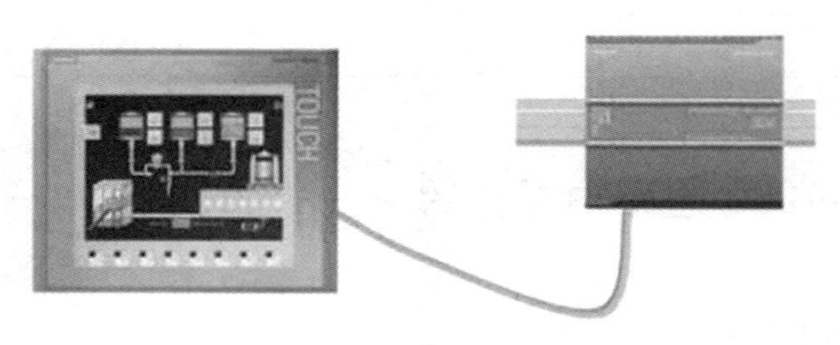

图 7.8 HMI 连接到 S7-1200 CPU

(2) 网络连接:在连接两个以上的设备(如 CPU、HMI、编程设备和非西门子设备)时采用网络通信。

2. PROFIBUS-DP 通信

支持主从站通信功能,S7-1200PLC 需要另外采购通信模块。

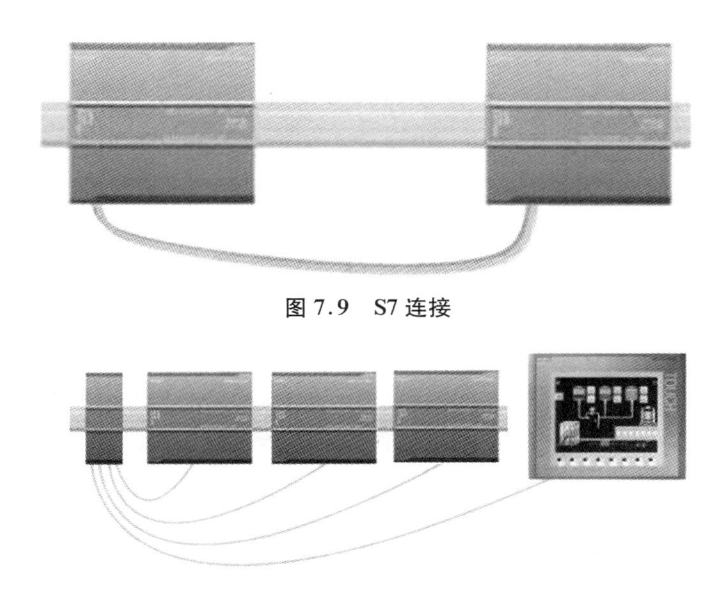

图 7.9　S7 连接

图 7.10　两个以上的设备通过 CSM1277 以太网交换机连接在一起

3．串行通讯

CPU 支持使用点对点协议(PtP)进行基于字符的串行通信,该通信通过用户应用程序完全定义和实施所选的协议。PtP 可提供最大的自由度和灵活性,但需要在用户程序中包含大量的实现。PtP 可用于实现多种可能性:

(1) 能够将信息直接发送到外部设备,例如打印机。

(2) 能够从其他设备(如条码阅读器、RFID 阅读器、第三方照相机或视觉系统以及许多其他类型的设备)接收信息。

(3) 能够与其他设备(如 GPS 设备、第三方照相机或视觉系统、无线调制解调器以及更多其他设备)交换信息(发送和接收数据)。

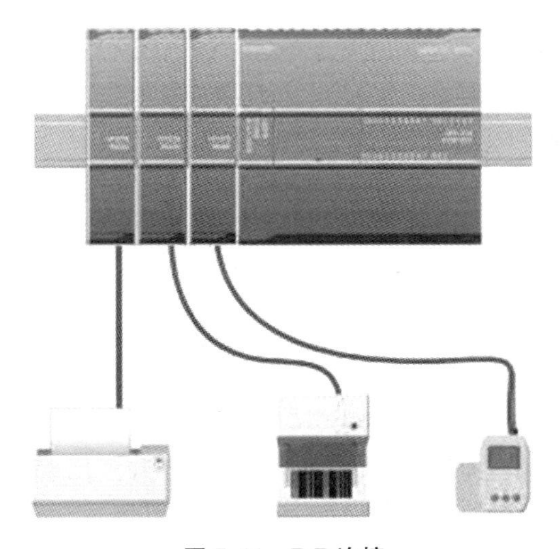

图 7.11　PtP 连接

PtP 通信属于串行通信，它使用标准 UART 来支持多种波特率和奇偶校验选项。RS232 或 RS485 通信模块(CM)提供了用于执行 PtP 通信的电气接口。

STEP 7 Basic 提供了指令库，可用来针对应用进行编程。这些库可为以下协议提供 PtP 通信功能：USS 驱动协议、Modbus RTU 主站协议、Modbus RTU 从站协议等。

7.2　S7 协议通信

1. S7 协议

S7 协议是专为西门子控制产品优化设计的通信协议，它是面向连接的协议。连接是指两个通信伙伴之间为了执行通信服务建立的逻辑链路。S7 连接是需要组态的静态连接，静态连接要占用 CPU 的连接资源。S7-1200 仅支持 S7 单向连接。

单向连接中的客户机(Client)是向服务器(Server)请求服务的设备，客户机调用 GET/PUT 指令读、写服务器的存储区。服务器是通信中的被动方，用户不用编写服务器的 S7 通信程序，S7 通信是由服务器的操作系统完成的。

2. 创建 S7 连接

在名为“1200_1200IE_S7”的项目中，PLC_1 为客户机，PLC_2 为服务器。采用默认的 IP 地址和子网掩码。组态时启用 MB0 为时钟存储器字节。

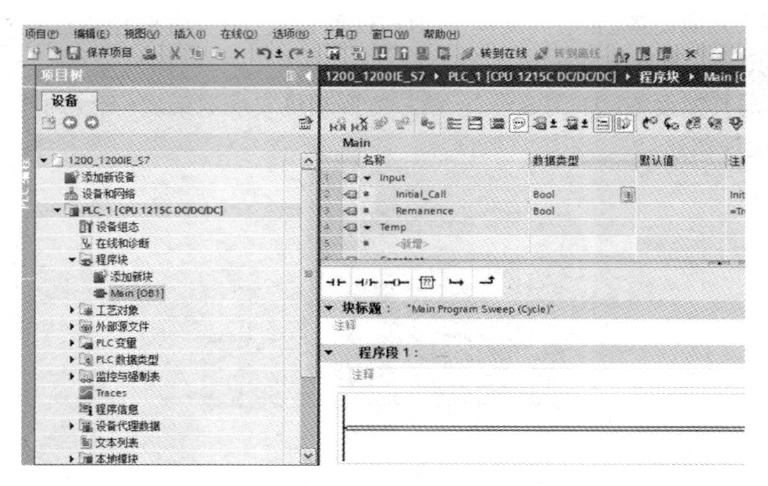

图 7.12　创建 1200_1200IE_S7 项目

打开网络视图，单击按下“连接”按钮，设置连接类型为 S7 连接。用“拖拽”的方法建立两个 CPU 的 PN 接口之间的连接“S7_连接_1”。

单击网络视图右边竖条上向左的小三角形按钮，打开弹出的视图中的“连接”选项卡，可以看到生成的 S7 连接的详细信息。连接 ID 为 16#100。

选中“S7_连接_1”，再选中巡视窗口的“特殊连接属性”，勾选复选框“主动建立连接”。选中“地址详细信息”，可以看到通信双方默认的 TSAP(传输服务访问点)。

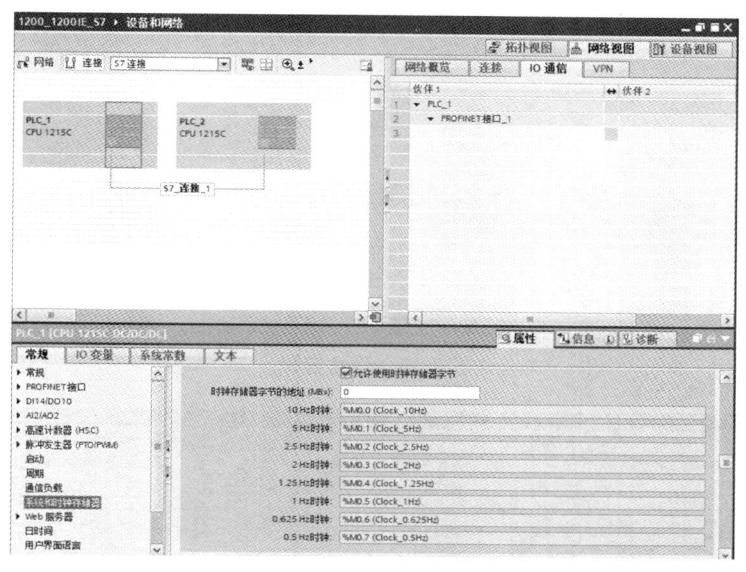

图 7.13　MB0 时钟存储字节

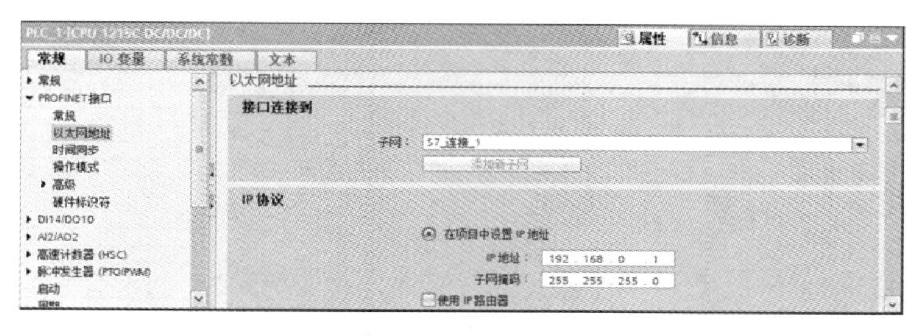

图 7.14　PLC_1 属性设置

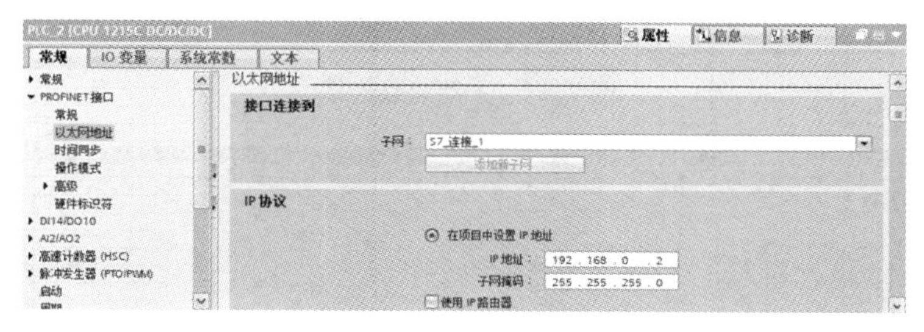

图 7.15　PLC_2 属性设置

使用固件版本为 V4.0 及以上的 S7-1200 CPU 作为 S7 通信的服务器，需要选中服务器设备视图中的 CPU。

再选中巡视窗口中的“保护”，激活复选框“允许从远程伙伴……使用 PUT/GET 通信访问”。

3. 编写程序

为 PLC_1 生成 DB1 和 DB2，为 PLC_2 生成 DB3 和 DB4，在这些数据块中生成由 100 个整数组成的数组。不要启用数据块属性中的“优化的块访问”功能。

在时钟脉冲 M0.5 的上升沿，GET 指令每 1 s 读取 PLC_2 的 DB3 中的 100 个整数，用

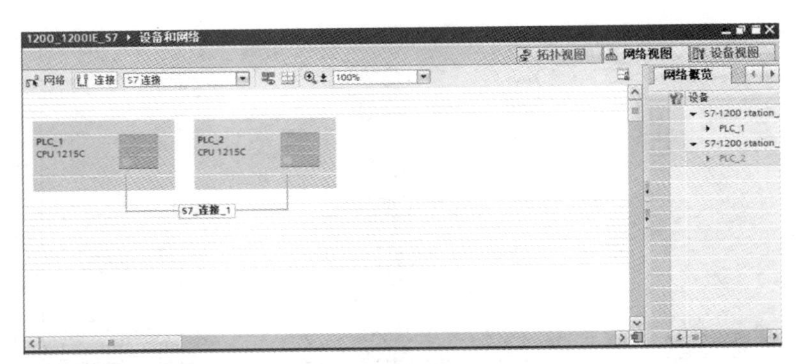

图 7.16　网络链接

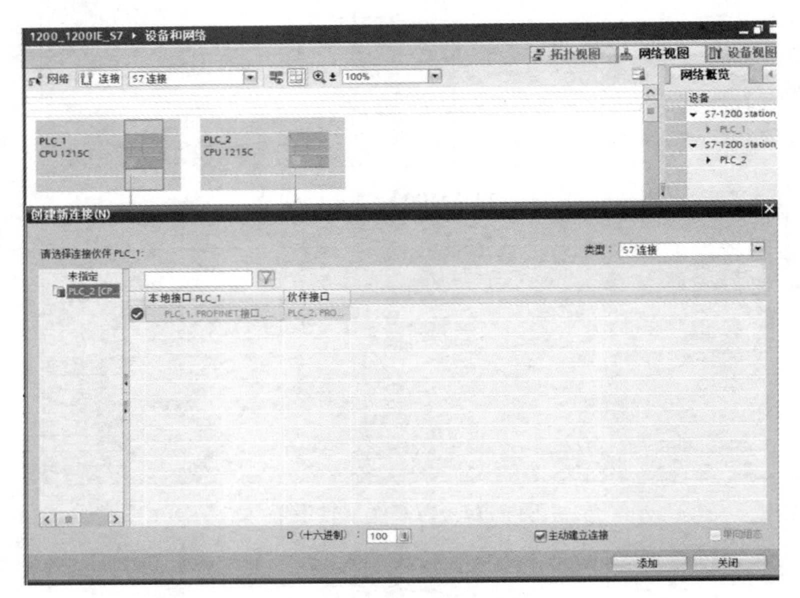

图 7.17　主动建立连接

图 7.18　服务器设置

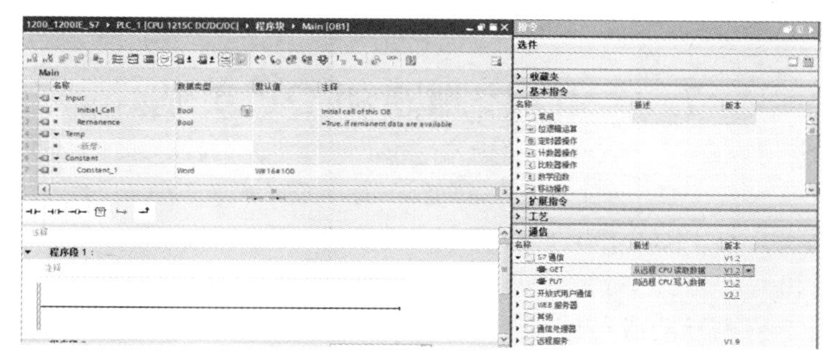

图 7.19　S7 通信指令

本机的 DB2 保存。PUT 指令每 1 s 将本机的 DB1 中的 100 个整数写入 PLC_2 的 DB4。客户机最多可以分别读取和改写服务器的 4 个数据区。

PLC_2 在 S7 通信中作服务器，不用编写调用指令 GET 和 PUT 的程序。在双方的 DB100 中，预置 DB1 和 DB3 中要发送的 100 个字，将保存的接收到的 DB2 和 DB4 中的 100 个字清零。在双方的 OB1 中，通过周期为 0.5 s 的时钟脉冲 M0.3 的上升沿，将要发送的第 1 个字加 1。

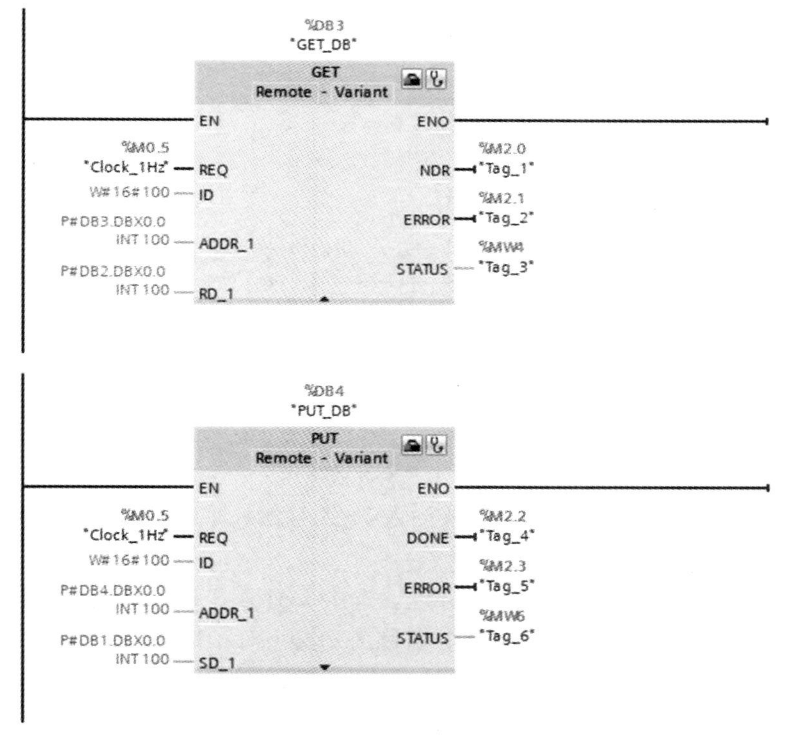

图 7.20　S7 读写

4. 仿真实验

选中项目树中的 PLC_1，单击工具栏上的“开始仿真”按钮，将程序和组态数据下载到仿真 PLC。选中 PLC_2，单击工具栏上的“开始仿真”按钮，将程序和组态数据下载到仿真 PLC，两者被切换到 RUN 模式后，用两台 PLC 的监控表监控接收到的数据。

7.3 IO 控制器和 DP 主站

PROFIBUS-DP 与 PROFINET 属于主从通信，只需要组态，就能实现 DP 主站和从站之间、IO 控制器和 IO 设备之间的周期性通信。

西门子公司支持执行器或传感器接口(AS-i)。AS-I 接口使用 2-线电缆连接现场 IO 设备，用于将各种执行器或传感器布置于设备的不同位置。AS-1 接口替代了复杂又昂贵的电缆，它用于连接两者的执行器或传感器，如连接开关、电磁阀、指示灯到中央控制器。

1. PROFINET 网络的组态

S7-1200 最多可以带 16 个 IO 设备，256 个子模块。在项目“1200 做 IO 控制器”中，打开网络视图，将 ET 200S PN 的接口模块 IM151-3 PN 拖拽到网络视图，生成 IO 设备 ET 200S PN。

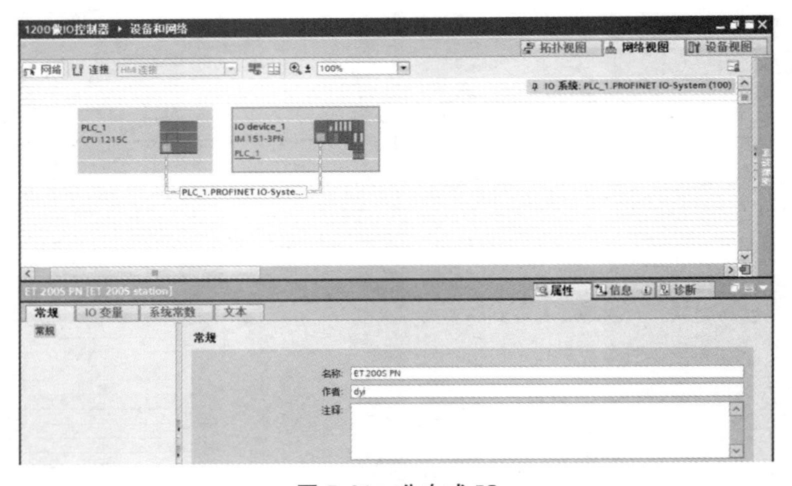

图 7.21 分布式 IO

将电源模块、DI、2DO 和和 2AO 模块插入 1～4 号槽。采用默认的 IP 地址，设备编号为 1。

IO 控制器通过设备名称对 IO 设备寻址。选中 IM151-3 PN 的以太网接口，再选中巡视窗口中的“以太网地址”，设置 IO 设备的名称为 et 200s pn 1。

右键单击网络视图中 CPU 的 PN 接口，执行菜单命令“添加 IO 系统”。单击 ET 200S PN 上蓝色的“未分配”，将它分配给该 IO 控制器。

在 ET 200S PN 的设备视图中，打开它的设备概览。可以看到分配给它的信号模块的 I、Q 地址。可以用这些地址直接读、写 ET 200S 的模块。

用同样的方法生成第二台 IO 设备 ET 200S PN，将它分配给 IO 控制器 CPU 1215C。插入电源模块和信号模块。采用默认的 IP 地址，设备编号为 2，将设备名称改为 et 200s pn 2。

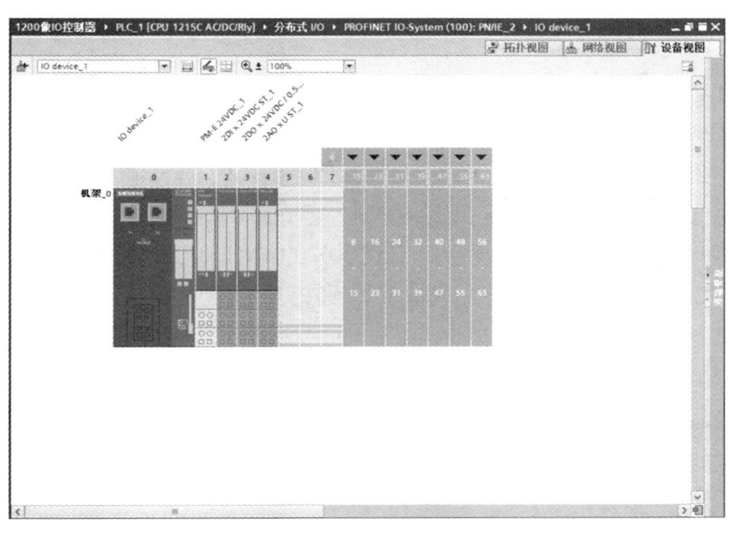

图7.22　分布式IO扩展

2. 分配设备名称

如果IO设备中的设备名称与组态的设备名称不一致，连接IO控制器和IO设备后，故障LED亮。右键单击网络视图中的1号设备，执行快捷菜单命令“分配设备名称”。单击“更新列表”按钮，“网络中的可访问节点”列表中出现网络上的两台ET 200S PN原有的设备名称。用“PROFINET设备名称”选择框选中组态的1号设备的名称，选中IP地址为194.168.0.2的可访问节点，单击“分配名称”按钮，组态的设备名称被分配和下载给1号设备。分配好后，IO设备和IO控制器上的ERROR LED熄灭。

为了验证通信是否正常，在OB1中编写简单的程序，观察是否能用IO设备的输入点控制它的输出点。

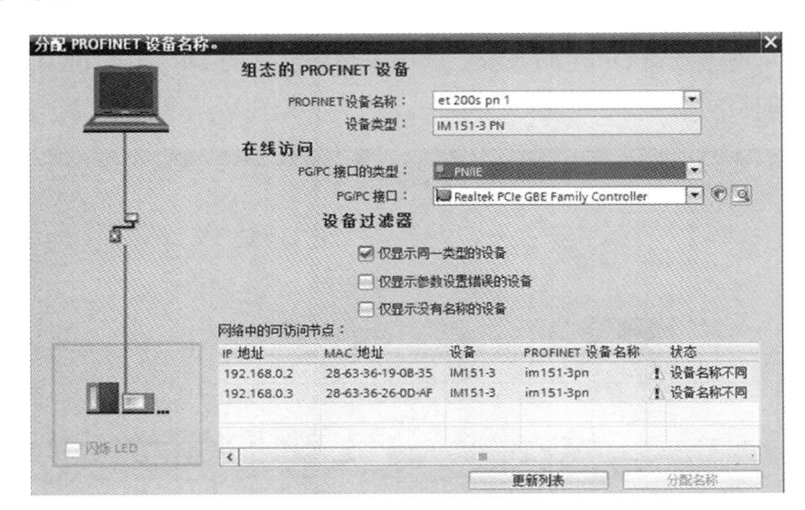

图7.23　设备名称分配

3. S7-1200 做 DP 主站

S7-1200 CPU 从固件版本 V2.0 开始，支持 PROFIBUS-DP 通信。S7-1200 的 DP 主站模块为 CM 1243-5，传输速率 9600～12 Mbit/s。

新建项目“1200 作 DP 主站”。PLC_1 为 CPU 1215C，打开它的设备视图，将右边硬件目录窗口的 CM 1243-5 主站模块拖拽到 CPU 左侧的 101 号槽。

打开网络视图，将右边硬件目录窗口 ET200S 的 IM151-1 标准型接口模块拖拽到网络视图。打开 ET 200S 的设备视图，将电源模块和信号模块插入 1～6 号槽。右键单击 DP 主站模块的 DP 接口，执行快捷菜单命令“添加主站系统”，生成 DP 主站系统。右键单击 ET 200S 的 DP 接口，将它连接到 DP 主站系统。

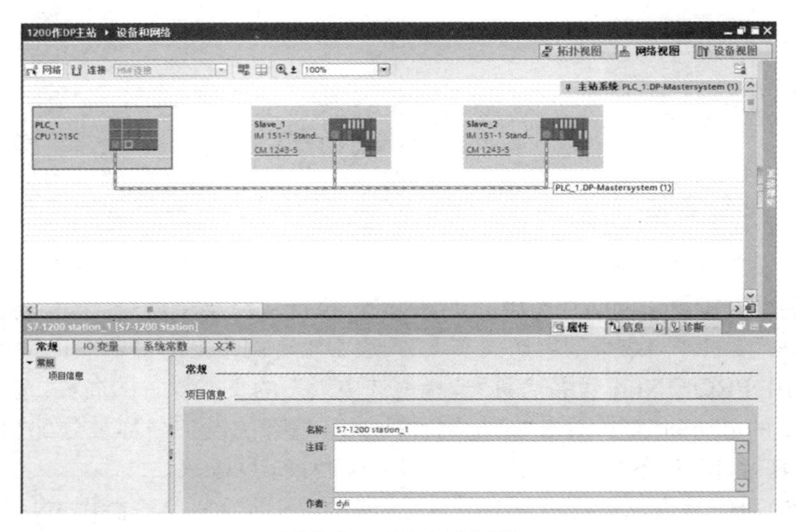

图 7.24　DP 主站创建

用同样的方法生成名为 Slave_2 的 DP 从站 ET 200S，将电源模块和信号模块插入 1～5 号槽。将该从站连接到 DP 主站系统。选中主站和从站的 DP 接口，可用巡视窗口设置 PROFIBUS 地址。

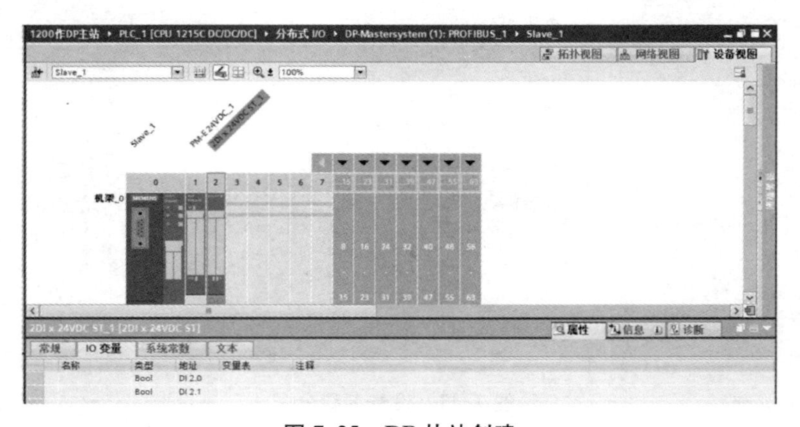

图 7.25　DP 从站创建

打开 ET 200S 的设备视图，弹出设备概览，可以看到它的 I、Q 地址。

7.4　点对点通信

1. 点对点通信模块

S7-1200支持使用自由口协议的点对点通信。点对点通信使用RS-485 CM 1241模块、RS-485 CB 1241通信板和RS-232 CM 1241模块。它们支持ASCII、USS驱动、Modbus RTU主站协议和Modbus RTU从站协议。

2. 组态通信模块

生成一个名为“点对点通信”的新项目，PLC_1和PLC_2均为CPU 1214C。打开PLC_1的设备视图，将RS-485模块拖放到CPU左边的101号槽。选中该模块后，再选中下面巡视窗口的“端口组态”，设置通信接口的参数。除了波特率，其他参数均采用默认值。

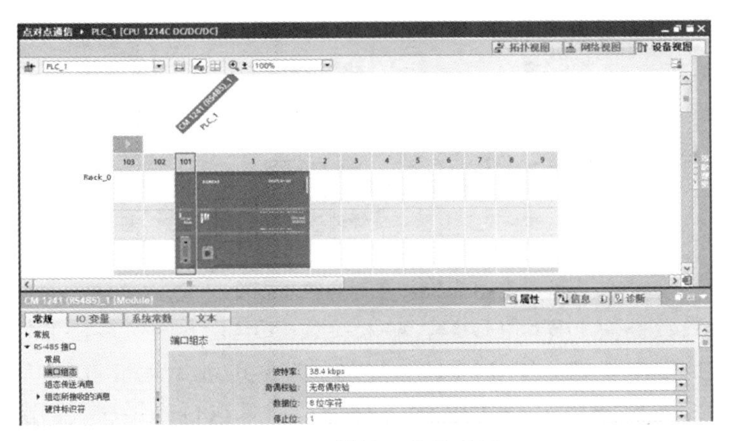

图7.26　模块1参数设置

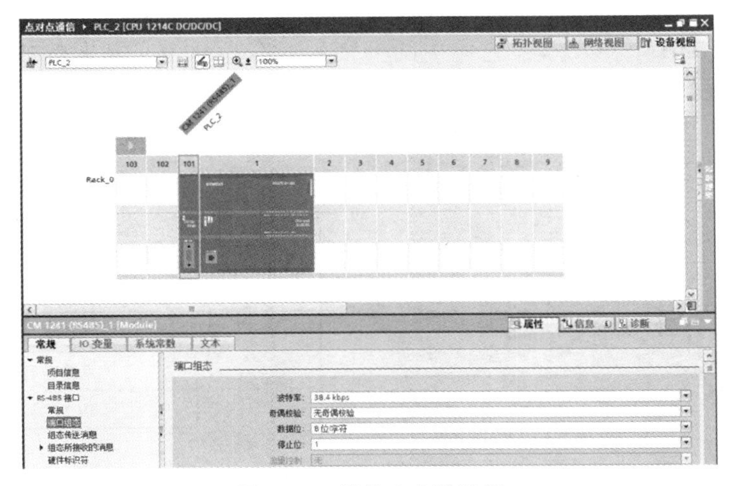

图7.27　模块2参数设置

3. 设计用户程序

PLC_1作主站，PLC_2作从站。启动信号M2.0为1状态，主站发送100个字的数据，从站接收到后返回100个字的数据。以后重复上述过程。

将指令/通信/通信处理器/点到点下的SEND_PTP、REC_PTP指令拖拽到梯形图中。

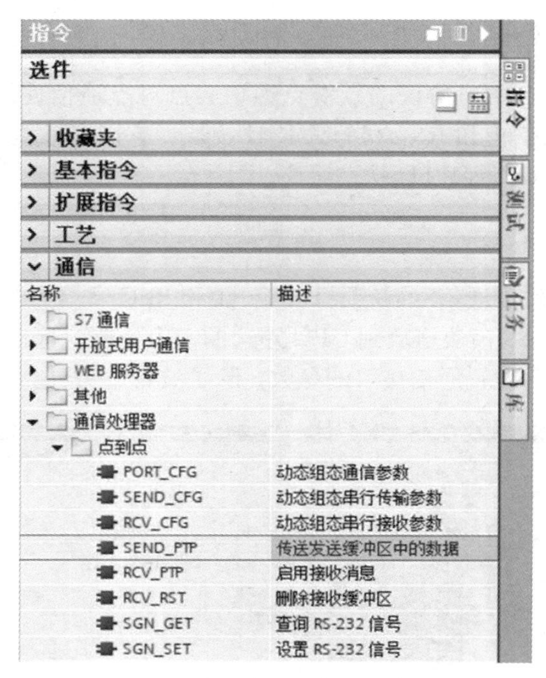

图7.28　点对点收发指令

自动生成背景数据块DB3和DB4。输入参数PORT为通信接口的标识符，可以在通信接口的属性对话框中找到。BUFFER是发送缓冲区的起始地址，LENGTH是发送缓冲区的长度。发送结束时输出位DONE为1状态。指令执行出错时，输出位ERROR为1状态，错误代码在STATUS中。接收完成时Receive_P2P的输出位NDR为1状态，LENGTH是接收到的报文的字节数。

为主站生成DB1和DB2，在它们中间分别生成有100个字元素的数组“To从站”和“From从站”。在OB100中给数组“To从站”要发送的所有元素赋初值，将保存的接收到的数组“From从站”中的所有元素清零。在OB1中用周期为0.5 s的时钟存储器位M0.3的上升沿，将要发送的第一个字的值加1。

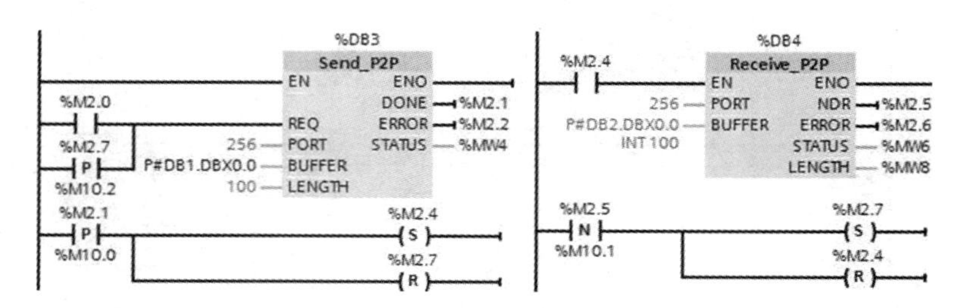

图7.29　收发程序

下面是主站的轮询顺序：

（1）在 Send_P2P 指令的 REQ 信号 M2.0 的上升沿，启动发送过程，发送 DB1 中的 100 个整数。在多个扫描周期内继续执行 Send_P2P 指令，完成报文的发送。

（2）Send_P2P 的输出位 DONE（M4.1）为 1 状态时，表示发送完成，将 M4.4 置位。用 M4.4 作为 Receive_P2P 接收使能信号 EN 的实参，反复执行 Receive_P2P。模块接收到响应报文后，Receive_P2P 指令的输出位 NDR（M4.5）为 1 状态，表示已接收到新数据。

（3）在 M4.5 的下降沿将 M4.7 置位，返回第一步，重新启动发送程序。同时将接收使能信号的 M4.4 复位。在发送完成时，再将 M4.7 复位。

4. 点对点通信的实验

用监控表将 M2.0 置为 1 状态后马上置为 0 状态，启动主站向从站发送数据。观察双方接收到的第一个字 DB2.DBW0 的值是否不断增大，DB2 中的 DBW2 和 DBW198 的值是否与对方在 OB100 中预置的值相同。

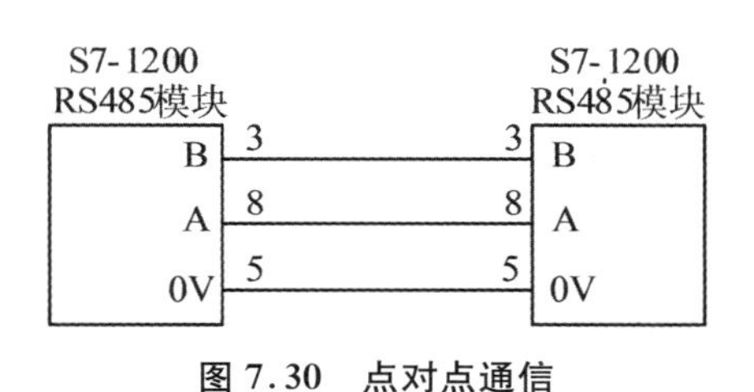

图 7.30　点对点通信

7.5　Modbus RTU 协议通信

7.5.1　Modbus RTU 主站的编程

1. Modbus 协议

Modbus 协议最初是由 Modicon 公司于 1979 年为使用 PLC 通信而发表的。现在 Modbus 已经是在全球工业领域流行的协议。许多工业设备，包括 PLC、DCS、智能仪等都在使用 Modbus 协议作为它们之间的通讯协议。有了它，不同厂商生产的控制设备可以连成工业网络，进行集中监控。

此协议支持传统的 RS232、RS422、RS-485 和 MODBUS-TCP 以太网设备。

Modbus 串行链路协议是主-从协议，采用请求-响应方式。有一个主站，1～247 个子站。RTU 模式用循环冗余校验（CRC）进行错误检查，报文最长 256 B。使用通信模块 CM 1241（RS485）作主站时，最多可以与 32 个从站通信。

表 7.3　Modbus

Modbus 地址	读/写	Modbus 从站须支持的功能
00001-09999 数字量输出	读	功能 5:写单输出点 功能 15:写多输出点
	写	
10001-19999 数字量输出	读	功能 2
	写	-
30001-39999 数字量输出	读	功能 4
	写	-
40001-49999 数字量输出	读	功能 3
	写	功能 6:写单寄存器单元 功能 16:写单寄存器单元

2. 组态硬件

生成一个名为“Modbus RTU 通信”的项目，主站 PLC_1 和从站 PLC_2 的 CPU 均为 CPU 1214C。启用它们默认的时钟存储器字节 MB0。

图 7.31　Modbus RTU 项目创建

打开主站 PLC_1 的设备视图，将 CM 1241(RS485)模块拖放到 101 号槽。选中该模块以后，再选中巡视窗口的“端口组态”进行参数配置。

3. 调用 MB_COMM_LOAD 指令

必须在 Startup 属性的 OB100 组织块中，对每个通信模块调用一次 MB_COMM_LOAD 指令，来组态它的通信接口。参数 REQ 为请求信号，PORT 是通信端口的硬件标识符，BAUD(波特率)为 38400 bps，PARITY(奇偶校验位)为 0，不使用奇偶校验校验。响应超时时间 RESP_TO 为 1000 ms，DONE 为 1 表示指令执行完且没有出错。

ERROR 为 1 表示检测到错误，参数 STATUS 中是错误代码。

生成 DB1 和 DB2，在它们中间分别生成有 10 个字元素的数组。在 OB100 中给要发

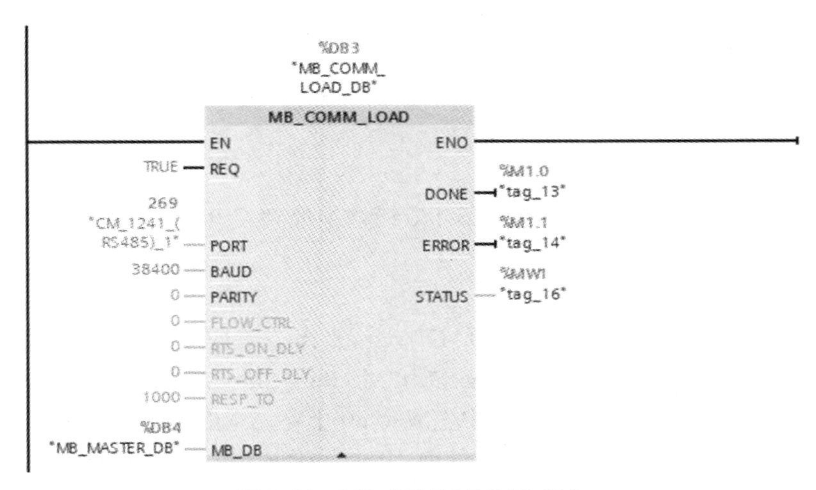

图 7.32　MB_COMM_LOAD 指令

送的 DB1 中的 10 个字赋初值 16＃2222，将保存的接收到数据的 DB2 中的 10 个字清零。在 OB1 中用周期为 0.5 s 的时钟存储器位 M0.3 的上升沿，将要发送的第一个字加 1。

4．调用 MB_MASTER 指令

该指令用于 Modbus 主站与指定的从站进行通信。主站可以访问一个或多个从站。在 OB1 中两次调用该指令，读取 1 号从站中 Modbus 地址从 40001 开始的 10 个字中的数据，保存到主站的 DB2 中；将主站 DB1 中的 10 个字的数据写入从 40011 开始的从站 Modbus 地址的 10 个字中。同一个 Modbus 端口的所有 Modbus_Master 指令必须使用同一个 MB_MASTER 背景数据块。

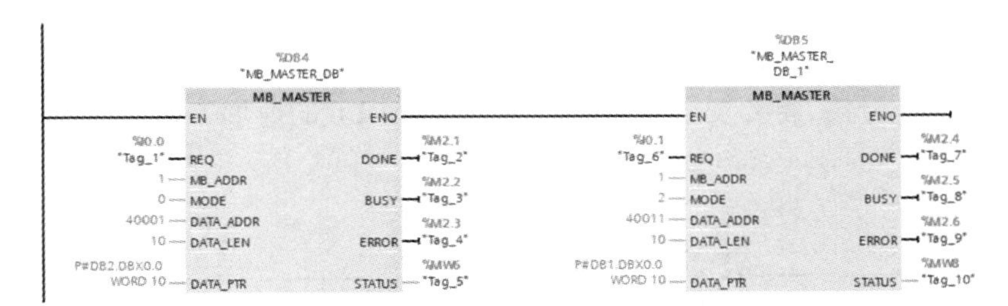

图 7.33　MB_MASTER 指令

5．MB_MASTER 指令的输入、输出参数

在输入参数 REQ 的上升沿，请求向 Modbus 从站发送数据。MB_ADDR 是从站地址（0～247）。MODE 用于选择 Modbus 功能的类型。DATA_ADDR 是要访问的从站中数据的 Modbus 起始地址。

DATA_LEN 是要访问的数据长度（位数或字数）。DATA_PTR 指针指向 CPU 的数据块或位存储器地址，从该位置读取数据或向其写入数据。DONE 为 1 表示指令已完成对 Modbus 从站的操作。BUSY 为 1 表示正在处理任务。ERROR 为 1 状态表示检测到错误，参数 STATUS 提供的错误代码有效。

7.5.2 Modbus RTU 从站的编程与实验

1. 组态从站的 RS-485 模块

打开从站 PLC_2 的设备视图，将 RS-485 模块拖放到 CPU 左边的 101 号槽。

2. 初始化程序

在 OB100 中调用 MB_COMM_LOAD 指令，来组态串行通信接口的参数。其输入参数 PORT 的值为 267，参数 MB_DB 的实参为“Modbus_Slave_DB”. MB_DB。生成 DB1，不能激活“仅符号地址”属性。在 DB1 中生成有 20 个字元素的数组 DATA。

在 OB100 中给数组 DATA 要发送的前 10 个元素赋初值 16＃1111，将保存的接收到的数据数组 DATA 的后 10 个元素清零。

3. MB_SLA VE 指令

在 OB1 中调用 MB_SLA VE 指令，用于服务 Modbus 主站发出的请求。开机时执行 OB100 中的 MB_COMM_LOAD 指令，通信接口被初始化。从站接收到 Modbus RTU 主站发送的请求时，通过执行 Modbus_Slave 指令来响应。

MB_SLAVE 输入/输出参数的意义如下：

MB_ADDR 是从站地址(1～247)。MB_HOLD_REG 是指向 Modbus 保存寄存器数据块的指针，其实参为 DB1 中的数组 DATA，该数组用来保存供主站读写的数据值。DB1. DBW0 对应于 Modbus 地址 40001。

NDR 为 1 表示主站已写入新数据，DR 为 1 表示主站已读取数据，ERROR 为 1 状态表示检测到错误，参数 STATUS 中的错误代码有效。在 OB1 中用周期为 0.5 s 的时钟存储器位 M0.3 的上升沿，将要发送的第一个字“DATA[1]”的值加 1。

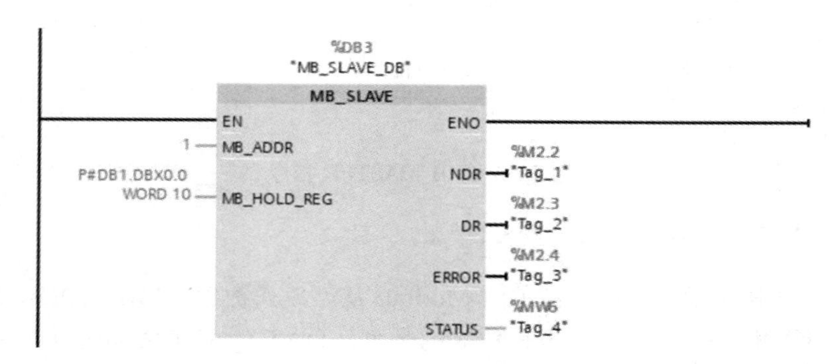

图 7.34　MB_SLAVE 指令

4. Modbus 通信实验

硬件接线图见图 7.35。用监控表监控主站 DB2 的 DBW0、DBW2 和 DBW18，以及从站 DB1 的 DBW20、DBW22 和 DBW38。

用外接的小开关产生请求信号 I0.0 的脉冲，启动主站读取从站的数据。用主站的监控表观察DB2中主站的DBW2和DBW18读取到的数值是否与从站在OB100中预置的值相同。多次发出请求信号，观察DB2.DBW0的值是否增大。

用外接的小开关产生请求信号I0.1的上升沿，启动主站改写从站的数据。用从站的监控表观察DB1中改写的结果。多次发出请求信号，观察DBW20的值是否增大。

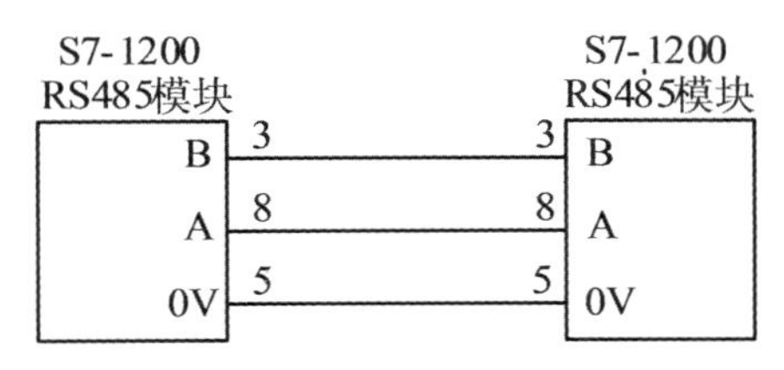

图7.35　USS网络

7.6　S7-1200与变频器的USS协议通信

7.6.1　硬件接线与变频器参数设置

1. USS通信

本节介绍SINAMICS V20基本型变频器与S7-1200的USS通信。

2. 硬件接线

S7-1200需要配备CM 1241 RS485通信模块。每个CPU最多可以连接3个通信模块，建立3个USS网络。每个USS网络最多支持16个变频器。接线时两侧的0 V端子不能就近连接到保护接地网络，否则可能烧毁通信设备。

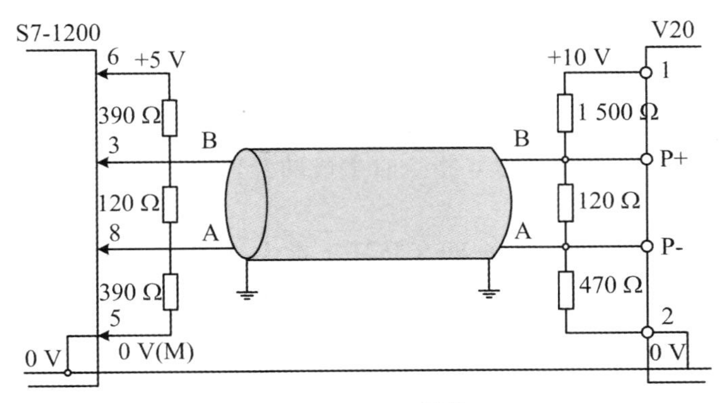

图7.36　USS网络

3. 设置电动机参数

应使用V20内置的基本操作面板来设置变频器有关的参数。

4. 设置连接宏、应用宏和其他参数

V20 将变频器常用的控制方式归纳为 12 种连接宏和 5 种应用宏，连接宏类似于配方，给出了完整的解决方案。选中连接宏 Cn010（USS 控制），适当修改 Cn010 预设的 USS 通信的参数。

7.6.2 S7-1200 的组态与编程

1. 硬件组态

生成一个名为“USS 通信”的项目，打开设备视图，将 CM 1241（RS485）模块拖放到 CPU 左边的 101 号槽。选中该模块，再选中巡视窗口的“端口组态”，设置波特率为 19.2 kbit/s，偶校验。其余的参数均采用默认值。

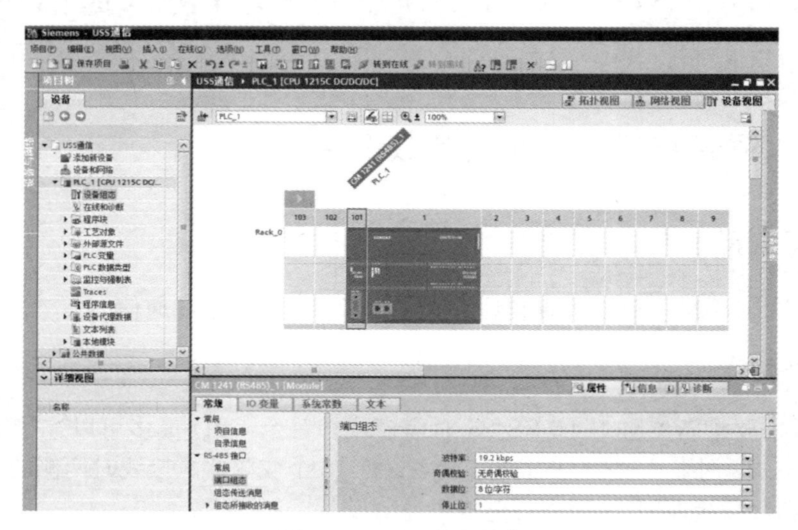

图 7.37　USS 项目创建

2. USS 的程序结构

每台变频器需要调用一条 USS_DRV 指令，来监控一台变频器。所有的 USS_DRV 指令共同使用调用第一条 USS_DRV 指令时生成的背景数据块，每个 USS 网络通过这个背景数据块进行管理。

每个 RS-485 通信端口使用一条 USS_PORT 指令，它通过 RS-485 通信端口控制 CPU 与该端口所有变频器之间的通信，有自己的背景数据模块。

3. USS_DRV 指令

启动位 RUN 模式为 1 时，以设置的速度运行。OFF2 为 0 状态，电动机自然停车。OFF3 为 0 状态，通过制动快速停车。F_ACK 是故障确认位。DIR 是方向控制位，DRIVE 是变频器的 USS 地址（1～16）。PZD_LEN 是过程数据 PZD 的字数。SPEED_SP 是百分数表示的频率设定值。NDR 为 1 表示新的通信数据已准备好。ERROR 为 1 表示发

生错误，参数 STATUS 有效，其他输出在出错时均为零。STATUS 是请求的状态值。位变量 RUN_EN 为 1 表示变频器正在运行。D_DIR 用来指示变频器旋转的方向。INHIBIT 指示变频器的禁止位的状态。FAULT 为 1 表示变频器有故障。SPEED 是用百分数表示的输出频率的实际值。

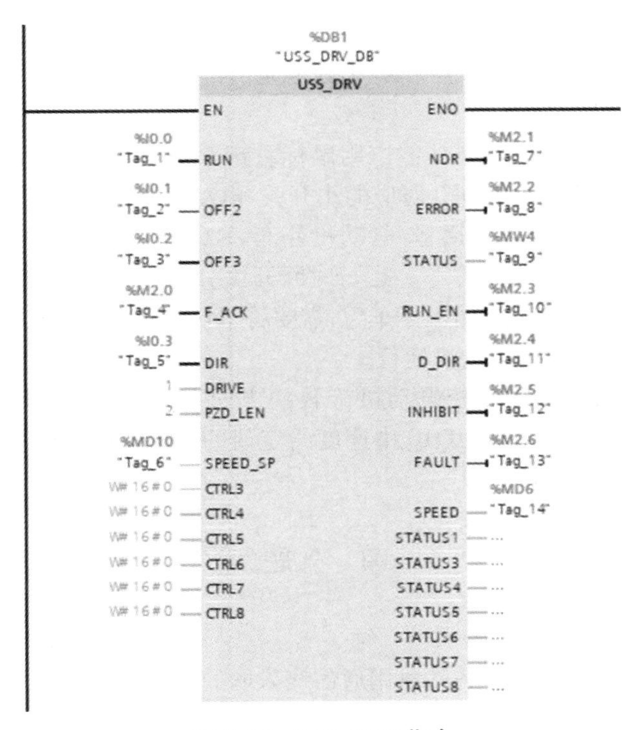

图 7.38 USS_DRV 指令

4. USS_PORT 指令

为确保帧通信的响应时间恒定，应在循环中断 OB 中调用该指令。在 S7-1200 的系统手册 14.5.2 节“使用 USS 协议的要求”名为“计算时间要求”的表格中可以查到，波特率为 19200 bit/s 时，调用 USS_PORT 指令的时间间隔应为 68.2～205 ms。所以在循环时间为 150 ms 的循环中断组织块 OB33 中调用该指令。

参数 PORT 为 PtP 通信端口的标识符，双字 BAUD 为波特率，单位为 bit/s。

USS_DB 为 USS_Drive_Control 的背景数据块中的静态变量。指令执行出错时，ERROR 为 1 状态，错误代码在 STATUS 中。

7.7 实训：S7-1200 与变频器通信的实验

PLC 监控变频器的实验

按图连接好变频器与 RS485 模块的接线。设置好变频器的参数，将程序下载到 PLC，令 PLC 在 RUN 模式运行，用以太网接口监控 PLC。接通变频器的电源，用基本操作面板

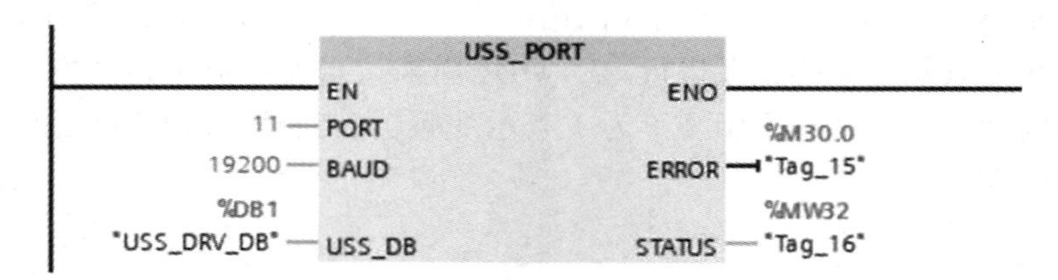

图 7.39　USS_PORT 指令

显示变频器的频率。

打开 OB1，启动程序状态监控功能。用鼠标右键菜单设置参数 SPEED_SP 的值。令 OFF2 和 OFF3 为 1 状态，接通 I0.0 对应的小开关，电动机开始旋转。频率由 0 增大，输出位 RUN_EN 为 1。令 I0.0 为 0 状态，电动机停车，RUN_EN 变为 0 状态。运行时断开 I0.1 对应的小开关，电动机自然停车。运行时断开 I0.2 对应的小开关，电动机快速停车。OFF2 和 OFF3 发出的脉冲使电动机停车后，需要将 RUN 模式由 1 状态变为 0 状态，然后再变为 1 状态，才能再次启动电动机运行。

可以用方向控制位 DIR 改变电动机旋转的方向，输出位 D_DIR 的值和输出参数 SPEED 的符号随之而变。改变 MD10 中速度给定值的大小和符号，也可以改变电动机的速度和方向。

习　　题

问答题

(1) 简述主从通信方式防止各站争用通信线采取的控制策略。
(2) 简述以太网防止各站争用总线采取的控制策略。
(3) 简述令牌总线防止各站争用总线采取的控制策略。
(4) 开放式用户通信有什么特点？指令 TSEND_C 和 TRCV_C 有什么优点？
(5) 简述开放式用户通信的组态和编程的过程。
(6) UDP 协议通信有什么特点？
(7) 怎样建立 S7 连接？
(8) 客户机和服务器在 S7 通信中各有什么作用？
(9) S7-1200 作 S7 通信的服务器时，需要在安全属性方面做什么设置？
(10) 简述 S7-1200 作 PROFINET 的 IO 控制器的组态过程。
(11) 怎样分配 IO 设备的设备名称？
(12) 简述组态 DP 智能从站的过程。
(13) 什么是偶校验？
(14) 什么是半双工通信方式？

第8章 精简系列面板的组态与应用

8.1 精简系列面板

1．人机界面(HMI)

人机界面(Human Machine Interface，简称HMI)，又称用户界面或使用者界面，是人与计算机之间传递、交换信息的媒介和对话接口，是计算机系统的重要组成部分。它是系统和用户之间进行交互和信息交换的媒介，实现了信息的内部形式与人类可以接受的形式之间的转换。凡涉及人机信息交流的领域都会使用人机界面。

同样，作为工控类计算机的PLC，也需要使用人机界面作为操作人员与控制系统之间进行对话和相互作用的专用设备。PLC配备的专用人机界面可以在恶劣的工业环境中长时间连续运行，是工控设计中的最佳选择。

人机界面主要可分为文本显示屏和触摸屏两种。目前主流，也是未来发展方向的设备是触摸屏，它的使用直观方便，易于操作。画面上的按钮和指示灯可以取代相应的硬件元件，可以减少PLC需要的I/O点数，降低系统的成本，提高设备的性能和附加价值。目前西门子主流PLC配套的人机界面大多都是触摸屏。如S7-200 SMART支持的Smart700 IE触摸屏和Smart10000 IE触摸屏，以及本章将要重点介绍的S7-1200 PLC配套的第二代精简系列面板。

2．精简系列面板

S7-1200 PLC配套使用的HMI为第二代精简系列面板，其最突出的特点是性价比高，即用较低的成本满足了较多的使用需求。

HMI的基本功能全面、完善，第二代SIMATIC HMI精简面板是简单HMI应用的理想入门级系列产品。该设备系列面板设有4 in、7 in、9 in和12 in显示屏，带有按键和触控功能。具有64000色宽屏高分辨率显示屏。支持纵向安装，并且由于亮度100%可调，可以高效节能。作为升级产品，其用户界面采用新的控件和图形，具备更好的可用性来满足更广泛的操作需求。配备了USB接口，可以连接键盘、鼠标和条形码扫描仪，并支持在USB盘上存档数据。其主要特点如下：

(1) 功能齐全，性价比高。第二代SIMATIC HMI精简面板具有所有重要的HMI基本功能，无论显示屏尺寸为多少，均标准配置了许多软件功能，例如警报记录、配方管理、趋势功能和语言切换。

(2) 组态简便。第二代精简面板可以通过具有良好成本效益的基本版 SIMATIC WinCC(TIA Portal)进行配置,该版本软件易用性强,组态工程效率高。用户可快速高效地创建可视化应用程序。

(3) 显示屏性能优秀。作为供人类观看使用的人机界面,HMI 屏幕的硬件性能较为重要。第二代精简面板提供 4 in 至 12 in 的高分辨率宽屏显示屏,且支持纵向组态,大大提升了工程师的使用体验。

同时,高分辨率和 64000 的色度也有助于提高过程可视化。显示屏的亮度可调至 100%,以提供最佳灵活性。

3. 人机界面的使用方法

人机界面作为 PLC 系统中硬件的一环,在使用前必须通过组态软件对其进行组态。作为硬件,HMI 本身不存在任何信息可用来与用户进行交互及信息交换,所以必须通过组态软件的设置,生成可满足用户需求的人机界面的画面来表述 PLC 系统中的信息,并使得用户可以对其进行操作,从而将操作人员的位变量命令和数字设定值传送到 PLC。

组态结束后将画面和组态信息编译成人机界面可以执行的文件。编译成功后,将可执行文件下载到人机界面的存储器中。

在控制系统运行时,人机界面和 PLC 之间通过通信来交换信息,从而实现人机界面的各种功能。只需要对通信参数进行简单的组态,就可以实现人机界面与 PLC 的通信。

4. WinCC 软件简介

S7-1200 PLC 系统中,用于对 HMI 进行组态的软件为 WinCC。我们在第 2 章关于 S7-1200 PLC 编程软件 STEP 7 的安装中介绍过,在该系列软件中,HMI 组态软件 WinCC Basic 被包含在编程软件 STEP 7 Professional 中,在安装 STEP 7 的过程中会直接默认安装完成,无需自行下载应用程序安装。

WinCC Basic 简单、高效,易于上手,功能强大。基于表格的编辑器简化了变量、文本和报警信息等的生成和编辑,而图形化配置简化了复杂的组态任务。

此外,WinCC 软件的运行系统可以对精简系列面板进行仿真,有利于初学者练习掌握面板的组态方法,同时在初步学习的阶段无需购买硬件设备,大大降低了学习门槛。

8.2 精简系列面板的画面组态

8.2.1 硬件添加

我们在第 2 章关于组态任务的知识点中曾介绍过,硬件组态依序可分为硬件模块的添加(生成与实际硬件系统完全对应的虚拟系统)和模块设置(对模块的参数进行设置、修改)两部分。面板画面组态的工作流程也是如此,第一步先添加相关的硬件设备。

首先按照常规项目建立方法，在项目视图中生成一个用于实验的新项目。双击项目树中的“添加新设备”，单击打开的对话框中的“控制器”按钮，添加 CPU 模块，自动在项目树中生成名为“PLC_1”的 PLC 站点，此时我们完成了对 S7-1200 PLC 的初步组态。

然后再次双击“添加新设备”，单击“HMI”按钮，在 HMI 设备文件夹中选中所需的硬件设备，点击“确定”按钮，即可生成 HMI 面板，如图 8.1 所示。

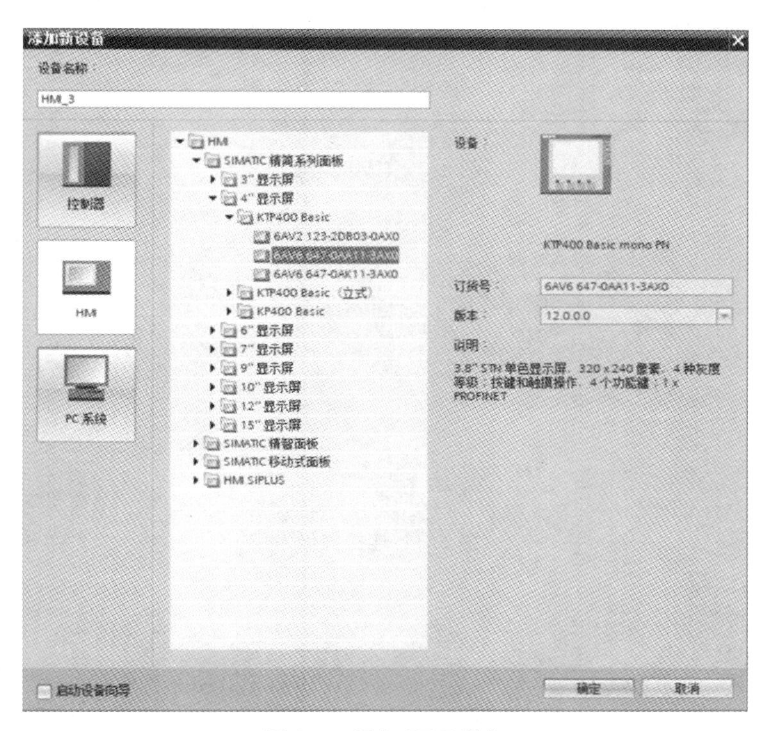

图 8.1　添加 HMI 设备

需要注意的是，在实际使用时，我们一般不会勾选“启动设备向导”复选框。如果勾选该复选框，则在添加 HMI 设备后会自动弹出西门子 HMI 设备的设置向导，辅助完成 HMI 参数的设置。但由于该向导不符合国内使用的实际情况，自动生成的某些参数与实际所需差距较大，因此国内工程师在添加 HMI 时一般会选择不使用向导，自己手动设置参数。

HMI 是用于操作人员和控制系统之间进行信息交换、相互作用的设备，因此，HMI 除了必须在屏幕中显示可视化图像，便于操作人员获取信息外，另一方面也必须与 CPU 模块建立通信连接，这样才能完成信息的传输。

因此，在添加 CPU 模块和 HMI 面板后，还必须对两者进行组态连接。具体方法为：双击打开项目树中的“设备和网络”栏目，打开如图 8.2 所示的网络视图，可以看到，此时 CPU 模块和 HMI 面板之间尚未建立连接。

单击图 8.2 上方工具栏上的“连接”按钮，在其旁边的选择框中选择连接类型为“HMI”连接，此时 CPU 模块、HMI 面板都进入准备连接状态，如图 8.3 所示。

单击选中 PLC 中的以太网接口（绿色小方框），按住鼠标左键，移动鼠标，拖出一条浅蓝色的直线，将它拖到 HMI 的以太网接口处，松开鼠标左键，即可完成两个硬件之间的组态连接（见图 8.4）。

至此，HMI 画面组态的硬件添加工作全部完成。

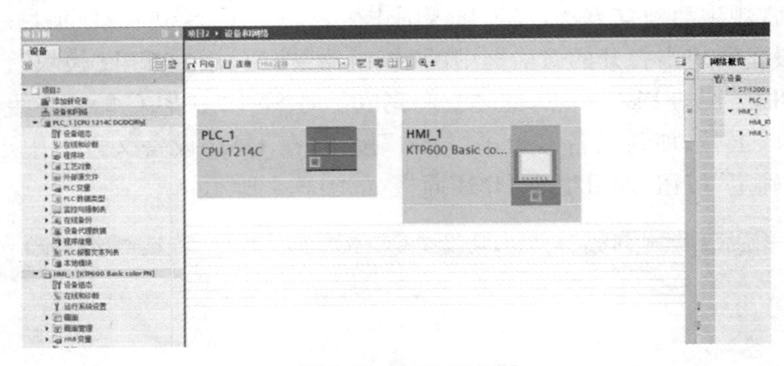

图 8.2　HMI 组态

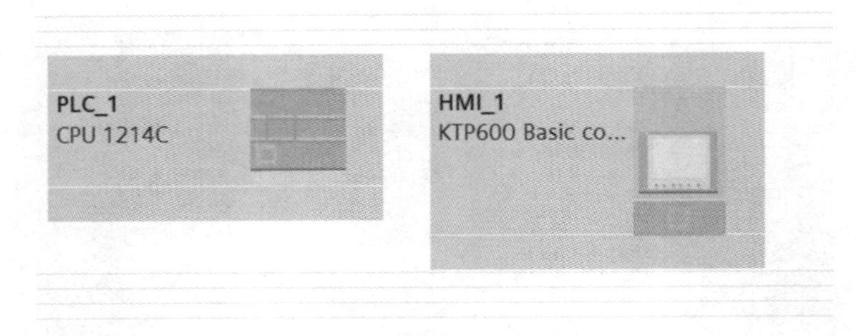

图 8.3　连接界面

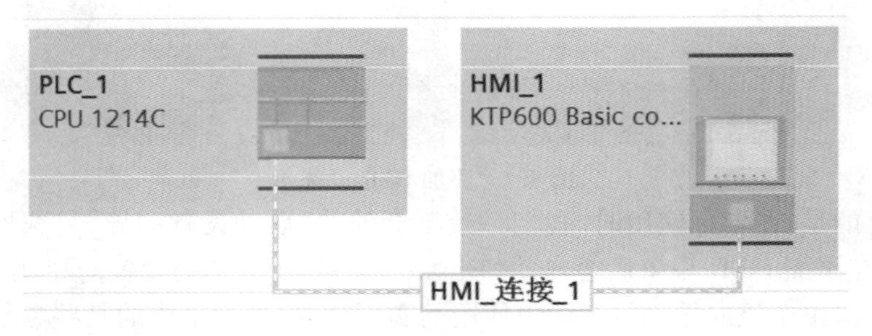

图 8.4　组态连接完成

8.2.2　画面设置

1. 常规设置

在添加生成一个 HMI 设备后，项目树中"画面"文件夹内会自动生产一个名为"画面_1"的画面，这就是新生成 HMI 设备的根画面。HMI 设备的画面组态、参数设置都在这个页面中完成。

首先可以对其进行一些常规设置。双击打开"画面_1"，选中工作区画面后，再依次点击巡视窗口的"属性＞属性＞常规"选项卡，即可进入如图 8.5 所示的画面常规设置选项卡。

在此界面中，可以对 HMI 设备的根画面进行重命名、修改背景色、修改网格颜色、设置

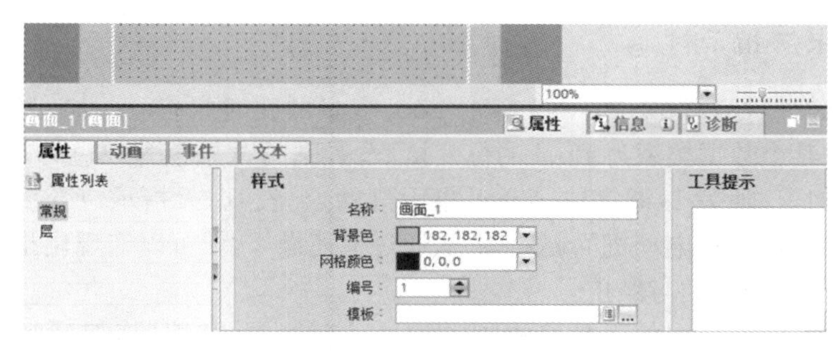

图 8.5　常规设置

编号和选择模板等操作。

此外,也可通过图中所示巡视窗口上方的"100%"下拉菜单,改变画面的显示比例,点击▾按钮即可打开缩放百分比,可在25%～400%中进行选择,将画面的缩放尺寸调整至适合自己屏幕的大小;也可以用该按钮右边的滑块快速设置画面的显示比例。

2. 图形设置

画面的组态本质上就是在原本空白的屏幕中设置可视化图形,从而显示 PLC 设备信息,提供可视化、可操作的区域,因此组态的很大一部分工作是在画面中构建图形,如使用基本对象"圆"表示指示灯,使用元素"按钮"表示操作按钮等。对图形的设置较为简单,如图8.6所示,在画面右侧的工具箱中有多种基本图案、元素、控件等素材可供选用,点击所需素材,按住鼠标并将其拖动到画面中,即可在根画面中生成该项素材。

点击画面中的素材,可对其进行移动与缩放设置。单击选中矩形图案后,其四周出现8个小正方形。将鼠标的光标放到矩形图案上,光标变为十字箭头图形。此时按住鼠标左键并移动鼠标,可将选中的对象拖到希望的位置,松开左键,对象被放在该位置。

也可以选中某个角的小正方形,此时鼠标的光标变为45°的双向箭头,按住左键并移动鼠标,可以同时改变选中对象的长度和宽度。

用鼠标左键选中4条边中点的小正方形,鼠标的光标变为水平或垂直的双向箭头,按住左键并移动鼠标,可将选中的对象沿水平方向或垂直方向放大或缩小;也可以用同样的方法移动和缩放窗口。

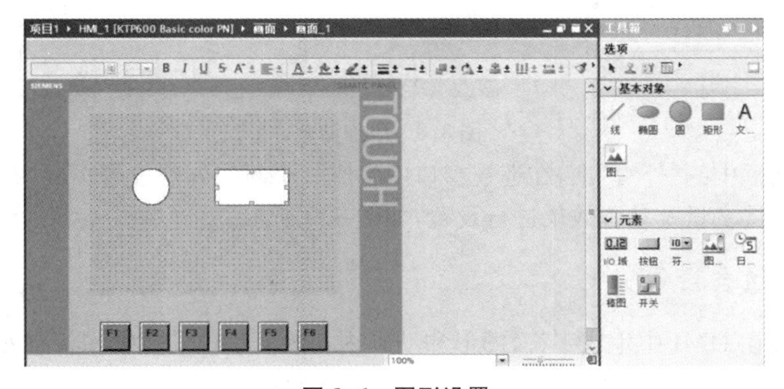

图 8.6　图形设置

3. 生成组态指示灯

HMI 可以使用指示灯来显示 PLC 中 Bool 变量的实时状态。例如，将一个图案“圆”连接至 PLC 的某个数据类型为 Bool 的位变量，设置圆的背景色为白色时，位值为 0，圆的背景色为绿色时，位值为 1，即完成了通过指示灯的点亮和熄灭指示位变量的值。如果该位变量为输入点，如表示电动机的起停，那么通过上述操作，就可以实现用指示灯的点亮与熄灭来表示电动机的启动与停止。

具体操作方法为：首先将工具箱的“基本对象”窗格中的“圆”拖拽到画面上希望的位置。此时可使用前文介绍的方法调节圆的位置和大小。然后选中生成的圆，在画面下面的巡视窗口依次选中“属性>属性>外观”选项卡（见图 8.7），开始设置圆的外观。可供设置的参数为圆的背景（图案内部填充颜色及形式）和边框。

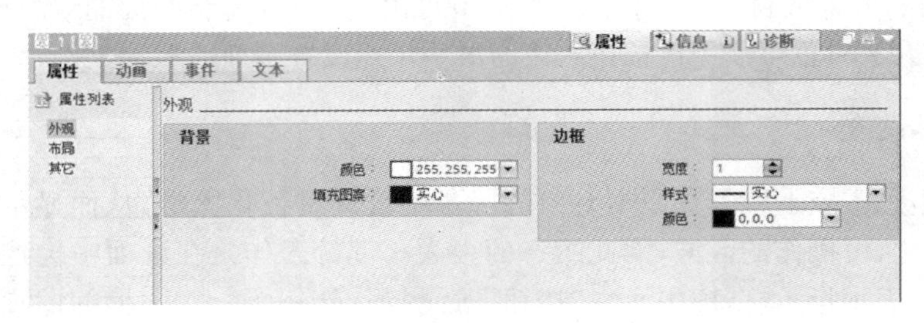

图 8.7　指示灯外观设置

“外观”选项卡下方为布局选项卡，在该界面中也可以对图案的位置、大小进行设置，不同于前文介绍的直接通过鼠标在画面中拖动调整的方式，在“布局”界面可通过具体数值和坐标轴对图案进行调整，适用于设计要求具体、精确的情况。

完成图案外观设置后开始进行动画设置，在巡视窗口中依次点开“属性>动画>显示”文件夹，双击其中的“添加新动画”，跳出“添加动画”的对话框，如图 8.8 所示。

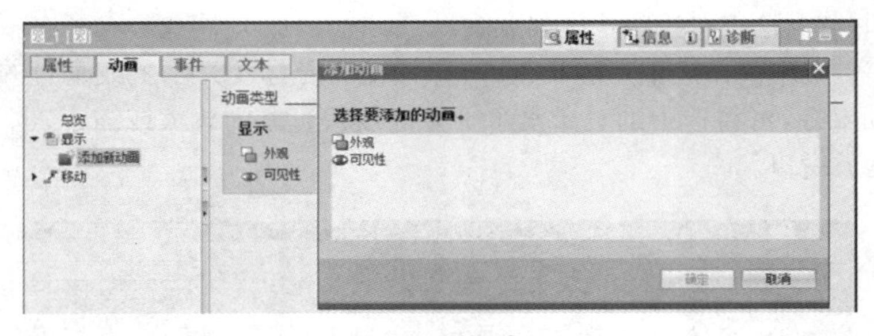

图 8.8　添加动画

点击对话框中的“外观”项，在巡视窗口中生成一个新的外观设置页面，在此页面中，即可对指示灯连接变量及动画效果进行设置，如图 8.9 所示。

4. 生成组态按钮

除了通过在 HMI 中生成字符、图形和动画来动态显示现场数据和状态外，还可以通过在界面中使用按钮等元素，生成人机控制界面，这样操作人员就可以通过 HMI 来控制生产现场的被控对象。本小节以生成和组态按钮为例，介绍如何在 HMI 中生成操作界面，来将信息传送至 PLC。

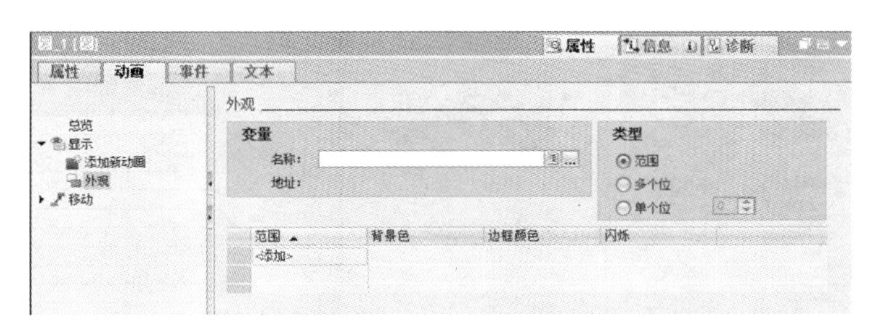

图 8.9　连接变量与动画效果

首先根据上文所述的方法，将工具箱“元素”栏中的“按钮”图标拖动至画面上，并调整其大小、位置。

然后单击选中画面中的按钮，在巡视窗口中依次点开“属性＞属性＞常规”选项卡，进入按钮常规设置界面(见图 8.10)，用单选框选中“模式”域和“标签”域的“文本”，即可输入按钮未按下时显示的文本。此时按钮按下与否，显示文本内容相同。如果勾选复选框“按钮‘按下’时显示的文本”，则可以进一步分别设置按钮未按下时和按下时显示的文本。

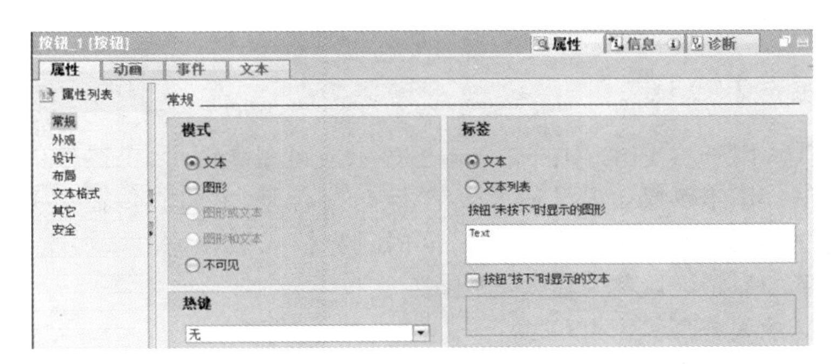

图 8.10　按钮常规设置界面

选中巡视窗口的“属性＞属性＞外观”，可设置按钮背景色、边框样式及“文本”颜色。

选中巡视窗口的“属性＞属性＞布局”，可以用“位置和大小”区域的输入框微调按钮的位置和大小。如果选中“适合大小”区域的复选框“使对象适合内容”，按钮将根据所显示文本的字数和字体大小自动调整大小。可以通过“布局”选项卡调整按钮的位置，适用于设计要求具体、精确的情况。

选中巡视窗口的“属性＞属性＞文本格式”，可修改按钮中文本的字体格式和对齐方式。

选中巡视窗口的“属性＞属性＞其他”，可以修改按钮的名称，设置对象所在的“层”，一般使用默认的第 0 层。

5. 生成组态文本域

首先将工具箱“基本对象”栏中的“文本域”项目拖动到 HMI 画面中，完成文本域的生成。

接着对其进行设置。选中生成的文本域，在巡视窗口依次打开“属性＞属性＞常规”选项卡，在如图 8.11 所示的界面中，可对文本域的文本内容及字体格式进行设置更改。

文本域的设置中也可以通过勾选“使对象适合内容”的复选框，使其根据文本的字数和

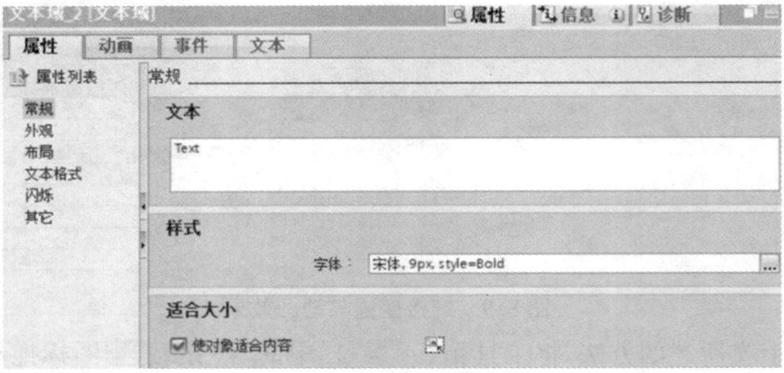

图 8.11　文本域的常规属性

字体大小自动调整大小。

同样，在文本域的"属性>属性"选项卡中，"外观"栏可设置文本域的背景、边框、文本；"布局"栏可设置文本域的位置、大小、边距，"使对象适合内容"复选框也可以在此界面设定；"文本格式"栏可设置文本域中文本的字体格式与对齐方式；"闪烁"栏可设置文本域中文字的闪烁，默认禁用。

6. 生成组态 I/O 域

HMI 画面中，用于将 PLC 中的变量输出显示成可视化图形，供操作人员查看的显示区域称为输出域。用于供操作人员输入数字、字母等信息，并将其传输至 PLC 内，完成对 PLC 中变量修改的显示区域称为输入域。同时具有输入域和输出域功能，可实现信息即时输入实时显示的显示区域称为输入/输出域。

以上 3 种显示区域合称为 I/O 域。

从右侧工具箱"元素"栏中拖动"I/O 域"项目至工作区画面处，完成 I/O 域的生成。

然后通过选中巡视窗口的"属性>属性"页面，进入 I/O 域的设置界面，点击选中"常规""外观""特性""布局""文本格式"等设置选项卡，可完成对应领域的参数设置，具体方法与前文介绍的按钮、文本域等画面的设置类似，本节不再赘述。

需要注意的是，在"常规"选项卡中可以选择 I/O 域的类型为输出、输入或输入/输出，如图 8.12 所示。

图 8.12　I/O 域的常规设置

8.3　精简系列面板的仿真与运行

我们在第 8.1 小节提到过，WinCC 软件的运行系统是一种过程可视化的软件，可以用于对精简系列面板进行仿真，有利于初学者通过反复练习，掌握面板的组态方法。同时用户在初步学习的阶段无需购买硬件设备，大大降低了 PLC 学习的门槛。

关于 HMI 设备的仿真调试，目前主流的也是初学者最常使用的是与 PLC 仿真配合使用的集中仿真法。

根据前文的学习可知，在实际生产过程中，PLC 和 HMI 的设置编程都集中在 TIA 博途平台的同一个项目中。因此，只需使用 WinCC 的运行系统对 HMI 设备进行仿真，使用 PLC 仿真软件 S7-PLCSIM 对 PLC 进行仿真，同时再对仿真 HMI 和仿真 PLC 之间的通信和数据交换进行仿真，就可以在不需要任何 PLC 硬件和 HMI 硬件的情况下，模拟出 PLC 和 HMI 设备组成的实际控制系统的功能。

1. 系统环境设置

首先在 Windows 10 操作系统内，通过系统搜索框，搜索并打开系统“控制面板”，在控制面板右上角搜索框内搜索“设置 PG/PC 接口”，双击打开后进入如图 8.13 所示的相应系统设置界面。

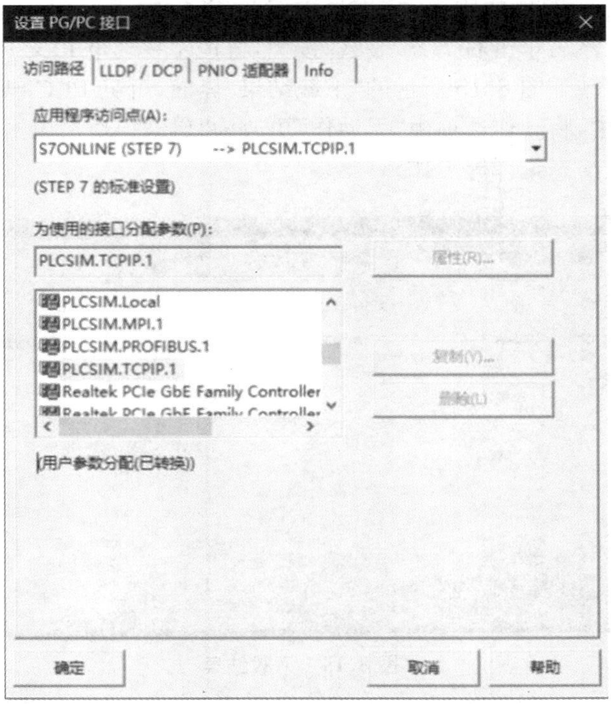

图 8.13　设置 PG/PC 接口

单击选中"为使用的接口分配参数"列表框中的"PLCSIM. TCPIP. 1"选项,此时"应用程序访问点"项目自动被切换为"S7ONLINE(STEP7)-->PLCSIM. TCPIP. 1"。单击"确定"按钮确认,即可完成系统环境的设置。

2. PLC 项目仿真

首先对 PLC 项目进行仿真,选中项目树中预先生成的项目"PLC_1",单击工具栏上的"启动仿真"按钮,启动 PLC 模拟仿真软件 S7-PLCSIM。此时出现如图 8.14 所示的程序下载预览界面。

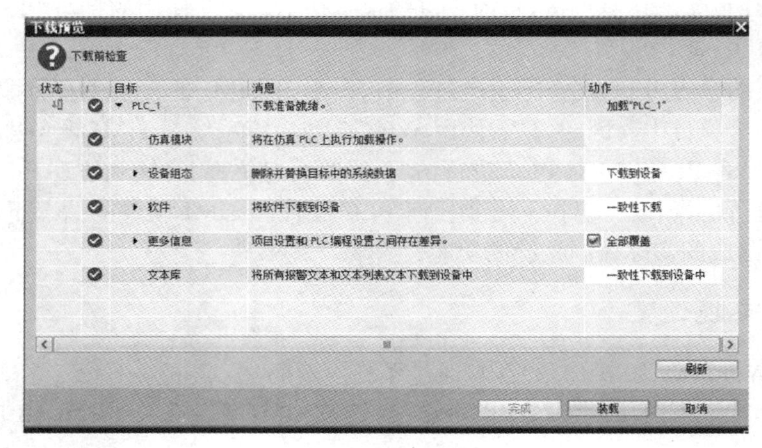

图 8.14　下载预览

若如图 8.14 所示的界面中提示"项目设置与 PLC 编程设置之间存在差异",可勾选"全部覆盖"选择框,然后单击右下方"装载"按钮,将程序装载至 PLC 中。

下载完成后,出现如图 8.15 所示的"下载结果"界面,可见 PLC 已顺利完成程序加载。在"启动模块"项目中,将动作选项由"无动作"更改为"启动模块",单击"完成"按钮,软件将自动开始执行装载、组态编译等工作。

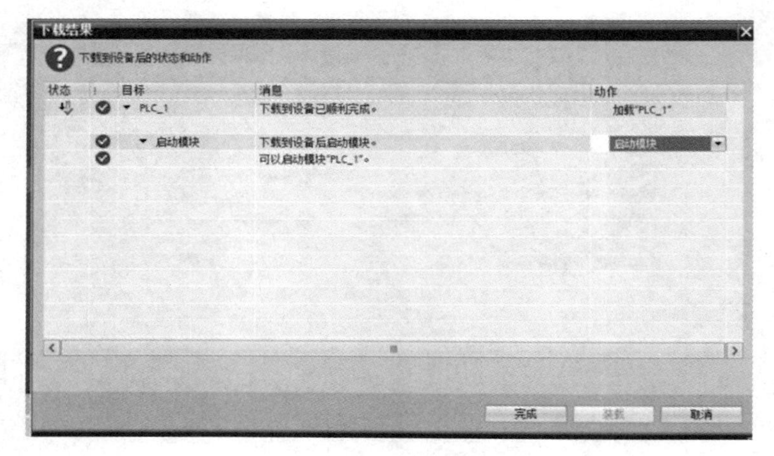

图 8.15　下载结果

准备工作结束后,在如图 8.16 所示的仿真界面,将发现仿真 PLC 已切换至 RUN 模式。至此,PLC 项目的仿真完成。

图 8.16 仿真界面

3. HMI 运行系统仿真

选中项目树中的“HMI_1”项目，单击工具栏上的“启动仿真”按钮，启动 HMI 的运行系统仿真，经软件自行组态编译后，出现如图 8.17 所示的 HMI 仿真面板(注意，此面板仅为示例界面，可根据任务目标的需要，自行对面板进行设计)。

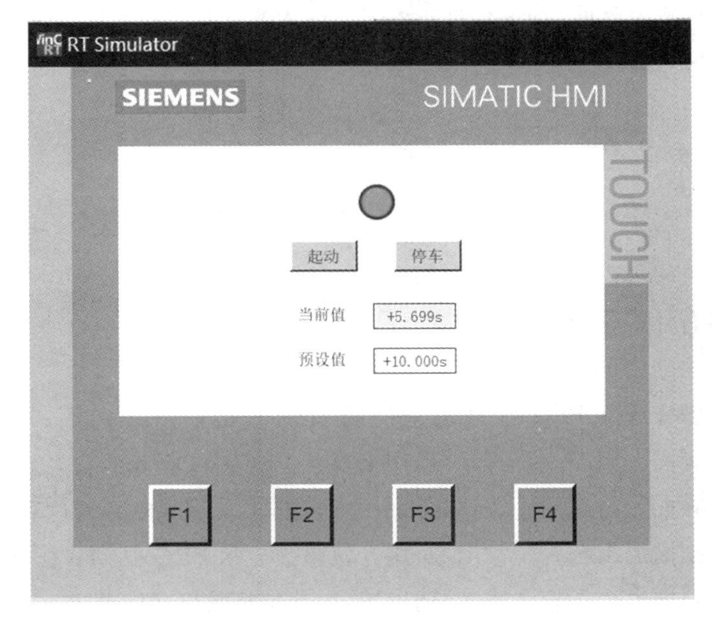

图 8.17 HMI 仿真面板

同时，由于在 HMI 的组态过程中，面板项目的显示元素已经与 PLC 的数据关联，所以此时仿真 HMI 和仿真 PLC 之间的通信和数据交换已自行进行仿真，使用者可以直接在仿真生成的 HMI 面板中进行项目操作。

8.4　实训：PLC 与触摸屏仿真实验

1. 实验目的

熟悉触摸屏的组态和触摸屏与 PLC 的仿真调试方法。

2. 实验内容

生成一个新的项目，PLC_1 使用 CPU 1214C，HMI_1 使用第二代精简面板 KTP400 Basic PN，在网络视图中组态 HMI 连接。实验 PLC 项目使用的程序可选择前文章节中的示例程序或自行编写。根据所选程序，在 PLC 默认的变量表中生成需求变量，在 OB1 中编写对应程序。然后根据任务需要，组态 HMI 的画面。按 8.3 章节所介绍的方法设置 PG/PC 接口。将项目下载到仿真 PLC，仿真 PLC 切换到 RUN 模式。选中 HMI1 站点，单击工具栏上的“开始仿真”按钮，启动 HMI 运行系统仿真。

操作仿真 HMI 根画面，观察是否能实现预设功能。此外，还可以使用集成仿真功能调试 PLC 和 HMI 组成的控制系统。

习　题

问答题

(1) 什么是人机界面？它的英文缩写是什么？

(2) 触摸屏有什么优点？

(3) 人机界面的内部变量和外部变量各有什么特点？

(4) 组态时怎样建立 PLC 与 HMI 之间的 HMI 连接？

(5) 如何在画面上组态一个指示灯，用来显示 PLC 中 Q0.0 的状态？

(6) 如何在画面上组态两个按钮，分别用来将 PLC 中的 Q0.0 置位和复位？

(7) 如何在画面上组态一个输出域，用 5 位整数显示 PLC 中 MW10 的值？

(8) 如何在画面上组态一个输入/输出域，用 5 位整数格式修改 PLC 中 MW10 的值？

(9) 怎样组态具有点动功能的按钮？

(10) HMI 有哪几种仿真调试的方法？各有什么特点？

(11) 为了实现 S7-1200 CPU 与 HMI 的以太网通信，需要做哪些操作？

（12）怎样实现 PLC 和 HMI 的集成仿真调试？

（13）简述第二代精简系列面板的主要特点。

（14）画面组态的本质是什么？

（15）简述 I/O 域的具体定义。

（16）概述精简系列面板仿真过程中，系统环境的设置方法。

第9章　变　频　器

9.1　变频器的定义和分类

9.1.1　变频器的定义

变频器(VFD，Variable Frequency Driver)是利用电力半导体器件的通断将固定频率、固定电压的交流电源(Constant Voltage and Constant Frequency，CVCF)变换为电压、频率可变的交流电(Variable Voltage and Variable Frequency，VVVF)的装置，例如，将市电(220 V、50 Hz 的交流电)变为电压、频率可变的交流电。

9.1.2　变频器的分类

1. 按工作环节分类

(1) 交-直-交工作环节变频器。交-直-交工作环节变频器的工作过程分为两段，先把交流电整流成直流电，再把直流电逆变成电压、频率可变的交流电，交-直-交工作环节变频器的结构如图 9.1(a)所示。

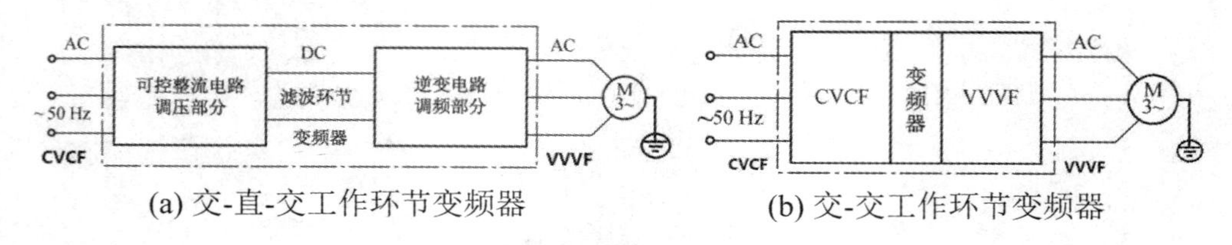

(a) 交-直-交工作环节变频器　　(b) 交-交工作环节变频器

图 9.1　变频器按工作环节分

(2) 交-交工作环节变频器。交-交工作环节变频器只有一个工作过程，直接把交流电变换成电压、频率可变的交流电，交-交工作环节变频器的结构如图 9.1(b)所示。

2. 按电流制分类

(1) 电压型变频器。电压型变频器将固定频率、固定电压的交流电压源变换为电压、频率可变的交流电，储能元件是电容器，如图 9.2(a)所示。

(2) 电流型变频器。电流型变频器将固定频率、固定电压的交流电流源变换为电压、频率可变的交流电，储能元件是电感器，如图 9.2(b)所示。

3. 按用途分类

(1) 通用变频器。通用变频器指配套普通笼型异步电机使用的、适应不同的负载且具有多种功能的变频器。

(2) 高性能专用变频器。高性能专用变频器主要应用于对电动机的控制要求较高的系统。与通用变频器相比,高性能专用变频器大多采用矢量控制方式,驱动对象通常是变频器厂家指定的专用电动机。

(3) 高频变频器。在超精密加工和高性能机械中,往往要用到高速电动机。为了满足高速电动机的驱动要求,出现了采用 PAM 控制方式的高频变频器,其输出频率可达到 3 kHz。

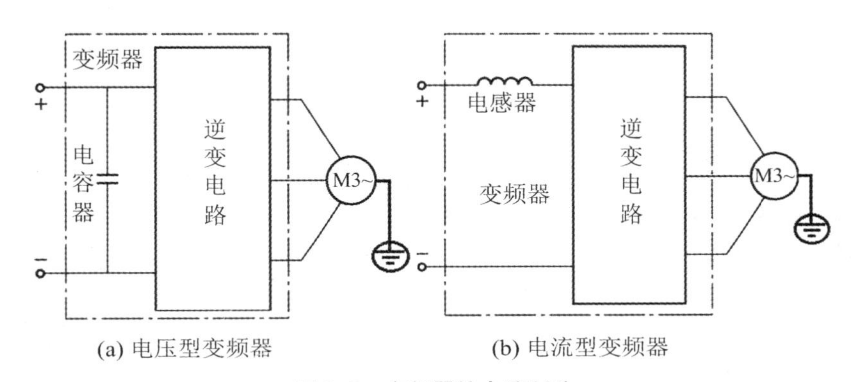

图 9.2 变频器按电流制分

4. 按输入电源分类

(1) 单相变频器。单相变频器是指输入电源为单相交流电的变频器,如图 9.3(a)。

(2) 三相变频器。三相变频器是指输入电源为三相交流电的变频器,如图 9.3(b)。

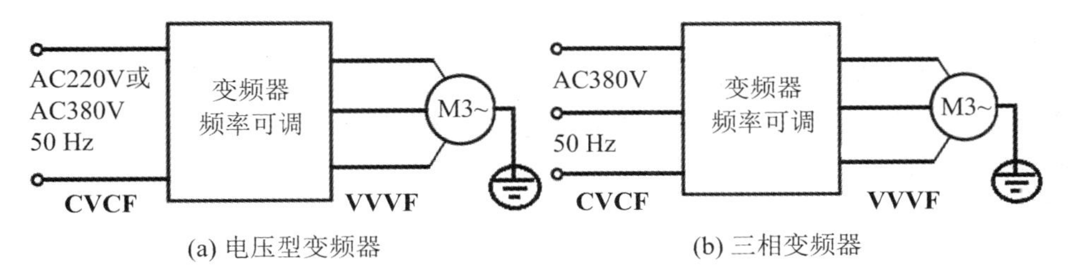

图 9.3 变频器按输入电源分

9.2　变频器的作用与结构

9.2.1　变频器的作用

根据定义，变频器的作用是将固定频率、固定电压的交流电源变换为电压、频率可变的交流电。那么为什么要把固定频率、固定电压的交流电源变换为电压、频率可变的交流电呢？

以三相异步电机为例，当电机全压启动时，也就是电机在一开始启动时就把电源全部电压加在了电机定子绕组上，这时电机的瞬间启动电流可达到额定电流的7倍左右，会导致其他电气设备无法正常工作，造成电网电压下降，容量越大的电机这种伤害会越明显。所以，为了电网的安全，容量大的电机一般不会以全压启动的方式启动，而是采用降压启动的方式，即在刚开始启动的时候将电机的电源电压、频率降下来，在正常启动之后再将电源的电压、频率恢复到额定电压、额定频率。

从异步电机的工作原理可知，电机的转速与电源的频率成正比，改变电动机控制电源的频率，就可以改变电动机的转速，如果可以平滑的改变电动机控制电源的频率，就可以平滑地改变电动机的转速，即实现电机的无级调速。

根据公式

$$E_1 = 4.44 f_1 N_1 \Phi_m \tag{9.1}$$

其中，E_1表示电机电源电动势的有效值；

f_1表示电源频率；

N_1表示定子绕组的匝数；

Φ_m表示气隙磁通量。

可知，只改变电机控制电源的频率是不够的，因为电机电源电动势的有效值跟电源频率成正比关系，所以，只有同时改变电机电源电动势的大小和电源频率的高低，才能改变电机的磁通量。

根据公式

$$T = K_T \Phi_m I_2 \cos \varphi_2 \tag{9.2}$$

其中，T表示电机的电磁转矩；

K_T表示电机常数，由电动机结构决定；

Φ_m表示气隙磁通量；

I_2表示转子绕组流过的电流；

$\cos \varphi_2$表示转子绕组电路的功率因数。

可知，电磁转矩与气隙磁通量成正比，即改变气隙磁通量可改变电机的电磁转矩。

由三相异步电机的机械特性曲线（图9.4）可知，在A点（理想工作点，实际不存在）与C点（临界工作点）之间，电机转子的实际转速与电机的电磁转矩成反比，即改变电机的电磁转矩可改变电机的转速。

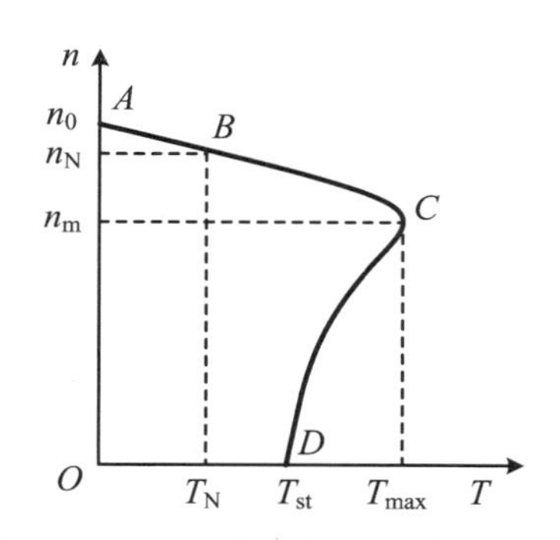

图 9.4 三相异步电机的机械特性曲线

根据前面的内容可知，电机全压启动会导致其他电气设备无法正常工作，造成电网电压下降，因此大容量的电机一般不采用全压启动。所示根据电机的工作原理和电机控制技术，在电机启动时，我们通过用变频器改变电机电源电动势的大小和频率的高低来改变电机的转速，使电机启动时转速能平滑地从0增加到额定转速，或者在需要电机调速时电机的转速能平滑地从一个值改变到另一个值。在电机控制技术里，这种基于变压、变频的的调速方法称为变压变频调速或者变压调速。变频器传动的特点、效果和用途见表9.1，应用领域见表9.2。

表 9.1 变频器传动的特点、效果和用途

变频器传动的特点		效果	用途举例
1	可以使电动机调速	可以使原有电动机调速	空调器、机床、泵、风机、输送机
2	可以连续调速	可以经常选择最佳速度	机床、搅拌机、泵、风机
3	启动电流小	电源设备容量可以小	压缩机、泵、风机、输送机
4	最高速度不受电源影响	最大工作能力不受电源的频率影响，或者不需要因频率而改变设计	泵、风机、输送机、机床、搅拌机
5	电机可以高速化，小型化	可以得到用其他调速装置不能实现的高速度	化纤机械、运送机械、机床、搅拌机
6	防爆容易	与直流电动机相比，防爆电动机体积小，生产成本低	药品机械、化学工厂
7	低速时转矩输出困难	低速时电动机短时间内堵转也无妨	定尺寸装置(挡块定位)
8	可以调节加减速的大小	能防止载重物倒塌	运送机械
9	可以使用笼型异步电动机，不需维修	不需要维护电动机	生产流水线、车辆、电梯

表 9.2　变频器的应用领域

应用效果	领域(用途)	应用方法	以前方式
节能	鼓风机、泵、搅拌机、挤压机、精纺机	1. 调速运转 2. 用工频电源恒速运转与采用变频器调速运转相结合	1. 工频电源恒速运转 2. 采用挡板、阀门控制 3. 机械式变速器 4. 液压联轴器
省力化 自动化	各种搬运机械	1. 多台电动机以比例速度运转 2. 联动运转,同步运转	1. 机械式变速减速器 2. 定子电压控制 3. 电磁转差离合器控制
提高产量	机床、搬运机械、纺织机械	1. 增速运转 2. 清除或缓冲启动、停止引起的不良冲击	1. 采用工频电源恒速运转 2. 定子电压控制
提高设备的效率	金属加工机械	采用高频电动机进行高速运转	M-G(电动-发电机)装置
减少恶劣环境的维修	纺织机械、机械的主轴传动、生产流水线、车辆传动	取代直流电动机	直流电动机
提供质量	机床、搅拌机、纺织机械、制茶机	选择无级的最佳速度运转	采用工频电源恒速运转
提高舒适性	空调器	采用压缩机调速运转,进行连续温度控制	采用工频电源的通、断控制

9.2.2　变频器的结构

目前,大部分的变频器主要是采用交-直-交的工作方式进行变频,因此,变频器的结构组成主要是主电路、控制电路和外部控制信号接口电路,如图 9.5 所示。

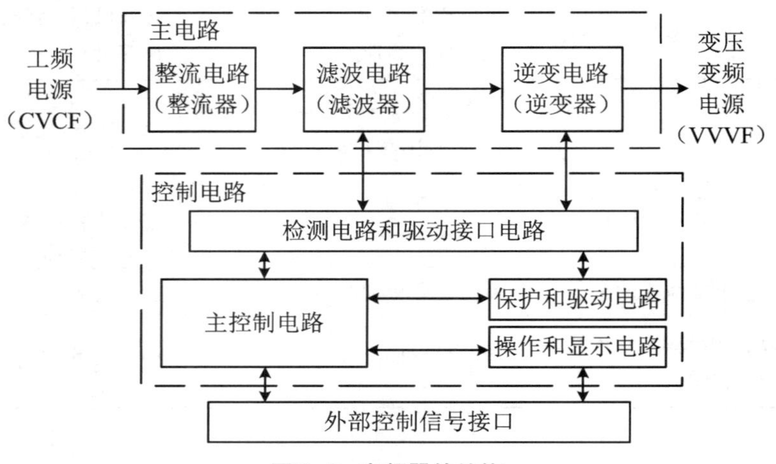

图 9.5　变频器的结构

1. 主电路

主电路是实现变频器功能的电路，即实现将固定频率、固定电压的交流电源变换为电压、频率可变的交流电的电路，由整流电路、滤波电路、逆变电路组成。

（1）整流电路。整流电路是利用半导体电力开关器件的通、断控制将交流电变换成直流电的电路。

（2）滤波电路。整流电路输出的直流电含有偶次谐波，此外逆变电路会产生奇次谐波，为了抑制电路中的谐波，需要利用滤波电路消除电路中的谐波。

变频器有电压型变频器和电流型变频器，针对不同的变频器滤波电路采用的元器件不同，电压型变频器采用是电容器，电流型变频器采用是电抗器。

（3）逆变电路。逆变电路和整流电路相反，是利用电力半导体开关器件的通、断控制将直流电变换成交流电。

2. 控制电路

控制电路用于为异步电动机供电（电压、频率可调）的主电路提供控制信号，主要由主控制电路、检测电路和驱动接口电路、保护和驱动电路、操作和显示电路组成，其主要任务是实现对逆变器的开关控制、对整流器的电压控制以及完成各种保护电路。

3. 外部控制信号接口电路

外部控制信号接口电路主要用于接收来自变频器外部的控制信号。

图9.6　西门子 MM4 系列变频器实物

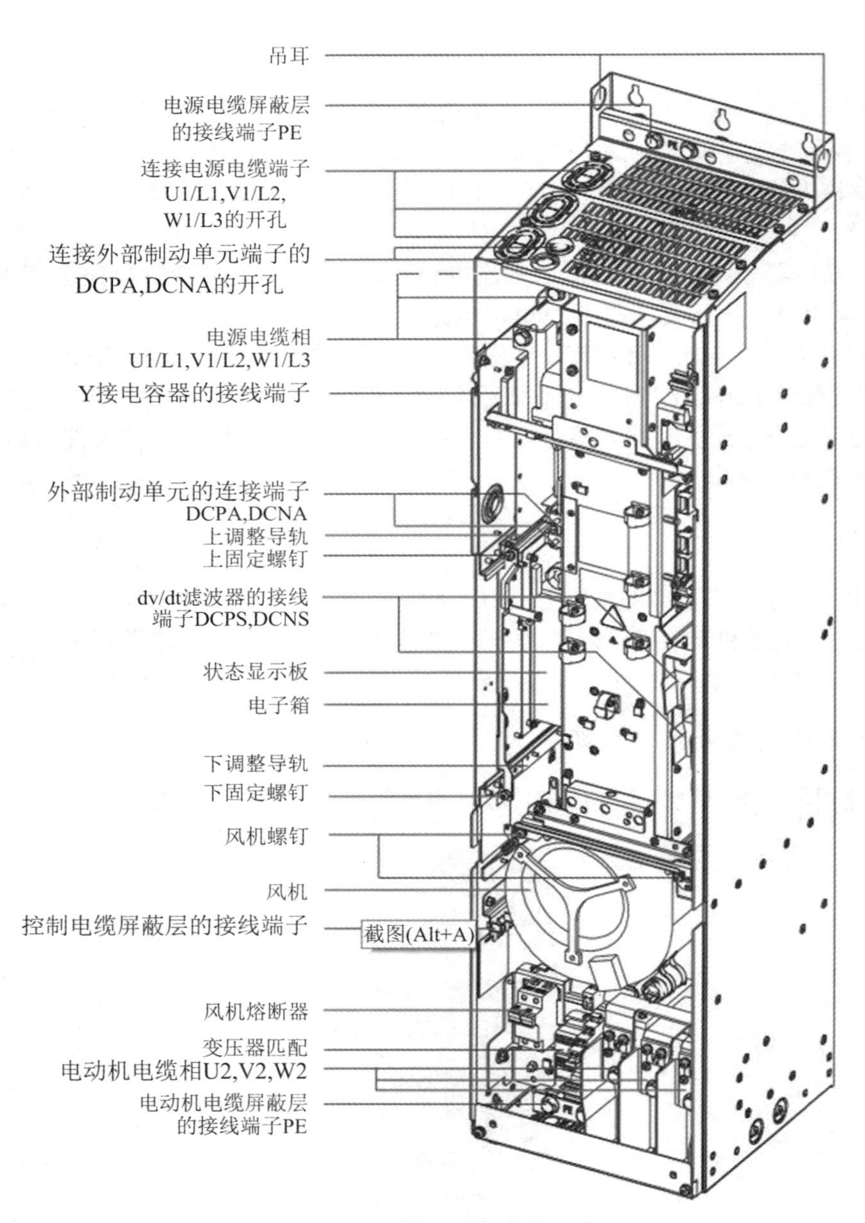

图 9.7　西门子 MM4 系列变频器部件组成图

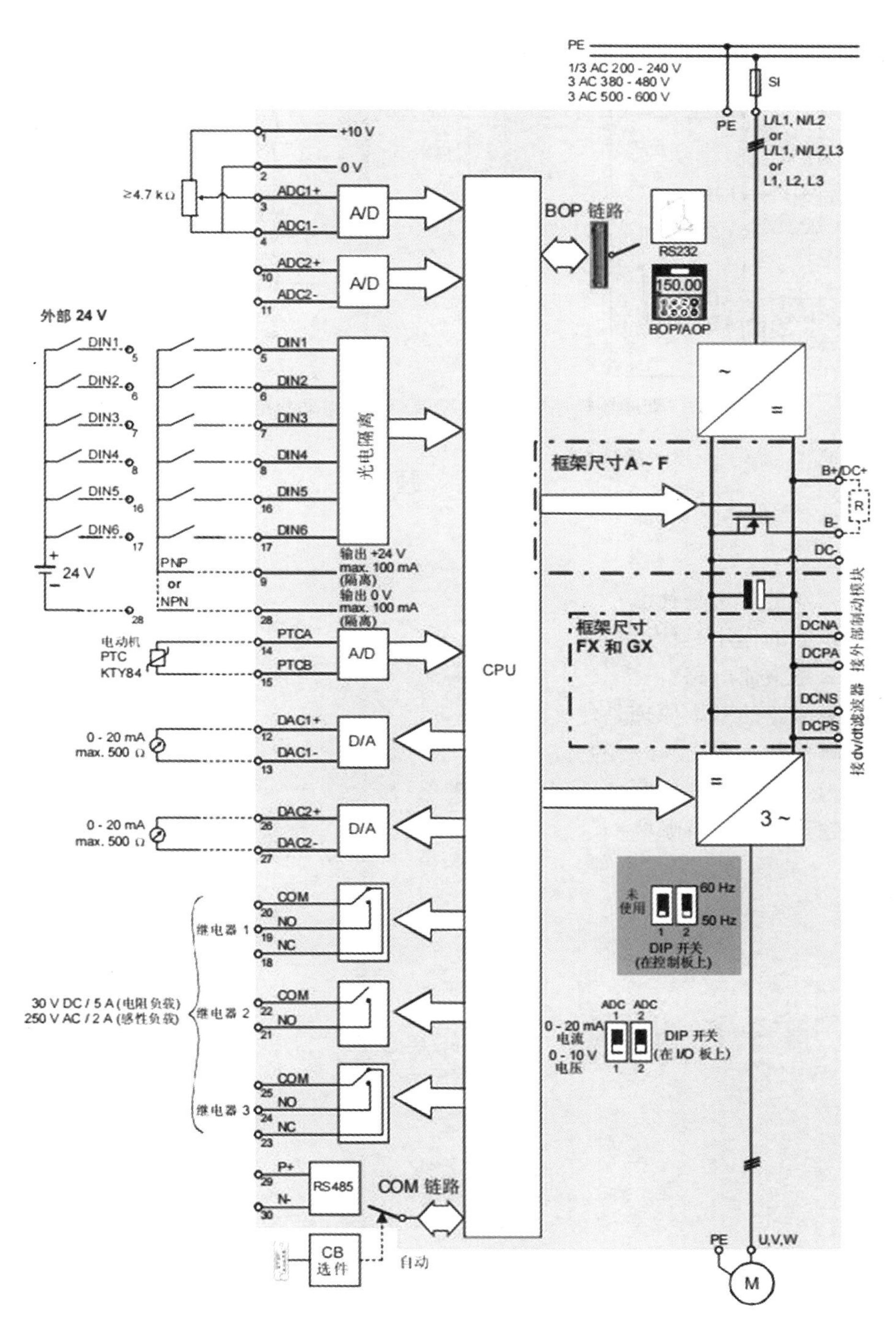
PE
1/3 AC 200 - 240 V
3 AC 380 - 480 V
3 AC 500 - 600 V
SI
PE
L/L1, N/L2
or
L/L1, N/L2,L3
or
L1, L2, L3
+10 V
0 V
≥4.7 kΩ
ADC1+
ADC1-
A/D
ADC2+
ADC2-
BOP 链路
RS232
150.00
BOP/AOP
外部 24 V
DIN1
DIN2
DIN3
DIN4
DIN5
DIN6
光电隔离
框架尺寸 A ~ F
B+/DC+
R
B-
DC-
24 V
PNP
or
NPN
输出 +24 V
max. 100 mA
(隔离)
输出 0 V
max. 100 mA
(隔离)
框架尺寸
FX 和 GX
DCNA
DCPA
接外部制动模块
电动机
PTC
KTY84
PTCA
PTCB
CPU
DCNS
DCPS
接dv/dt滤波器
0 - 20 mA
max. 500 Ω
DAC1+
DAC1-
D/A
DAC2+
DAC2-
3 ~
COM
NO
NC
继电器 1
未使用
60 Hz
50 Hz
DIP 开关
(在控制板上)
30 V DC / 5 A (电阻负载)
250 V AC / 2 A (感性负载)
继电器 2
ADC
0 - 20 mA
电流
0 - 10 V
电压
DIP 开关
(在 I/O 板上)
继电器 3
P+
N-
RS485
COM 链路
CB
选件
自动
PE
U,V,W
M

图 9.8 变频器功能图

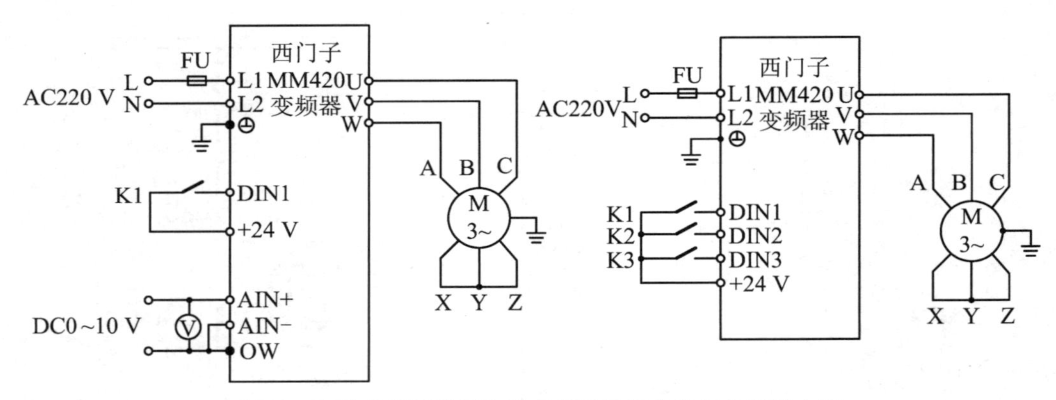

图 9.9　变频器模拟端口和数字端口控制电动机的接线方法

习　　题

问答题

(1) 变频器的定义是什么?

(2) 变频器的作用是什么?

(3) 什么是整流电路?

(4) 逆变电路的基本原理是什么?

(5) 有哪些产生 SPWM 波的方法?

(6) 电力半导体器件按照控制程度可以怎么分?

(7) 变频器的组成有哪些?

第 10 章　PLC 综合应用案例

10.1　PLC 路灯照明智能控制系统

路灯照明的形式各种各样，如道路照明、隧道照明、停车场照明和城市照明，是主要的电力消费系统。其中室外照明约占当今全球耗电量的 19%。对于市政和具有大型设施的商业机构，路灯照明占据了相当一部分的运营费用。路灯照明也是公共安全的关键，确保路灯在可靠地点亮，并且在适合路人及车辆交通的最佳照明度工作，对于公共安全和经营者均至关重要。由此可见，能耗、工作可靠性及维护费用等方面的任何改善都会为路灯管理部门带来丰厚的回报。而且，能耗的降低还会产生明显的环境效益。

10.1.1　路灯照明智能控制方案

目前路灯控制方法可以分为自控型和手动型，自控型又可以分定时器控制（"钟控"）和光控器控制（"光控"）两种方法。

自控型照明控制器的优点是，设备投资少、安装和维修简单灵活。钟控法以时间为唯一的开、关灯的控制依据，但随季节变化，需要人工干预来调整开、关时间，所以存在对环境光照度变化适应能力差的缺点。

光控法则是按光照度的差异来控制开、关灯的，灵敏度易受粉尘、雨雪污染影响，功能单一，开关动作不统一，控制不灵活，随时需要人为干预。

两者单独使用均不能实现控制开关灯的合理化、科学化。只有将两者结合设计，才能使路灯的控制更加科学，更加合理。本节内容是利用 PLC 实现路灯自动监控系统按时间以及光照度的差异来控制开、关灯。

系统在开启后执行子程序，首先开启时钟电路，I0.1 为时钟电路控制总开关，控制时钟电路开始工作，接着需要调整系统时钟电路的时间，时间必须与当前具体时间一致。路灯控制系统的时间通过数码管显示，显示电路由 PLC 控制输出，实行动态显示，接下来执行时间状态输出程序，根据当前的时间决定路灯在哪个时间段工作。

在这个设计中，可设置当天黑后进入第一个工作状态，此时所有路灯都开启。或者设置从 19 点至 24 点的时间为第一工作状态，此段时间所有路灯都开启；24 点后进入第二工作状态，此时路灯开启 2/3；到 6 点后进入第三工作状态，路灯开启 1/3；之后进行亮度检测，天亮后进入第四工作状态，路灯全关闭；如果亮度检测无输入，到达 8 点也进入第四工作状态。

根据以上要求，PLC 路灯控制系统的组成有 PLC 及其外围设备、亮度检测装置、路灯控制装置等。控制流程如图 10.1 所示。

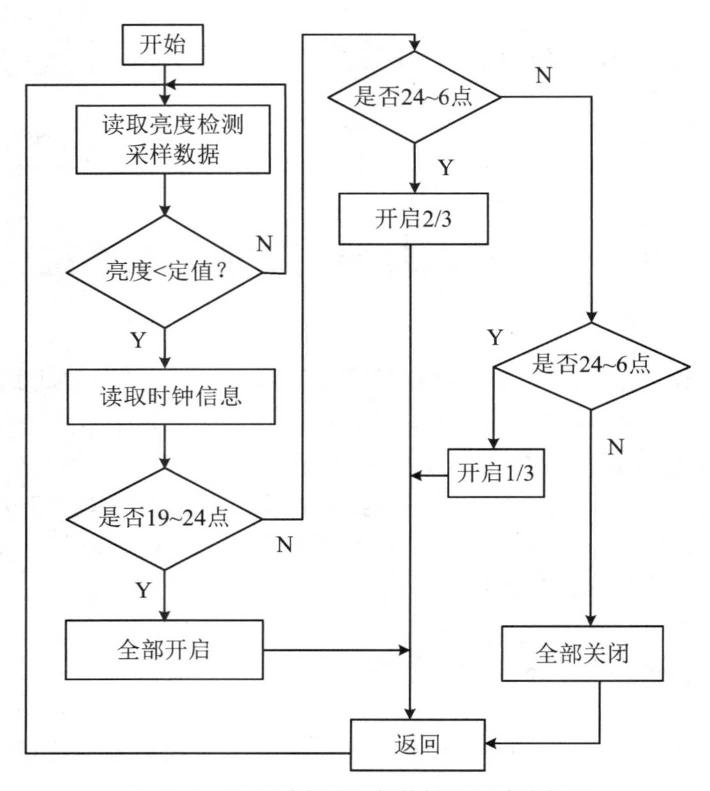

图 10.1　PLC 路灯照明智能控制系统流程图

10.1.2　路灯照明智能控制系统变量表及 PLC 接线图

PLC 路灯照明智能控制系统变量及地址分配见表 10.1，PLC 接线图如图 10.2 所示。

表 10.1　PLC 路灯照明智能控制系统变量及地址表

编程元件	地址	作用
输入	I0.1	启动开关
	I0.2	亮度检测为暗后输出信号
输出	Q0.1	输出控制开关第一组灯
	Q0.2	输出控制开关第二组灯
	Q0.3	输出控制开关第三组灯

续表

编程元件	地址	作用
位存储器	M7.1	19 点到 24 点之间信号
	M7.2	0 点到 6 点之间信号
	M7.3	6 点到 8 点之间信号
	M7.4	8 点至 19 点之间信号
	M8.1	第一工作状态
	M8.2	第二工作状态
	M8.3	第三工作状态
	M8.4	第四工作状态

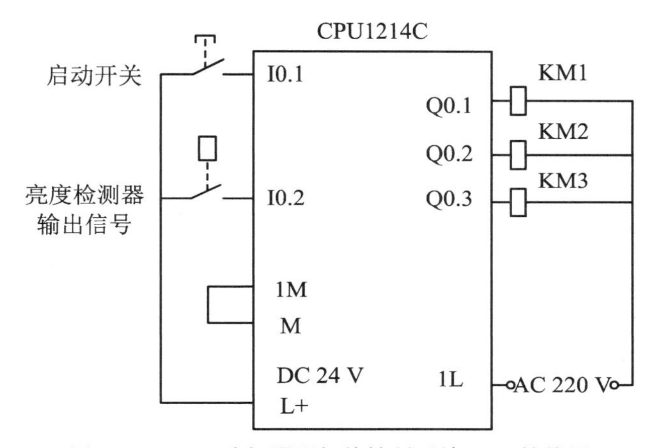

图 10.2　PLC 路灯照明智能控制系统 PLC 接线图

10.1.3　路灯照明智能控制系统参考梯形图程序

路灯照明智能控制系统 PLC 参考梯形图如图 10.3 所示。

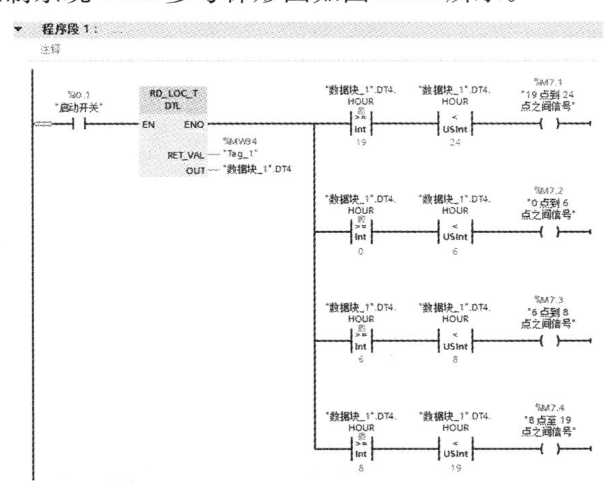

(a)

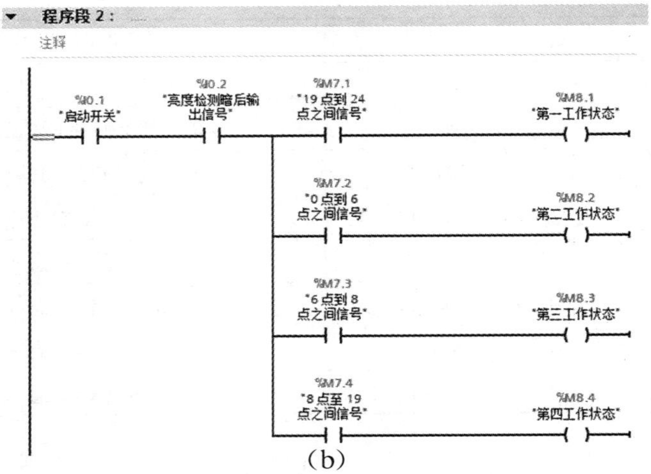

程序段 2:

注释

%I0.1 "启动开关"
%I0.2 "亮度检测暗后输出信号"
%M7.1 "19 点到 24 点之间信号"
%M8.1 "第一工作状态"
%M7.2 "0 点到 6 点之间信号"
%M8.2 "第二工作状态"
%M7.3 "6 点到 8 点之间信号"
%M8.3 "第三工作状态"
%M7.4 "8 点至 19 点之间信号"
%M8.4 "第四工作状态"

(b)

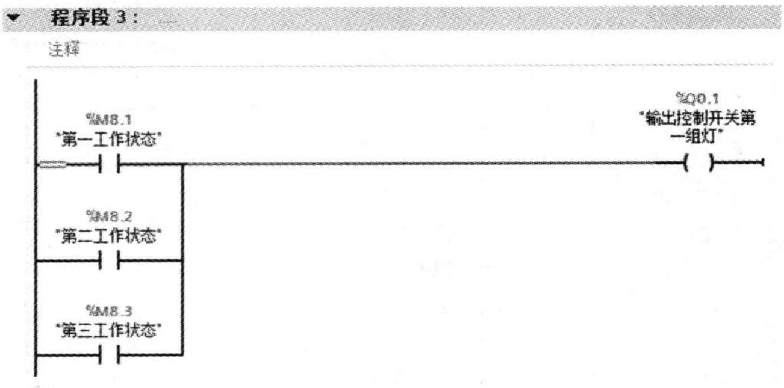

程序段 3:

注释

%M8.1 "第一工作状态"
%M8.2 "第二工作状态"
%M8.3 "第三工作状态"
%Q0.1 "输出控制开关第一组灯"

(c)

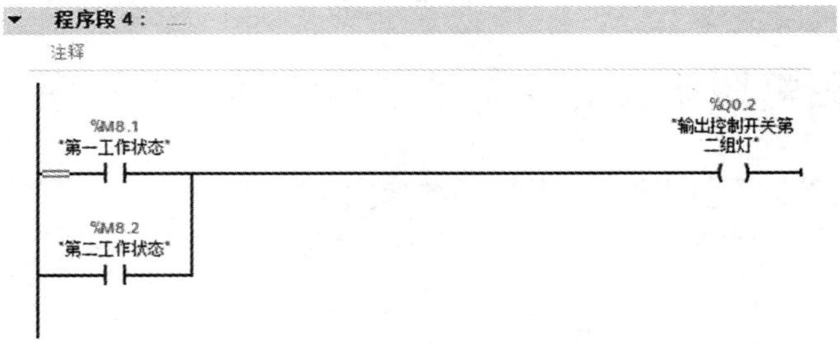

程序段 4:

注释

%M8.1 "第一工作状态"
%M8.2 "第二工作状态"
%Q0.2 "输出控制开关第二组灯"

(d)

程序段 5:

注释

%M8.1 "第一工作状态"
%Q0.3 "输出控制开关第三组灯"

(e)

图 10.3 路灯照明智能控制系统 PLC 梯形图

10.2 地铁屏蔽门控制系统

地铁屏蔽门系统是直接保护乘客安全的重要系统之一。该系统及设备状态直接关系到乘客乘车安全。据地铁行业相关资料表明，地铁屏蔽门能降低30%的空调电力损耗，减少50%的环控机房的建筑面积，减少35%以上的空调设备冷负荷。因此地铁屏蔽门系统已成为城市轨道交通运营中不可或缺的一部分。

10.2.1 控制方案

当传感器检测到人或物阻碍屏蔽门正常关闭的信号时将信号传给PLC，PLC接收采集的信号控制电机的运行，通过传动装置控制屏蔽门系统的运行。PLC控制屏蔽门系统的详细组成如图10.4所示。

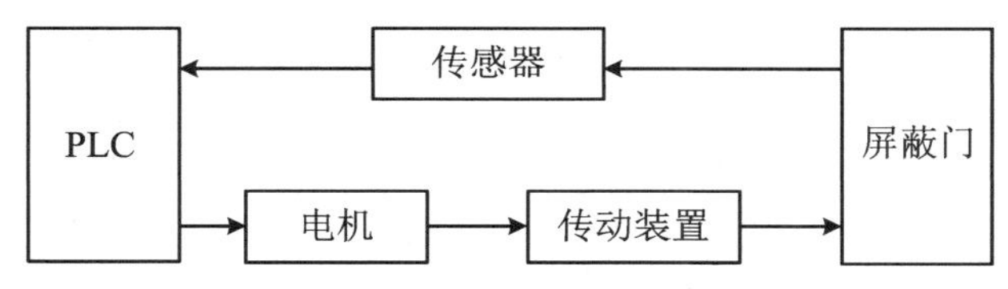

图10.4 屏蔽门系统的组成

以变频器作为控制地铁屏蔽门开关门速度的调节器，运用变频器的三段速控制来控制屏蔽门的开关速度。电机选用高性能直流无刷电机，采取门机控制器控制的工作模式，采用蜗杆或皮带传动装置传动。

传感器常采用屏蔽门专用的红外感应器和接近传感器，通过将开关量信号传输给PLC来实现对屏蔽门的控制，主要分为正常(自动控制)和紧急(手动控制)方式。系统的硬件设计主要考虑地铁屏蔽门的可靠性和安全性。采用可编程电机来操控电机正反转以控制屏蔽门的开关，实现屏蔽门的自动化控制。传感器监测地铁屏蔽门前是否有异物，并将接收到的信号输出作为开关量信号导入可编程控制器，可编程控制器依照接收的开关量信号来启动直流无刷电机开关和速度的转换，最后由传动装置控制屏蔽门的开关门。

根据常规开门方式的工作要求，滑动门开门到位的设计要实行列车停靠限位、开门限位关闭和关门限位打开并且红外感应开关打开，其工作顺序如下：

列车进站→滑动门开门→关门限位断开→红外感应启动→开门限位开启→滑动门保持全开。

10.2.2 地铁屏蔽门PLC系统变量表及PLC接线图

地铁屏蔽门PLC系统变量及地址分配见表10.2，PLC接线图如图10.5所示。

表 10.2　屏蔽门系统变量及地址表

编程元件	地址	作用
输入	I0.1	手动/自动切换
	I0.2	自动启停开关
	I0.3	关门限位
	I0.4	开门限位
	I0.5	红外感应开关
	I0.6	列车停靠限位
	I0.7	手动开门
	I1.7	手动关门
输出	Q0.1	运行指示
	Q0.2	开门
	Q0.3	关门
位存储器	M1.0	滑动门开门到位
	M1.1	开门中继
	M1.2	关门中继
	M1.3	滑动门关门到位

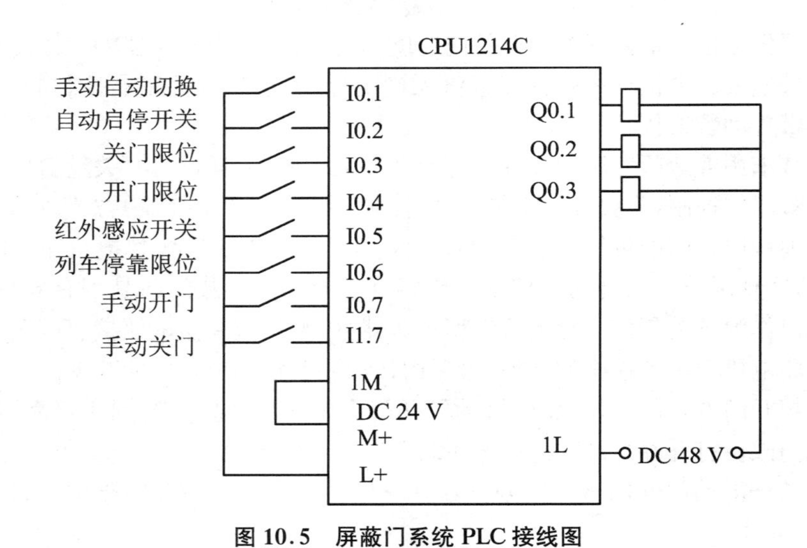

图 10.5　屏蔽门系统 PLC 接线图

10.2.3　地铁屏蔽门 PLC 系统参考梯形图程序

控制系统 PLC 参考梯形图如图 10.6 所示。

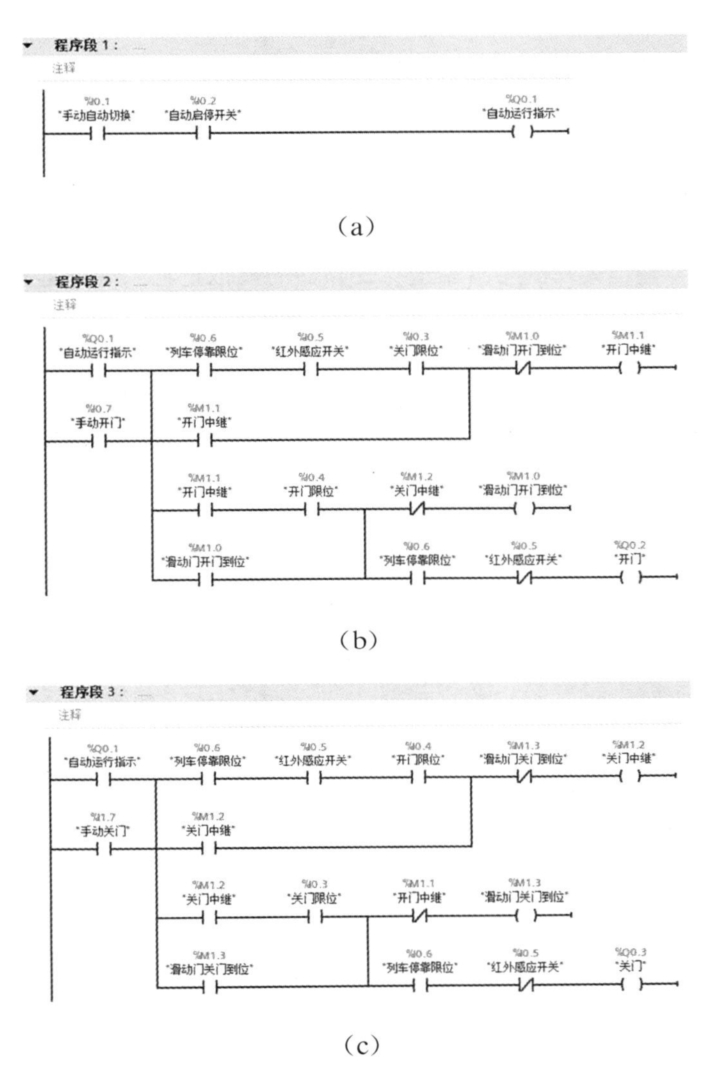

图 10.6　屏蔽门系统 PLC 梯形图

10.3　电梯 PLC 控制系统

将 PLC 运用于电梯的控制系统中，可以达到软件控制电梯的目的，极大地提高了电梯运转的安全性以及稳定性。PLC 具备大量的指令系统，可以有效地控制大量繁琐的控制系统。如需要系统全面调整控制方案，只需对 PLC 的程序进行改变即可，可以有效避免对硬件的更改，减少工作量。PLC 控制系统可以提高电梯的运行效率，其核心原因就是，PLC 可以有效开展群控调配以及管理操作。

使用 PLC 控制系统，还可以自动检测电梯的运行，甚至当出现故障时可以进行报警，这不但可以提高电梯运行的安全性，而且可以第一时间提醒有关员工检修电梯，以防止故障不断扩大，产生更大的事故问题。

10.3.1 电梯 PLC 系统控制方案

PLC 采取开关量的方式对变频器进行控制的硬件连接，变频器包含大量的开关量端子，比如反转、正转以及多档转速控制端子等。将这些端子接上 PLC 开关输出，就可以对变频器实施反转、正转以及多档转速控制。

将 PLC 模拟量输出模块的输出端子与变频器的模拟量输入端子连接，以实现变频器输出电源频率的转变，进而对电动机的具体转速进行改变。PLC 内部程序运转过程中生成的数字量数据，不断送至与电缆相连的输出模块(DA 模块)，由其转变为 0～10 V 或者 0～5 V 范围内的电压(模拟量)，然后送至变频器端子，对变频器的输出频率进行有效控制，从而实现对电动机转速的控制。PLC 以及变频器的硬件连接线路如图 10.7 所示。

10.3.2 电梯 PLC 系统变量表及 PLC 接线图

电梯 PLC 系统变量及地址分配见表 10.3，PLC 接线图如图 10.7 所示。

表 10.3 变量及地址表

编程元件	地址	作用
输入	I0.1	通电开关
	I0.2	断电开关
	I0.3	正转开关
	I0.4	反转开关
	I0.5	故障检测
输出	Q0.0	通断电控制
	Q0.1	正转
	Q0.2	反转
	Q0.3	电源指示
	Q0.4	正转指示
	Q0.5	反转指示
	Q0.6	变频器故障指示

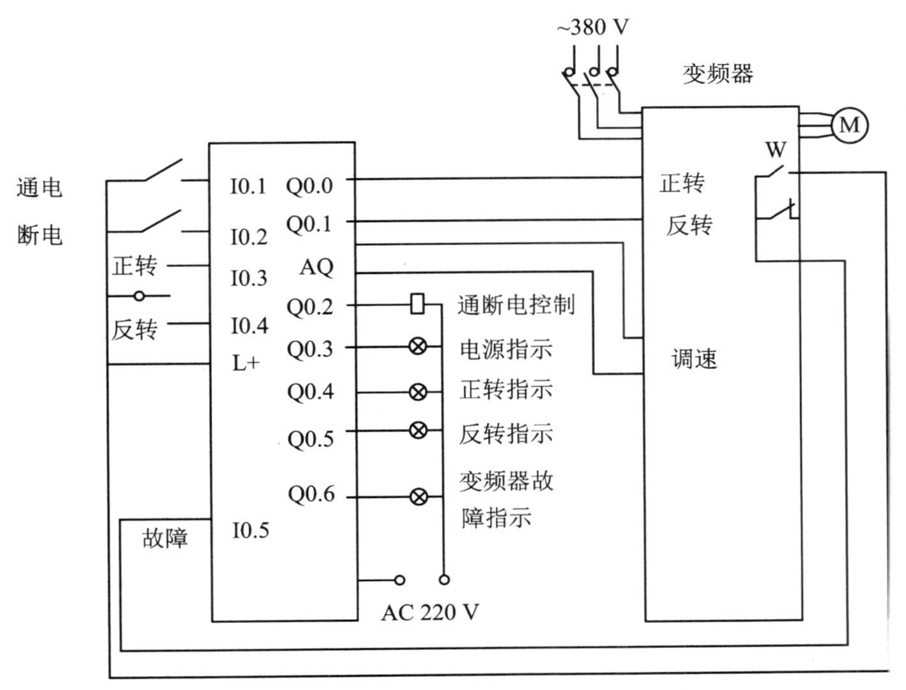

图 10.7　PLC 控制变频器驱动电梯的线路图

10.3.3　电梯 PLC 系统参考梯形图程序

电梯控制系统 PLC 参考梯形图如图 10.8 所示。

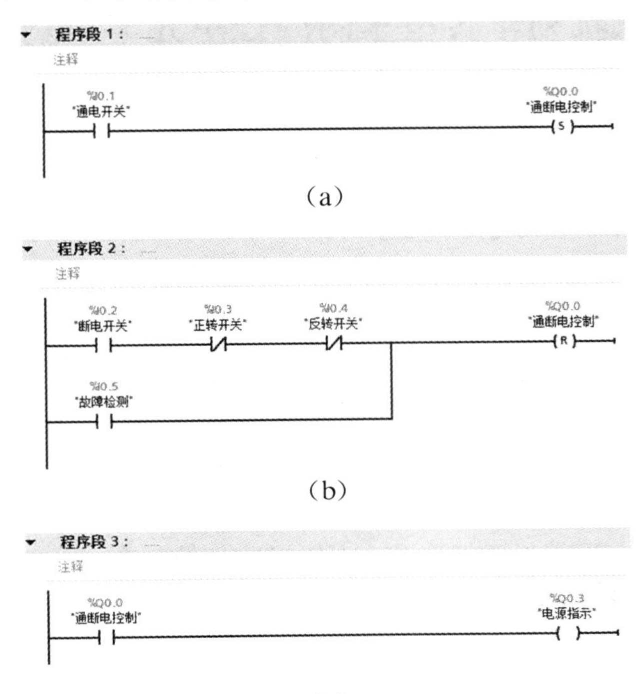

(a)

(b)

(c)

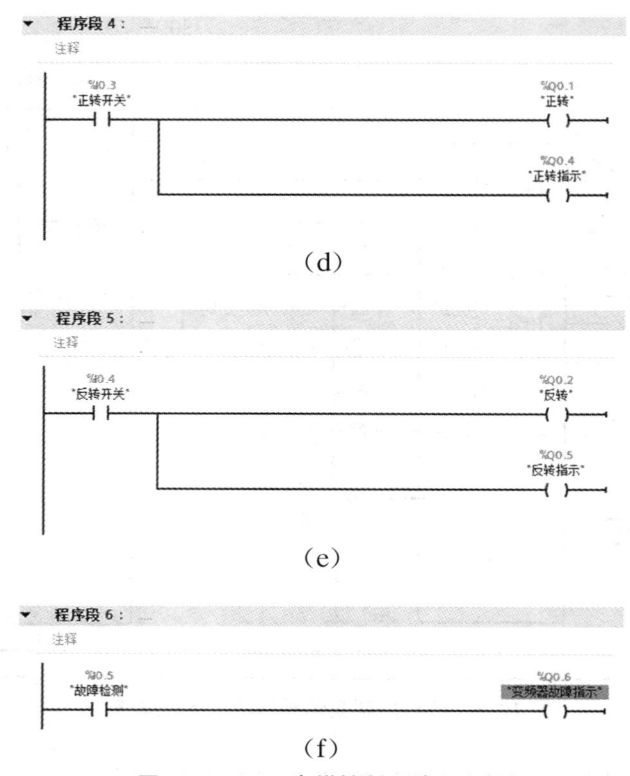

图 10.8　PLC 电梯控制系统程序图

10.4　城轨列车客室车门门控单元 PLC 控制系统

城轨列车客室车门是乘客上下的唯一通道，正常情况下，客室车门在满足开(关)门条件时，由列车司机通过操纵台开(关)门按钮来进行打开(关闭)。城轨列车上有很多组车门，每组车门均安装有对应的门控单元(MDCU)，每个门控单元会接收来自操纵台及列车的一些控制指令和许可指令，根据接收到的指令进行逻辑运算，进而控制车门的打开和关闭。

10.4.1　车门门控单元 PLC 控制方案

1. 受控车门信息

(1) 列车下行(上行)运行时，运行方向车体右侧(左侧)的第一个车门(A2)。

(2) 该车门配套设备包括 1 个车门隔离开关、1 个蜂鸣器、1 个黄色车门状态指示灯、1 个红色车门状态指示灯。

2. 车门控制及监视功能的要求

(1) 门控单元未供电时,处于不工作状态,所有逻辑不起作用。

(2) 列车未停车或未接收到门允许信号时,禁止打开车门。

(3) 无禁止开门条件,同时接收到开门指令时,驱动车门打开(直到车门完全打开后,才停止驱动)。

(4) 开门过程中,黄色指示灯闪烁(亮灭间隔 0.5 s)。

(5) 车门处于打开过程中(车门未完全打开),关门指令无效。

(6) 车门完全打开后,黄色指示灯常亮。

(7) 车门处于开启状态,接收到关门指令时,驱动车门关闭(直到车门完全关好,才停止驱动)。

(8) 关门过程中,黄色指示灯闪烁(亮灭间隔 0.5 s),蜂鸣器循环响起(间隔 0.5 s)。

(9) 车门处于关闭过程中(车门未完全关好),正常开门指令无效,但接收到重开门指令可直接控制车门再次打开(重开门指令仅在车门处于关闭过程中有效)。

(10) 车门完全关好后,黄色指示灯熄灭,蜂鸣器声响停止。

(11) 车门隔离后,红色指示灯常亮,所有开关门指令无效。

10.4.2 车门门控单元 PLC 系统变量表及 PLC 接线图

车门门控单元 PLC 系统变量及地址分配见表 10.4,PLC 接线图如图 10.9 所示。

表 10.4 变量及地址表

编程元件	地址	作用	说明
输出	Q12.7	黄色指示灯控制	信号为 1 时,控制黄色指示灯点亮
	Q13.0	红色指示灯控制	信号为 1 时,控制黄色指示灯点亮
	Q12.6	蜂鸣器控制	信号为 1 时,控制蜂鸣器发出警示声
位存储器	M2.0	电源	门控单元供电时,信号为 1
	M2.1	零速	列车速度为 0 时,信号为 1
	M2.2	门允许	允许打开该车门时,信号为 1
	M2.3	重开门	下达重开门指令时,信号为 1
	M2.4	开门	下达开门指令时,信号为 1
	M2.5	关门	下达关门指令时,信号为 1
	M3.2	隔离	车门隔离时,信号为 1
	M2.6	门开好	该车门完全打开时,信号为 1
	M2.7	门关好	该车门完全关闭时,信号为 1
	M3.0	开门驱动	信号为 1 时,控制电机正转,开车门
	M3.1	关门驱动	信号为 1 时,控制电机反转,关车门

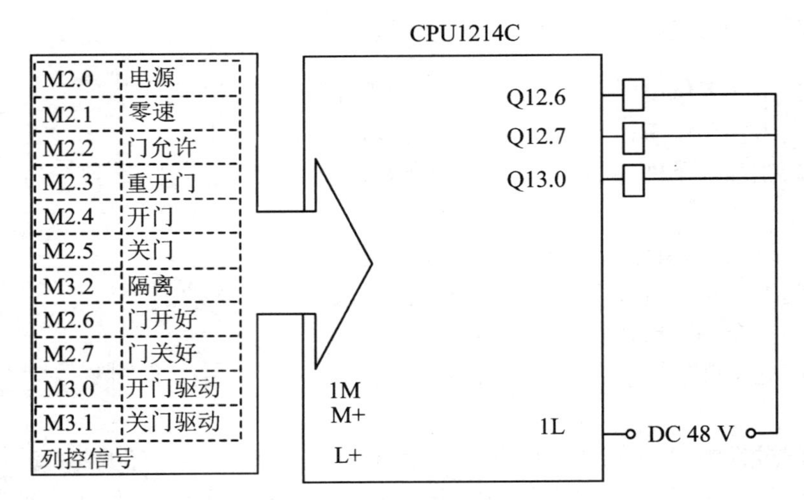

图 10.9　车门门控单元 PLC 接线图

10.4.3　车门门控单元 PLC 系统参考梯形图程序

车门门控单元 PLC 系统参考梯形图如图 10.10 所示。

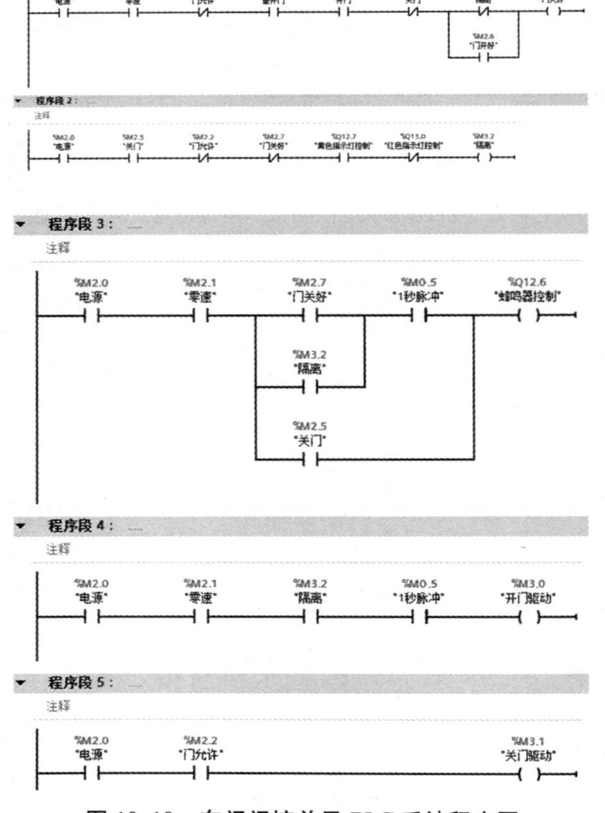

图 10.10　车门门控单元 PLC 系统程序图

10.5　交通信号灯PLC控制系统

十字路口车辆穿梭，行人熙攘，车行车道，人行人道，有条不紊。那么靠什么来实现这和谐的秩序呢？主要靠的是交通信号灯的自动指挥系统。伴随着计算机技术和自动控制技术，以及交通流理论的不断完善，交通信号灯的控制手段越来越先进。

目前交通灯的设计方案有很多，有基于CPLD/FPGA(可编程逻辑器件)设计实现交通信号灯控制器的方案；有应用单片机实现对交通信号灯控制的方案；有应用PLC实现交通灯控制系统的方案。由于对使用环境适应性强，同时定时器资源十分丰富，PLC可对信号灯进行精确方便地控制。与此同时PLC通讯联网功能可对同一条道路上的交通信号灯进行统一调度管理，能够缩短车辆通行等候的时间，实现交通信号灯的科学化管理。交通信号灯控制示意图如图10.11所示。

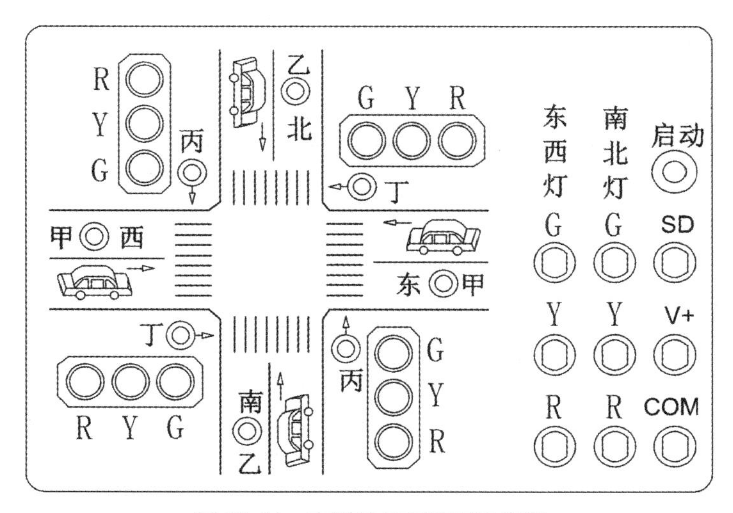

图10.11　交通信号灯控制示意图

10.5.1　交通信号灯控制系统控制方案

信号灯受启动及停止按钮的控制，当按下启动按钮时，信号灯系统开始工作，并周而复始地循环工作。本控制方案采用6个信号相位循环，信号灯系统开始工作时，东西红灯亮，同时南北绿灯亮，信号相位时序如下：

(1) 第1信号相位：南北绿灯亮维持20 s，在南北绿灯亮的同时东西红灯也亮并维持20 s，20 s后进入第2信号相位。

(2) 第2信号相位：南北绿灯闪亮3 s(亮0.5 s，熄0.5 s交替)，绿灯闪亮3 s后熄灭，同时东西红灯也继续亮3 s，3 s后进入第3信号相位。

(3) 第3信号相位：南北黄灯亮2 s后熄灭，同时东西红灯也继续亮2 s，2 s后进入第4信号相位。

(4) 第 4 信号相位:南北红灯闪亮 20 s,同时东西绿灯也同时亮 20 s,20 s 后进入第 5 信号相位。

(5) 第 5 信号相位:东西绿灯闪亮 3 s(亮 0.5 s,熄 0.5 s 交替),绿灯闪亮 3 s 后熄灭,同时南北红灯也继续亮 3 s,3 s 后进入第 6 信号相位。

(6) 第 6 信号相位:南北黄灯亮 2 s 后熄灭,同时东西红灯也继续亮 2 s,2 s 后进入第 1 信号相位。

信号灯系统按以上信号循环并周而复始地工作。信号相位时序如表 10.5 所示。

表 10.5　交通灯闪亮表

<table>
<tr><td rowspan="2">南北</td><td>信号</td><td>绿灯亮</td><td>绿灯闪</td><td>黄灯亮</td><td colspan="3">红灯亮</td></tr>
<tr><td>时 间</td><td>20S</td><td>3S</td><td>2S</td><td colspan="3">25S</td></tr>
<tr><td rowspan="2">东西</td><td>信号</td><td colspan="3">红灯亮</td><td>绿灯亮</td><td>绿灯闪</td><td>黄灯亮</td></tr>
<tr><td>时 间</td><td colspan="3">25S</td><td>20S</td><td>3S</td><td>2S</td></tr>
</table>

信号灯工作流程如图 10.12 所示。

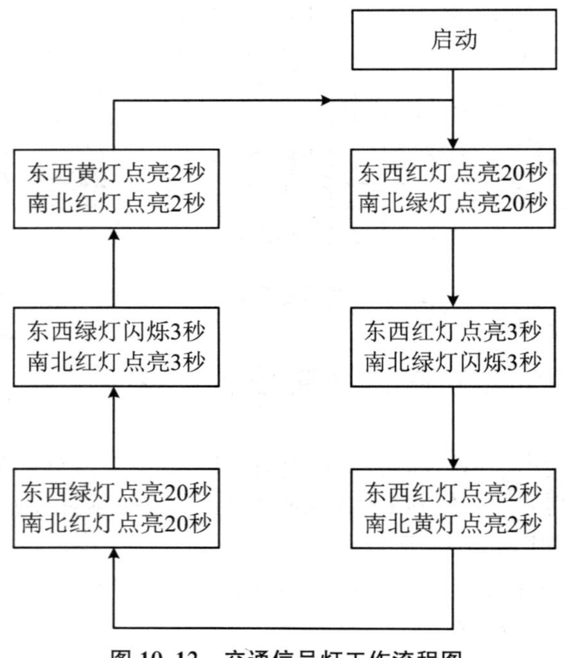

图 10.12　交通信号灯工作流程图

10.5.2　交通信号灯控制系统变量表及 PLC 接线图

交通信号灯控制系统变量及地址分配见表 10.6，PLC 接线图如图 10.13 所示。

表 10.6　变量及地址表

编程元件	地址	作用
输入	I0.0	启动
输出	Q0.0	东西灯 G
	Q0.1	东西灯 Y
	Q0.2	东西灯 R
	Q0.3	南北灯 G
	Q0.4	南北灯 Y
	Q0.5	南北灯 R
位存储器	M10.0	第 1 信号相位
	M9.1	第 2 信号相位
	M10.2	第 3 信号相位
	M10.3	第 4 信号相位
	M10.4	第 5 信号相位
	M10.5	第 6 信号相位

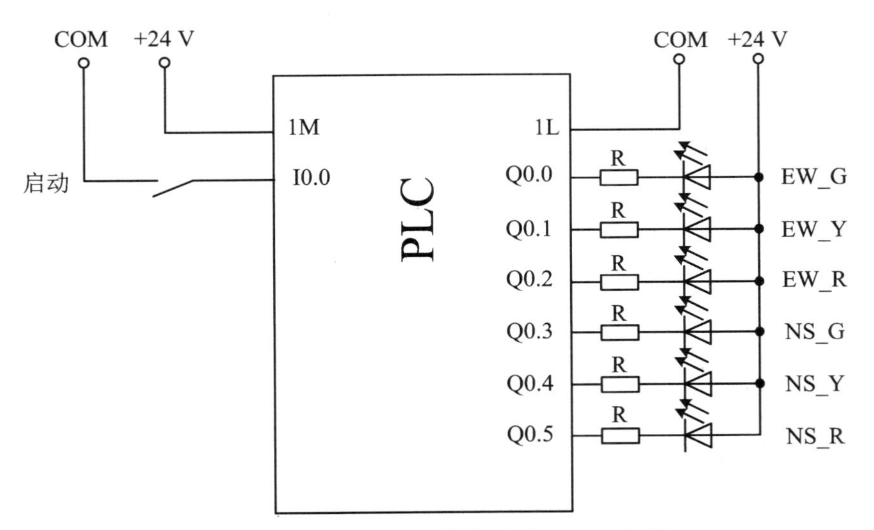

图 10.13　交通信号灯控制系统 PLC 接线图

10.5.3 交通信号灯控制系统参考梯形图程序

交通信号灯控制系统参考梯形图程序如图 10.14 所示。

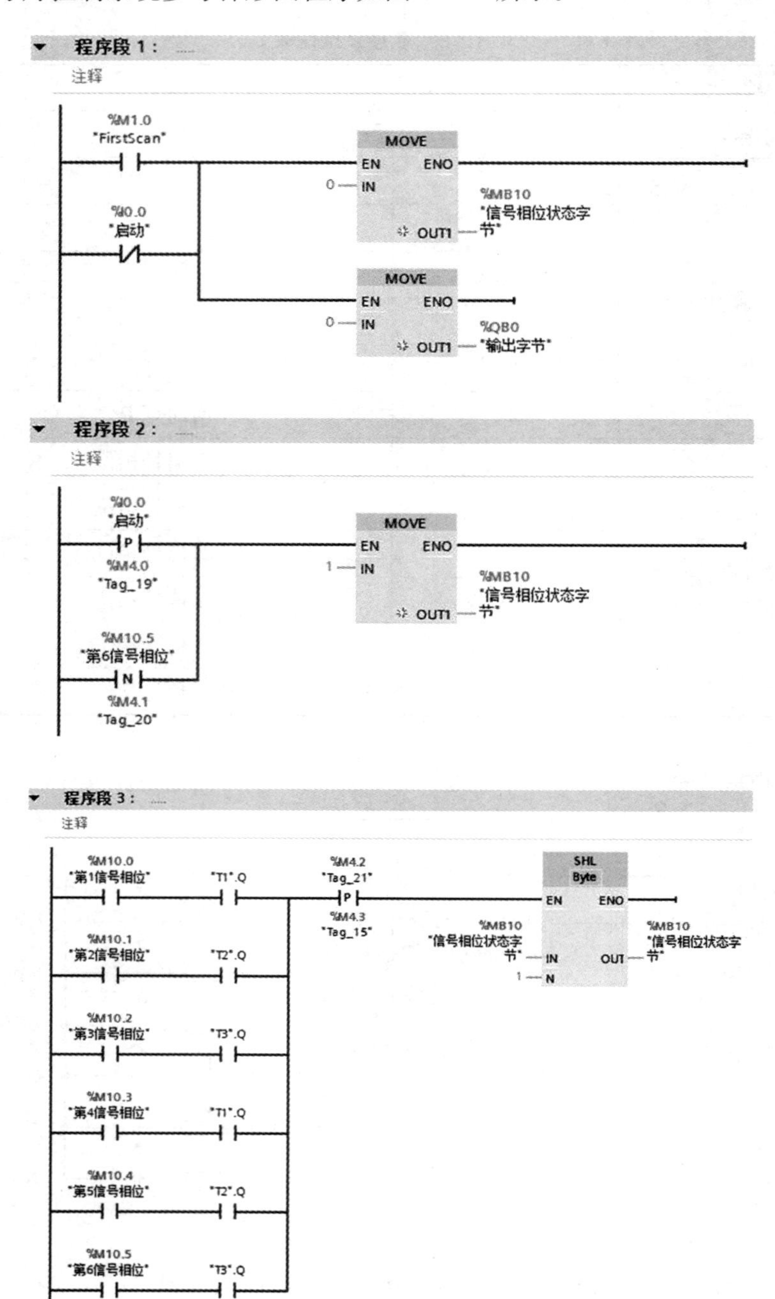

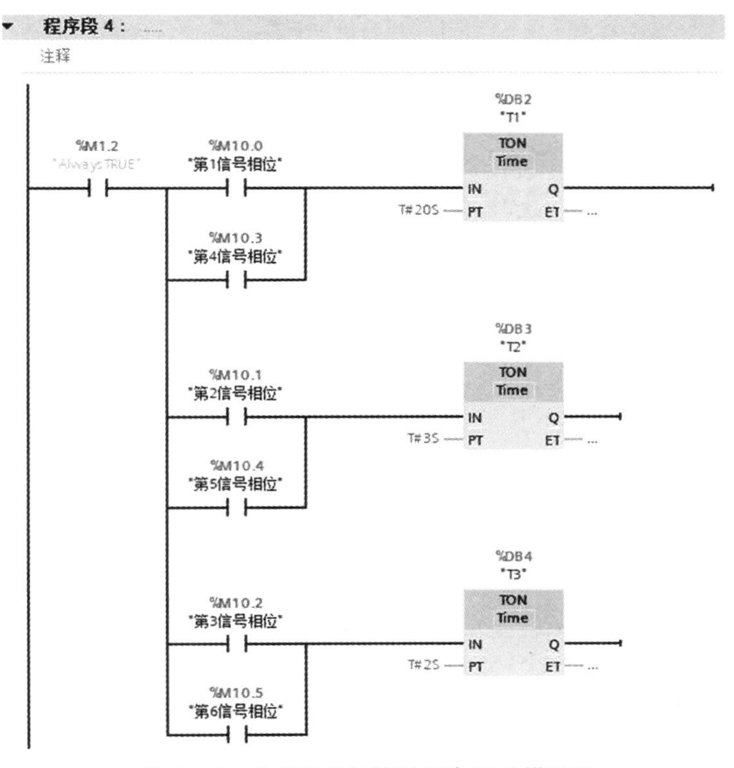

图10.14　交通信号灯控制系统PLC梯形图

习　　题

问答题

(1) 写出PLC路灯照明智能控制系统控制四组照明灯的程序。

(2)画出屏蔽门PLC控制系统的工作流程图。

(3)画出电梯PLC控制系统的工作流程图。

(4)画出城轨列车客室车门门控单元PLC控制系统的工作流程图。

(5)编写下列时序的交通信号灯控制系统PLC梯形图：

① 信号灯系统开始工作时，南北红灯亮，同时东西绿灯亮。

② 南北红灯亮维持25 s，在南北红灯亮的同时东西绿灯也亮并维持20 s，20 s后，东西绿灯闪亮3 s(亮0.5 s，熄0.5 s交替)，绿灯闪亮3 s后熄灭，东西黄灯亮并维持2 s，2 s后，东西红灯亮，南北绿灯亮。

③ 东西红灯亮维持30 s，南北绿灯亮维持25 s；到25 s时南北绿灯闪亮3 s后熄灭，南北黄灯亮，并维持2 s；到2 s时，南北黄灯熄，南北红灯亮，同时东西红灯熄，东西绿灯亮，开始第二个周期的动作。

④ 以后周而复始地循环，直到按下停止按钮为止。